国家"双一流"建设学科
辽宁大学应用经济学系列丛书
青年学者系列
总主编◎林木西

中国普惠金融发展区域差异研究

Research on Regional Differences of Inclusive Finance Development in China

孙英杰 著

中国财经出版传媒集团
经济科学出版社
Economic Science Press

图书在版编目（CIP）数据

中国普惠金融发展区域差异研究/孙英杰著．－－北京：经济科学出版社，2022.7

（辽宁大学应用经济学系列丛书．青年学者系列）

ISBN 978 - 7 - 5218 - 3828 - 2

Ⅰ. ①中…　Ⅱ. ①孙…　Ⅲ. ①金融事业 - 经济发展 - 区域差异 - 研究 - 中国　Ⅳ. ①F832

中国版本图书馆 CIP 数据核字（2022）第 119405 号

责任编辑：陈赫男
责任校对：隗立娜　刘　娅
责任印制：范　艳

中国普惠金融发展区域差异研究
孙英杰　著

经济科学出版社出版、发行　新华书店经销
社址：北京市海淀区阜成路甲 28 号　邮编：100142
总编部电话：010 - 88191217　发行部电话：010 - 88191522
网址：www. esp. com. cn
电子邮箱：esp@ esp. com. cn
天猫网店：经济科学出版社旗舰店
网址：http：//jjkxcbs. tmall. com
北京季蜂印刷有限公司印装
710 × 1000　16 开　18. 25 印张　270000 字
2022 年 9 月第 1 版　2022 年 9 月第 1 次印刷
ISBN 978 - 7 - 5218 - 3828 - 2　定价：76. 00 元
（图书出现印装问题，本社负责调换。电话：010 - 88191510）
（版权所有　侵权必究　打击盗版　举报热线：010 - 88191661
QQ：2242791300　营销中心电话：010 - 88191537
电子邮箱：dbts@ esp. com. cn）

　　本书为辽宁大学青年科研基金项目"数字普惠金融对产业转型升级的影响研究"（LDQN2020002）和辽宁省教育厅基本科研项目（青年项目）"数字普惠金融助力辽宁产业高质量发展研究"（LJKQR2021012）阶段性成果

总　序

　　本丛书为国家"双一流"建设学科"辽宁大学应用经济学"系列丛书，也是我主编的第三套系列丛书。前两套系列丛书出版后，总体看效果还可以：第一套是《国民经济学系列丛书》（2005 年至今已出版 13 部），2011 年被列入"十二五"国家重点出版物出版规划项目；第二套是《东北老工业基地全面振兴系列丛书》（共 10 部），在列入"十二五"国家重点出版物出版规划项目的同时，还被确定为 2011 年"十二五"规划 400 种精品项目（社科与人文科学 155 种），围绕这两套系列丛书取得了一系列成果，获得了一些奖项。

　　主编系列丛书从某种意义上说是"打造概念"。比如说第一套系列丛书也是全国第一套国民经济学系列丛书，主要为辽宁大学国民经济学国家重点学科"树立形象"；第二套则是在辽宁大学连续主持国家社会科学基金"八五"至"十一五"重大（点）项目，围绕东北（辽宁）老工业基地调整改造和全面振兴进行系统研究和滚动研究的基础上持续进行探索的结果，为促进我校区域经济学学科建设、服务地方经济社会发展做出贡献。在这一过程中，既出成果也带队伍、建平台、组团队，使得我校应用经济学学科建设不断跃上新台阶。

　　主编这套系列丛书旨在使辽宁大学应用经济学学科建设有一个更大的发展。辽宁大学应用经济学学科的历史说长不长、说短不短。早在 1958 年建校伊始，便设立了经济系、财税系、计统系等 9 个系，其中经济系由原东北财经学院的工业经济、农业经济、贸易经济三系合成，财税系和计统系即原东北财经学院的财信系、计统系。1959 年院系调整,将经济系留在沈阳的辽宁大学,将财税系、计统系迁到大连组建辽宁财经学院(即现东北财经大学前身),将工业经济、农业经济、贸易经济三个专业的学生培养到毕业为止。由此形成了辽宁大学重点发展理论经济学(主要是政治经济学)、辽宁财经学院重点发展应用经济学的大体格局。实际上,后来辽宁大学也发展了应用经济学,东北财经大学也发展了理论经济学,发展得都不错。1978年,辽宁大学恢复招收工业经济本科生,1980年受人民银行总行委托、经教育部批准开始招收国际金融本科生,1984年辽宁大学在全国第一批成立了经济管理学院,增设计划统计、会计、保险、投资经济、国际贸易等本科专业。到20世纪90年代中期,辽宁大学已有西方经济学、世界经济、国民经济计划与管理、国际金融、工业经济5个二级学科博士点,当时在全国同类院校似不多见。1998年,建立国家重点教学基地"辽宁大学国家经济学基础人才培养基地"。2000年,获批建设第二批教育部人文社会科学重点研究基地"辽宁大学比较经济体制研究中心"(2010年经教育部社会科学司批准更名为"转型国家经济政治研究中心");同年,在理论经济学一级学科博士点评审中名列全国第一。2003年,在应用经济学一级学科博士点评审中并列全国第一。2010年,新增金融、应用统计、税务、国际商务、保险等全国首批应用经济学类专业学位硕士点;2011年,获全国第一批统计学一级学科博士点,从而实现经济学、统计学一级学科博士点"大满贯"。

在二级学科重点学科建设方面,1984年,外国经济思想史(即后来的西方经济学)和政治经济学被评为省级重点学科;1995年,西方经济学被评为省级重点学科,国民经济管理被确定为省级重点扶持学科;1997年,西方经济学、国际经济学、国民经济管理被评为省级重点学科和重点扶持学科;2002年、2007年国民经济学、世界经济连续两届被评为国家重点学科;2007年,金融学被评为国家重点学科。

在应用经济学一级学科重点学科建设方面,2017年9月被教育部、财政部、国家发展和改革委员会确定为国家"双一流"建设学科,成为东北地区唯——个经济学科国家"双一流"建设学科。这是我校继

1997年成为"211"工程重点建设高校20年之后学科建设的又一次重大跨越，也是辽宁大学经济学科三代人共同努力的结果。此前，2008年被评为第一批一级学科省级重点学科，2009年被确定为辽宁省"提升高等学校核心竞争力特色学科建设工程"高水平重点学科，2014年被确定为辽宁省一流特色学科第一层次学科，2016年被辽宁省人民政府确定为省一流学科。

在"211"工程建设方面，在"九五"立项的重点学科建设项目是"国民经济学与城市发展"和"世界经济与金融"，"十五"立项的重点学科建设项目是"辽宁城市经济"，"211"工程三期立项的重点学科建设项目是"东北老工业基地全面振兴"和"金融可持续协调发展理论与政策"，基本上是围绕国家重点学科和省级重点学科而展开的。

经过多年的积淀与发展，辽宁大学应用经济学、理论经济学、统计学"三箭齐发"，国民经济学、世界经济、金融学国家重点学科"率先突破"，由"万人计划"领军人才、长江学者特聘教授领衔，中青年学术骨干梯次跟进，形成了一大批高水平的学术成果，培养出一批又一批优秀人才，多次获得国家级教学和科研奖励，在服务东北老工业基地全面振兴等方面做出了积极贡献。

编写这套《辽宁大学应用经济学系列丛书》主要有三个目的：

一是促进应用经济学一流学科全面发展。以往辽宁大学应用经济学主要依托国民经济学和金融学国家重点学科和省级重点学科进行建设，取得了重要进展。这个"特色发展"的总体思路无疑是正确的。进入"十三五"时期，根据"双一流"建设需要，本学科确定了"区域经济学、产业经济学与东北振兴""世界经济、国际贸易学与东北亚合作""国民经济学与地方政府创新""金融学、财政学与区域发展""政治经济学与理论创新"五个学科方向。其目标是到2020年，努力将本学科建设成为立足于东北经济社会发展、为东北振兴和东北亚区域合作做出应有贡献的一流学科。因此，本套丛书旨在为实现这一目标提供更大的平台支持。

二是加快培养中青年骨干教师茁壮成长。目前，本学科已形成包括长江学者特聘教授、国家高层次人才特殊支持计划领军人才、全国先进工作者、"万人计划"教学名师、"万人计划"哲学社会科学领军人才、国务院学位委员会学科评议组成员、全国专业学位研究生教育指导委员会委员、文化名家暨"四个一批"人才、国家"百千万"人才工程入选者、国家级教学名师、全国模范教师、教育部新世纪优秀人才、教育部高等学校教学指导委员会主任委员和委员、国家社会科学基金重大项目首席专家等在内的学科团队。本丛书设学术、青年学者、教材、智库四个子系列，重点出版中青年教师的学术著作，带动他们尽快脱颖而出，力争早日担纲学科建设。

三是在新时代东北全面振兴、全方位振兴中做出更大贡献。面对新形势、新任务、新考验，我们力争提供更多具有原创性的科研成果、具有较大影响的教学改革成果、具有更高决策咨询价值的智库成果。丛书的部分成果为中国智库索引来源智库"辽宁大学东北振兴研究中心"和"辽宁省东北地区面向东北亚区域开放协同创新中心"及省级重点新型智库研究成果，部分成果为国家社会科学基金项目、国家自然科学基金项目、教育部人文社会科学研究项目和其他省部级重点科研项目阶段研究成果，部分成果为财政部"十三五"规划教材，这些为东北振兴提供了有力的理论支撑和智力支持。

这套系列丛书的出版，得到了辽宁大学党委书记周浩波、校长潘一山和中国财经出版传媒集团副总经理吕萍的大力支持。在丛书出版之际，谨向所有关心支持辽宁大学应用经济学建设与发展的各界朋友，向辛勤付出的学科团队成员表示衷心感谢！

林木西

2019 年 10 月

目　　录

第一章　绪论 ·· 1

第一节　研究背景及意义 ····························· 1

第二节　研究思路与方法 ····························· 7

第三节　本书主要内容与结构框架 ················ 9

第四节　本书创新与不足 ···························· 13

第二章　国内外文献回顾 ····························· 15

第一节　国外相关文献回顾 ························· 15

第二节　国内相关文献回顾 ························· 28

第三节　文献评述 ···································· 43

第三章　普惠金融发展范畴及理论基础 ············ 45

第一节　普惠金融内涵 ······························ 45

第二节　普惠金融发展目标、原则及意义 ········ 51

第三节　普惠金融发展沿革 ························· 55

第四节　普惠金融发展理论基础 ··················· 60

第四章　中国普惠金融发展区域测度 ··············· 73

第一节　普惠金融发展指数指标体系构建 ········ 73

第二节　普惠金融发展指数测算方法选择 ········ 80

第三节　普惠金融发展区域测算结果分析 ················· 87

第四节　本章小结 ······································· 97

第五章　中国普惠金融发展区域差异综合评价 ······ 99

第一节　加权平均离差法 ································· 99

第二节　变异系数法 ···································· 104

第三节　基尼系数法 ···································· 108

第四节　泰尔指数法 ···································· 116

第五节　本章小结 ······································ 122

第六章　中国普惠金融发展区域差异收敛性
检验 ·· 124

第一节　收敛假说 ······································ 125

第二节　β收敛检验 ···································· 134

第三节　核密度收敛检验 ······························· 140

第四节　马尔可夫链收敛检验 ··························· 151

第五节　本章小结 ······································ 163

第七章　中国普惠金融发展区域差异影响
因素分析 ··· 165

第一节　影响因素机理分析与研究假设 ··················· 165

第二节　模型构建 ······································ 175

第三节　变量选取与数据来源 ··························· 177

第四节　实证检验 ······································ 182

第五节　本章小结 ······································ 234

第八章　研究结论与政策建议 ················· 237

第一节　研究结论 ······································ 237

第二节　政策建议 …………………………………………… 241

第三节　研究展望 …………………………………………… 251

参考文献 …………………………………………………… 253

后记 ……………………………………………………… 276

第一章

绪　　论

第一节　研究背景及意义

一、研究背景

自"普惠金融"的概念由联合国于 2005 年在"国际小额信贷年"上被正式提出以来，普惠金融的实践热潮很快席卷到全球的每一个角落，深受各国人民的拥戴。2008 年全球金融危机后，二十国集团（G20）和经合组织（OECD）将普惠金融发展作为主要的推进任务。同年 9 月，普惠金融联盟（AFI）成立，旨在促进普惠金融发展和构建国际通用的普惠金融发展水平测度的评价指标体系。紧接着，2009 年全球普惠金融合作伙伴组织（GPFI）成立，并相继出台推进全球普惠金融发展的战略框架、行动规划和发展规划。2010 年的首尔峰会、2012 年的墨西哥峰会、2013 年的亚太经合组织（APEC）年会和圣彼得堡峰会、2014 年的布里斯班峰会均将普惠金融发展纳入重要的讨论范畴。可见，普惠金融发展受到世界各国的高度重视，其重要性不言而喻。在中国，自 2006 年"普惠金融"引入以来，深受理论界和实践界的持续关注，并得到了迅速的发展和推广。在党的十八届三中全会上，首次将"发展普惠金融"这一战略构想写进决议，并相继在 2014～2019 年连续六年的政府工作报告中重点提及。2016 年初，国务院出台《推进普惠金融发展规划（2016—2020 年）》，该规划围绕着如何有效提高金融服务的覆盖率、可得性和满意度来进行，旨在促使我国普惠金融发展水平在 2020 年达到世界中上游之列。同时，该规划的提出也首次将普惠金融发展提升到国家战略的高度。同年 9 月，二十国集团（G20）杭州峰会制定的《G20 数字普惠金融高级原则》为数字普惠金融指明方向。2017 年 7 月，全国金融工作会议首次提出"建设普惠金融体系"，进一步确立了发展普惠金融的重要地位。同年 10 月，党的十九大也突出强调了"构建普惠金融体系"的重要性。2018 年 10 月，财政部下达百亿专项资金来扶持普惠金融发展。2019 年 2 月，中共中央政治局在第十三次集体学习时，首次提出"深化金融供给侧改革"，并将大力发展普惠金融作为金融供给侧改革的重要抓手。[1] 2019 年 11 月，党的十九届四中全会也再次明确提出"健全具有高度适应性、竞争力、普惠性的现代金融体系"。由此可见，促进普惠金融发展已成为我国金融改革的重要突破口，并成为提升金融服务实体经济质量和效率的关键驱动力。

"普惠金融"自引入中国以来已有十余载，在一系列国家政策的支持和倾斜下，其发展取得了令人瞩目的成就，并为人民提交了一份满意的答卷。一是金融服务渗透性明显增强。根据中国银行业协会发布的《2018 年中国银行业服务报告》和中国人民银行发布的《2018 年支付体系总体运行情况》可知，截至 2018 年末，中国银行业金融机构数达到 4588 家，同比增长 0.86%；农村商业银行达到 1427 家，同比增长 13.07%；村镇银行达到 1616 家，同比增长 3.46%；银行业金融机构网

---

① 《习近平主持中共中央政治局第十三次集体学习并讲话》，中国政府网，http://www.gov.cn/xinwen/2019 - 02/23/content_5367953.htm。

点数达 22.86 万个，同比增长 0.44%；银行业金融机构营业网点乡镇覆盖率达 96%，同比略有增长；全国行政村基础金融服务覆盖率达 97%，同比增长 0.56%；平均每万人拥有的银行业金融机构网点数达 1.64 个，同比增长 3.14%；全国联网销售终端（POS 机）达 3414.82 万台，同比增长 9.49%；每万人拥有 POS 机 245.66 台，同比增长 8.91%；全国自动取款机（ATM）达 111.08 万台，同比增长 15.65%；每万人拥有 ATM 7.99 台，同比增长 15.03%；农村地区银行网点数量 12.66 万个，每万人拥有的银行网点数量为 1.31 个，县均银行网点 56.41 个，乡均银行网点 3.95 个，村均银行网点 0.24 个。二是金融服务可获得性进一步扩大。根据中国人民银行发布的《2018 年金融机构贷款投向统计报告》和《2018 年小额贷款公司统计数据报告》可知，截至 2018 年末，银行业金融机构各项贷款余额为 140.6 万亿元，同比增长 12.6%；小微企业贷款余额为 33.49 万亿元，同比增长 8.9%；普惠口径小微贷款余额为 8 万亿元，同比增长 18%；涉农贷款余额为 32.68 万亿元，同比增长 5.58%；农户生产经营贷款余额为 5.06 万亿元，同比增长 7.6%；创业担保贷款余额为 1064 亿元，同比增长 22.5%；助学贷款余额为 1051 亿元，同比增长 13.1%；扶贫小额信贷余额和扶贫开发项目贷款余额分别达 2488.9 亿元和 4429.13 亿元。三是金融服务使用效用性明显提高，金融排斥性有效降低。截至 2018 年末，全国银行卡在用发卡数量达 75.97 亿张，同比增长 13.51%；全国人均持有银行卡达 5.46 张，同比增长 12.91%；农村地区银行卡发行量达 32.08 亿张；农村人均持卡量为 3.31 张，同比增长 11.45%；手机银行支付交易达 93.87 亿笔，同比增长 3.04%；农村地区网上银行开通数累计 6.12 亿户，同比增长 15.29%。农村地区移动支付业务高速发展，非银行支付机构为农村地区提供互联网支付业务和移动支付业务分别为 149.18 亿笔和 2748.83 亿笔，分别同比增长 21.56% 和 112.25%。可见，普惠金融发展正在推动金融"惠"入平常百姓家，使我国进入了全民共享的金融时代。

诚然，这些喜人的成绩和飞跃式阶段性进展是值得肯定和称赞的，但其背后也不免让我们深思的是，中国作为发展中大国，如何能够实现普惠金融的均衡和可持续发展是至关重要的，切忌出现负面的"马太效应"和"金融异化"现象。焦瑾璞等（2015）认为，推进普惠金融发展的先决条件是确定出发点和落脚点，准确把握普惠金融的服务对象以及发展阶段。改革开放40多年来，我国长期的粗放式金融发展方式带来了金融行为异化、金融功能退化以及金融思想的僵化，导致弱势人群、弱势企业、弱势产业乃至弱势地区的金融排斥现象严重，进而造成金融发展不平衡和不充分，区域异质性问题突出。因此，传统的金融发展方式急需转变。而普惠金融的发展，正是相对于传统金融发展提出的。普惠金融以"占据"人口大多数的弱势群体为主要服务对象，以共享性、大众性以及包容性为金融发展理念，这与解决发展的不平衡和不充分的新时代要求高度契合。金融作为经济发展的重要驱动力和主要参与者，如何解决好金融排斥是金融可持续发展的首要任务。而普惠金融与金融排斥又是一个问题的两个方面，即因各种原因被金融机构排斥于门槛外的，在成本可负担的前提下被普惠金融纳入金融服务范围内。可以说，普惠金融源于金融排斥，推进普惠金融发展是解决金融排斥的有效途径（何德旭和苗文龙，2015）。基于上述背景，探讨普惠金融发展区域差异的综合水平、收敛性以及影响因素显得尤为有意义。那么，现阶段的普惠金融发展水平是什么样的，具体的地区差异程度如何，各地区差异的未来发展趋势，以及如何调整地区差异实现发展均衡？带着这样的思考，本书尝试对中国普惠金融发展区域差异进行深入系统的探讨。具体包括：在区域差异的综合评价中，试图明晰我国普惠金融发展的现状和地区存在的差异；在区域差异的收敛性检验中，试图把握我国普惠金融发展地区差异的演进特征及变化趋势；在区域差异的影响因素分析中，试图探索我国普惠金融发展的优化政策设计路径。以此来为我国实现普惠金融均衡和可持续发展提供重要的理论指引和行动指南。

二、研究意义

普惠金融旨在消除贫困、实现社会公平和经济包容性增长。据世界银行发布的《2017 全球普惠金融指标体系数据库报告》显示，全球仍有约 17 亿人口无法享受到最基础的金融服务，尤其在发展中国家较为严重，极大地阻碍了贫困消除和经济增长。中国亦是如此，其广大弱势群体在享受金融服务方面是非常有限的（李扬，2017）。普惠金融是一种重要的金融制度创新，极大地缓解了日益增长的金融需求和金融服务之间不平衡不充分的矛盾，有效提升了金融服务实体经济的效率。同时，它也是实现共享金融的发展方式（白钦先和张坤，2017）、全面脱贫目标的有效途径（罗斯丹等，2016）、缩小城乡收入差距的必然选择（李建军和卢盼盼，2016）、金融包容性发展的可依赖路径（粟勤和张娜，2017），以及新时代下就业结构改善和就业数量增加的重要抓手（林春等，2019）。由此可见，如何精准有效地把握当前普惠金融发展的区域差异，对于我国深入推进金融供给侧改革和实现高质量发展目标具有重要的理论意义和现实意义。

（一）理论意义

在市场经济的大背景下，资本的逐利性带来了金融资源的错配，扭曲了金融机构的行为，使金融发展背离了为社会和人民服务的初衷。金融机构的商业性、趋利性使得越来越多的金融资源被分配到较为发达的地区，而那些真正需要金融资源的欠发达地区，却得不到有效的金融支持，这就导致区域金融发展异化，进而造成金融体系的脆弱性和风险性加剧。而普惠金融的发展恰恰能为上述问题的破解提供有效的支持，普惠金融的普惠性和包容性可以有效地解决金融机构的商业性和趋利性问题。同时，普惠金融服务对象的分散化可以打破金融机构追求规模化目标的桎梏。此外，普惠金融是以为社会各个阶层提供有效的、及时的和可获得的金融服务为宗旨，其更容易改变金融机构追求短期效益的目标导向。因此，本书以现阶段普惠金融发展研究为着力点，对中国普惠金融发展区域差异的现状、收敛性以及影响因素进行缜密的审视，并进行全面系统的剖析，以期获得有价值的结论，为发展金融学学科建设构建重要的理论框架，同时也为深化中国金融供给侧改革提供良好的理论依据，对当下全面把脉中国金融未来发展趋势具有重要的理论意义。

（二）现实意义

本书立足于解决人民日益增长的美好生活需求与不平衡不充分发展之间矛盾的现实国情需要，以实现普惠金融均衡和可持续发展目标为切入点，全面剖析中国普惠金融发展的区域差异，实现对金融供给侧改革的精准定位，助推金融迈向高质量发展阶段。首先，本书从金融服务渗透性、金融服务可获得性以及金融服务使用效用性三个维度构建普惠金融发展指数指标体系，并依据普惠金融内涵将各维度子指标进行了更为细致的刻画，力争更为全面地反映我国普惠金融的真实发展状况，实现对我国普惠金融发展的精准客观评价。其次，本书采用加权平均离差法、变异系数法、基尼系数法以及泰尔指数法对我国普惠金融发展地区差异的根源进行了深入分析，以期为区域间协调发展提供有效的现实依据。再次，本书采用 β 收敛检验、核密度收敛检验、马尔可夫链收敛检验对我国普惠金融发展地区差异的变化趋势和演进过程进行深入挖掘，以期为客观研判我国普惠金融发展地区差异的演化趋势提供重要的论据支撑。最后，本书采用普通面板模型和空间面板模型对我国普惠金融发展地区差异的影响因素进行深入探讨，以期为我国普惠金融实现均衡和可持续发展提供重要的可行性调整路径。深入探讨普惠金融发展区域差异的重要性不言而喻，普惠金融发展打破传统金融趋利性的桎梏，促使金融资源配置效率得到有效提升，实现对金融发展方式的高质量转变，对当下深入推进金融供给侧结构性改革具有重要的参考价值和现实意义。

第二节 研究思路与方法

一、研究思路

"普惠金融"已成为政府工作报告、金融工作会议乃至国务院规划的重点关注对象，并将发展普惠金融纳入经济高质量发展以及全面建设社会主义现代化国家的重要范畴之列。本书试图以实现普惠金融均衡和可持续发展目标为切入点，通过区域差异的综合评价来准确把握我国普惠金融发展的现状，通过区域差异的收敛性检验来深入挖掘我国普惠金融发展地区差异的变化趋势及演进过程，通过区域差异影响因素的探讨来厘清普惠金融发展地区差异各因素的影响机理，最终为实现普惠金融均衡和可持续发展目标提供重要的理论依据与实证支持。具体的思路安排如下：首先是本书的基础部分，由第一、第二章组成，包括研究的背景、意义、思路与方法、主要内容与技术路线、创新之处与不足以及国内外相关文献回顾及述评。其次是本书的普惠金融发展范畴及理论部分，由第三章组成，包括普惠金融内涵（概念、特征以及体系框架）、普惠金融发展的目标、原则、意义、沿革以及理论基础。再次是本书的核心部分，由第四、第五、第六、第七章组成，具体安排如下：第四章主要是普惠金融发展区域测度；第五章是普惠金融发展区域差异综合评价；第六章是在第五章发现各地区普惠金融发展差异存在逐渐缩小趋势的基础上，进一步对普惠金融发展区域差异的收敛性进行检验；第七章是在第五、第六章发现我国普惠金融发展地区差异明显的基础上，深入探讨各外部因素对普惠金融发展区域差异的影响，以此来为实现普惠金融均衡化发展目标提供可行性路径设计。最后是本书的研究结论与政策建议。

二、研究方法

为了更加准确地对中国普惠金融发展区域差异进行深入系统的剖析，本书沿用了定性和定量分析相结合、规范和实证分析相结合、静态和动态分析相结合以及对比分析等经济学中常用的经典分析方法。具体研究方法如下：

第一，定性与定量分析相结合。定性分析是通过归纳、演绎与综合等方法对事物的特征属性进行把握，定量分析则是通过运算、推导与社会统计等方法对社会现象和特征进行把握。本书中，对于收敛假说的分析以及各影响因素对普惠金融发展区域差异的理论分析均属于定性分析，而从三个维度选择 19 个子指标构建普惠金融发展指数指标体系，并对测算结果进行区域差异的综合评价、收敛性检验以及影响因素探讨均属于定量分析。

第二，规范和实证分析相结合。规范分析在分析中加入了价值判断，聚焦的是"应该怎样"的问题，而实证分析是对事实的客观反映，不加入价值判断，聚焦的是"是什么"的问题。本书中，在新古典增长模型的基础上对普惠金融发展区域差异的收敛性进行探究，并提出普惠金融发展的收敛假说属于规范分析。同时，对影响普惠金融发展区域差异的各因素进行理论分析和假设的提出也属于规范分析，而采用中国 2005 ~ 2017 年省（区、市）面板数据进行普惠金融发展区域差异的综合评价、收敛性检验以及影响因素探讨均属于实证分析。

第三，静态和动态分析相结合。静态分析不涉及时间变量，是一种静止地孤立地考察某些经济现象的方法。而动态分析则涉及时间变量，是一种对经济变动的实际过程进行分析的方法。本书中，例如对 2017 年普惠金融发展区域测算结果进行分析、β 收敛检验以及基于面板模型（固定效应模型、随机效应模型和空间杜宾模型）的影响因素探讨等均属于静态分析，而对于核密度收敛检验、马尔可夫链收敛检验等用来研究普惠金融发展地区差异的变化趋势、演变特征和转移情况，则均属于动态分析。

第四，对比分析。也叫比较分析法，是通过变量间的对比来发现变量变化的一种方法。遵循该方法，本书将不同的区域划分、不同的实证方法应用贯穿于整个研究体系，先是将全国划分为东部、中部和西部地区，再将其进行细分为八大综合经济区①。然后，采用不同实证分析方法进行比较分析，具体包括：综合评价中使用的加权平均离差法、变异系数法、基尼系数法、泰尔指数法；收敛性检验中使用的β收敛法、核密度收敛法、马尔科夫链收敛法；影响因素探讨中使用普通面板模型估计法和空间面板模型估计法等。以期准确把握我国普惠金融发展区域差异的综合状况、演进特征及其影响因素相关性。

第三节 本书主要内容与结构框架

一、主要内容

本书围绕着普惠金融发展区域差异的综合评价、收敛性及影响因素进行了深入系统的研究，与以往研究仅限于普惠金融发展的测度或者影响因素是有所不同的。本书从普惠金融发展区域差异入手，在考虑到新古典增长理论经济收敛性的基础上，从静态和动态两个角度探讨普惠金融发展地区差异的演化趋势，并运用收敛假说对其进行检验，发现区域间普惠金融发展存在明显的地区差异，并通过影响因素探讨来有效破解这一难题。

---

① 东北综合经济区、北部沿海综合经济区、东部沿海综合经济区、南部沿海综合经济区、黄河中游综合经济区、长江中游综合经济区、大西南综合经济区和大西北综合经济区。

第一章是绪论部分。首先，通过介绍研究背景及意义来说明本书撰写中国普惠金融发展区域差异研究的重要性。其次，通过对研究思路与方法、主要内容与技术路线的阐述，来进一步明确本书的总体规划。最后，总结本书的创新之处与不足之处。

第二章是国内外文献回顾部分。该部分首先对国内外普惠金融发展的相关文献进行了回顾与梳理，具体包括普惠金融发展重要性、普惠金融内涵、普惠金融发展测度以及普惠金融发展影响因素等方面。其次，针对上述相关文献进行了总结，并指出现有研究中存在的不足之处。最后，得出非常有必要对我国当前普惠金融发展进行深入系统的探讨的结论，以期为普惠金融实现均衡和可持续发展目标谋取一剂"良药"。

第三章是普惠金融发展范畴及理论基础部分。首先，通过对普惠金融的概念、特征及体系框架的介绍来深入阐释普惠金融的内涵。其次，通过对普惠金融发展目标、原则、意义以及沿革的介绍来厘清普惠金融发展的脉络。最后，通过对金融功能论、金融抑制论、金融可持续发展论、金融排斥论以及区域金融论等相关理论的详细阐述，为后续研究的展开提供坚实的理论基础。

第四章是中国普惠金融发展区域测度部分。首先，对普惠金融发展指数指标体系进行构建，这里从金融服务渗透性、金融服务可获得性以及金融服务使用效用性三个维度选择 19 个指标来构建普惠金融发展指数。其次，是对普惠金融发展指数测度方法的选择，这里采用标准欧式距离法进行测度，并采用变异系数法确定普惠金融发展指数各维度以及子指标的相关权重。最后，对普惠金融发展区域测算结果进行分析，得出我国普惠金融发展水平较低且存在地区差异的结论。

第五章是中国普惠金融发展区域差异综合评价部分。首先，采用加权平均离差法和变异系数法对普惠金融发展地区差异的总体变化趋势进行分析，得出我国普惠金融发展的地区差异明显，但差异程度有所下降的结论。其次，采用基尼系数法和泰尔指数法对地区间以及地区内部普惠金融发展的差异大小，以及这些差异的存在对我国普惠金融发展总体差异的贡献程度进行分析，得出组间差异是导致我国普惠金融发展地区差异的主要原因，且各区域普惠金融发展的组间和组内的差异程度均趋于减弱的结论。

第六章是中国普惠金融发展区域差异收敛性检验部分。首先，通过对收敛假说的理论阐述来诠释普惠金融发展也应符合收敛特征，即普惠金融发展地区差异会逐渐弱化。其次，采用 β 收敛检验从静态的角度检验普惠金融发展地区差异的变化趋势。最后，采用核密度收敛检验以及马尔可夫链收敛检验从动态的角度对普惠金融发展地区差异的演变特征、变化趋势以及转移情况进行深入探析。

第七章是中国普惠金融发展区域差异影响因素分析部分。在前面已挖掘普惠金融发展地区差异明显但差异具有减弱趋势的基础上，本部分将继续以三大地区（东部、中部和西部）和八大综合经济区为研究样本，采用普通面板模型和空间面板模型进行平面与立体的融合分析，以此来捕捉各影响因素对普惠金融发展地区差异的影响，为后续的政策建议埋下伏笔。

第八章是研究结论与政策建议部分。首先，总结本书的研究结论，包括普惠金融发展的区域测度、区域差异的综合评价、收敛性检验以及影响因素分析。其次，根据得出的结论提出行之有效的政策建议，为普惠金融高效提升金融供给侧服务能力开出政策药方。最后，提出研究展望以及未来需要进一步解决的问题。

二、结构框架

根据以上主要内容安排，本书进一步对结构框架进行设计，具体如图 1-1 所示。

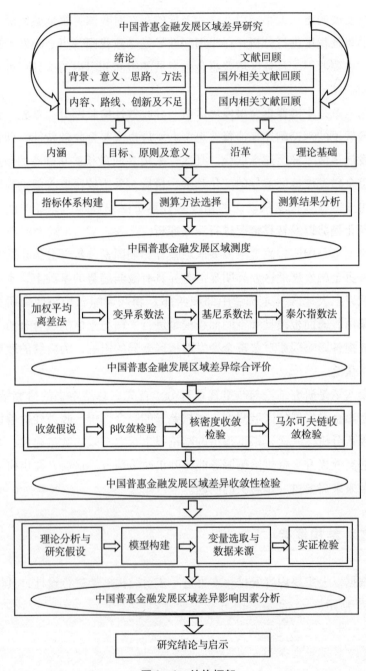

图 1-1　结构框架

第四节 本书创新与不足

一、创新之处

第一，构建指标的创新。对于普惠金融发展指数指标体系的构建，传统的指标主要从渗透性、接触性和使用效用性三个维度来进行，且指标选择大多集中于银行类指标，而普惠金融发展的主体不仅包括银行类金融机构，还应包括保险类等金融机构，这就导致传统的普惠金融发展指数指标体系构建可能存在一定的局限性。因此，本书在构建指标的选择上不仅包含了银行类相关指标，还包含了保险类相关指标，并对相应指标进行了深入的拓展与延伸，以期更为全面地从金融服务渗透性、金融服务可获得性以及金融服务使用效用性三个维度对普惠金融发展指数指标体系进行重新构建，使其测算结果与我国普惠金融发展实际状况更为真实和贴切。

第二，研究视角的创新。在传统的研究范式分析中，更多局限于全国及东中西三大地区的探讨。而随着经济的快速发展，区域经济特征表现出更为细致的诉求，单纯以依据地理位置划分的东中西三大地区进行分析显得有所局限，鉴于上述考虑，本书在进行普惠金融发展区域差异的相关研究时，不仅对其进行了传统的东中西三大地区分析，还进行了更为细致的八大综合经济区的探讨，以期为实现我国普惠金融均衡和可持续发展目标予以精准把脉。

第三，研究方法的创新。收敛假说是新古典经济增长理论中，用以研究经济系统中不同经济个体间以及不同经济个体与经济整体间的变化趋势的。本书尝试将收敛假说运用到普惠金融发展当中，探讨普惠金融发展地区差异的演变趋势，以挖掘经济比较发达地区的普惠金融发展受到资本投入边际递减规律的影响，其增速逐渐与经济不发达地区的普惠金融增速是否相趋同，各地区普惠金融增速与整体普惠金融增速是否存在趋同趋势，各地区普惠金融发展的动态演进趋势和分布特征，以及地区间和地区内部的各个普惠金融发展水平的转移情况，以此来深入探究我国普惠金融发展的地区协调性和均衡性。

二、不足之处

第一，在针对普惠金融发展区域差异收敛性检验方面，鉴于我国普惠金融发展的时间较短和数据的可得性受限，本书将收敛性研究的样本区间定位于 2005～2017 年，其相比经济增长理论中收敛性的几十年数据的实证检验略显单薄，还需要进一步扩大样本选择的时间跨度，期待在今后的研究中予以跟踪完善。

第二，在针对普惠金融发展区域差异影响因素探讨方面，其指标选择仍然存在一定的局限性。诚然，普惠金融是一个多维度概念，其发展也会受到诸多因素的影响，不仅包括政策、环境、制度、地理以及文化等因素的影响，还包括企业的融资约束、企业家精神以及企业文化等因素的影响。由此可见，影响普惠金融发展区域差异的因素是错综复杂的。虽然本书力求全面系统地选择影响普惠金融发展区域差异的重要因素，但仍难以涵盖影响普惠金融发展区域差异的所有重要因素，加之某些影响因素难以量化以及数据的可得性受限和核算约束，使本书对于我国普惠金融发展区域差异的影响因素指标选择依然存在欠缺问题，期待在今后的研究中予以更为全面的补充与探讨。

第二章

国内外文献回顾

"普惠金融"概念自提出以来已过十余载，世界各国和相关国际组织在普惠金融发展中不断探索和推进，相应地也取得了一系列较为瞩目的研究成果。归纳起来，相关文献涉及内容主要包括：一是关于普惠金融发展重要性；二是关于普惠金融内涵；三是关于普惠金融发展测度；四是关于普惠金融发展影响因素。本部分通过对相关文献的回顾与梳理，总结已有研究中存在的不足之处，以期为普惠金融实现均衡和可持续发展目标建言献策。

第一节　国外相关文献回顾

一、关于普惠金融发展重要性

普惠金融是经济结构调整的有效工具。希勒（Shiller，2012）在其专著《金融与好的社会》中阐述了因金融结构不合理而导致的金融排斥会进一步加剧社会经济结构失衡的恶化，这时普惠金融成为最有力的抓手。普惠金融发展是经济发展的先决条件，其对于维护金融稳定、减少贫困、改善弱势群体的生活条件以及化解收入不平等问题均具有重要意义。

（一）普惠金融发展与金融稳定

普惠金融发展与金融系统的稳定性密切相关。摩根和庞廷斯（Morgan & Pontines，2014）通过评估各种普惠金融措施对银行不良贷款和银行经营风险的影响，发现增加对中小企业的贷款份额有助于减少不良贷款和违约概率，促进金融稳定。尼姆和盖塞特（Neaime & Gaysset，2018）通过对8个中东和北非国家2002～2015年的数据进行大样本分析，肯定了普惠金融发展对金融稳定的积极贡献。对于普惠金融发展如何促进金融稳定，卡恩（Khan，2011）采用问卷调查的方法获取马拉维16家银行分支机构的数据，通过分层和判断相结合的方法，发现了普惠金融发展促进金融稳定的三种渠道：一是通过增加小企业信贷多元化银行资产，降低银行信贷风险；二是通过扩大小额存款比例增加存款稳定性，降低银行对非核心资产融资的依赖；三是通过广泛影响微观主体保证货币政策传导途径畅通，助推金融稳定。汉尼格和詹森（Hannig & Jansen，2010）则认为作为普惠金融主要服务对象的弱势群体，具有受经济周期影响较小的特征，进而能够稀释金融机构的系统性风险，提高金融稳定。普拉萨德（Prasad，2010）从中小企业所处的产业角度进行分析，得出减少劳动密集型企业的金融服务会引发金融动荡的结论。韩和梅莱克（Han & Melecky，2013）从存款角度分析，发现低收入群体存款的加入有利于银行资产多元化的实现，可提升银行业应对经济危机的能力，以此来加强金融的稳定性。艾哈迈德和马利克（Ahamed & Mallick，2017）采用86个国家2004～2012年的面板数据发现，普惠金融与金融稳定性呈正相关，即普惠金融程度越高的国家，其金融系统的稳定性越好。

（二）普惠金融发展与贫困

对无法从正规机构获得信贷资源的弱势群体而言，金融排斥对小农和边缘农民以及其他弱势群体来说是很高的（Dev，2006）。而温策尔等（Wentzel et al.，2016）的研究表明，对"金字塔"底部公民的金融排斥会带来明显的负面经济效应。同时，相关研究表明，在资本逐利性的驱动作用下，财富和收入分配的两极分化日益加深，导致了金融服务出现了较为严重的"分化"现象，由此带来了金融系统的非均衡化发展，这样就不免造成了金融排斥现象的产生。而金融排斥现象的存在，是现阶段造成贫困人口无法脱贫的重要原因。而普惠金融的发展，在一定程度上缓解了金融排斥和信贷服务诉求的问题，使有金融需求的对象得到了有效的满足，也因此成为了解决贫困问题的最优政策手段。施米德和马尔（Schmied & Marr，2016）采用秘鲁 2008～2010 年数据研究普惠金融发展对各项贫困指标的影响，发现普惠金融发展通过降低贫困人口的信贷门槛和成本来缓解贫困，这与格林伍德和约万诺维奇（Greenwood & Jovanovic，1990）得出金融普惠性发展有助于缓解穷人信贷约束的结论相吻合。阿涅洛等（Agnello et al.，2012）和克拉基特等（Clarkeet et al.，2006）的研究表明，金融普惠性的提高对降低贫困发生率具有显著的影响，它可以通过提供助农、助学贷款以及农业保险等金融产品来有效缓解农户等贫困人口的资金约束。阿南德和奇卡拉（Anand & Chhikara，2012）的研究表明，金融服务的可获得性和使用频率与贫困率呈反向变动关系。伯伦和洛夫（Bruhn & Love，2014）通过墨西哥扶贫计划的准自然实验发现，普惠金融的实施在提高 1.4% 就业率的同时，也促进了贫困就业人口 7% 的收入水平增加。普惠金融发展水平越高，越有利于贫困与收入分配问题的解决（Mookerjee & Kalipioni，2010）。

（三）普惠金融发展与其他

除了对上述几个方面产生重要的影响之外，普惠金融发展还在多方面影响着经济发展。莫布托和乌巴（Mbutor & Uba，2013）采用尼日利亚 1980～2012 年的数据研究普惠金融发展对货币政策的影响，发现普惠金融发展会通过增加总需求的利率敏感性来提高货币政策的有效性。德·科克和延奇（De Koker & Jentzsch，2013）采用 8 个非洲国家数据研究普惠金融发展与反洗钱和反恐融资的关系，发现普惠金融发展有助于增加金融信息透明度从而降低反洗钱风险。奥格奇和奥拉尼伊（Oge-chi & Olaniyi, 2017）采用尼日利亚 1981～2014 年的数据研究普惠金融发展对经济多样化的影响，结果发现，在金融准入和资金使用方面，普惠金融发展对经济多样化具有积极和显著的影响，同时也是经济多样化的有力推动者。恰帕等（Chiapa et al., 2015）采用尼泊尔一项为贫困家庭提供储蓄账户的实地实验数据，发现普惠金融发展有利于提高父母对子女教育的愿望和期望。班纳吉等（Banerjee et al., 2015）采用 2005 年印度海得拉巴 104 个贫民窟数据来研究普惠金融发展与贫困地区创业活动的关系，结果发现得到资助的居民其创业积极性并不高，即普惠金融对贫困地区的创业活动影响非常有限。可见，普惠金融发展在经济发展的各个方面均具有重要作用和意义。

二、关于普惠金融内涵

（一）概念界定

对于普惠金融概念的界定，专家学者以及权威机构等从不同的角度展开了讨论。随着普惠金融的不断发展和体系的完善，普惠金融概念已从最初的小额信贷层面上升到了包括需求方、供给方以及政府等多方利益在内的综合性概念。

最早，金融包容和金融排斥被作为一个问题的两个方面。萨尔玛和派斯（Sarma & Pais, 2011）指出金融包容就是让以弱势群体为主的经济主体能够通过金融机构获得便捷、有效以及适当的金融产品与服务。与此，在对金融包容界定的同时，也必然需要明晰金融排斥的概念。金融排斥的概念最早由莱森和斯莱夫特（Leyshon & Thrift, 1993）提出，他们将其定义为：由于金融机构的撤并导致某些社会群体或个人所需的金融服务受到阻碍。在此基础上，凯普森和怀利（Kempson & Whyley, 1999）将金融排斥分成地理排斥、评估排斥、条件排斥、价格排斥、营销排斥和自我排斥六个维度。里根和帕克斯顿（Regan & Paxton，2003）将金融排斥定义为经济主体因缺乏有效的途径和方式而无法获得金融产品与服务的一种现象。2005 年，"普惠金融"的概念由联合国在"国际小额信贷年"上正式提出，自此，普惠金融被作为金融包容的焦点被广泛讨论。

1. 专家学者方面

利拉德哈（Leeladhar，2006）强调金融服务的平等性和公平性，他指出普惠金融是以合理的价格，向被金融体系排斥在外的普通人群提供金融服务。索拉特（Thorat，2007）从金融排斥角度出发理解普惠金融，他认为普惠金融是为排除在支付系统和正规信贷市场之外的贫困家庭提供安全、广泛的金融服务。拉姆吉（Ramji，2009）强调金融服务的及时性，他指出普惠金融是及时向社会弱势群体提供金融服务。凯尔卡（Kelkar，2010）强调提供金融服务的可承受成本，并指出普惠金融的服务对象是可能被排除在外的大部分弱势群体和低收入群体，并将普惠金融定义为：以可承受的成本向可能被排除在外的大部分弱势群体和低收入群体提供包括银行服务和信贷在内的金融服务。肯奈恩等（Cnaan et al.，2012）强调普惠金融的政策目标，他指出普惠金融是减少社会排斥和贫困以及促进经济增长的重要政策选择。施维泰（Schwittay，2014）将贫困的金融化作为普惠金融概念的补充。他认为在普惠金融发展成为减贫首要办法的当下，贫困已成为一个金融问题。萨海等（Sahay et al.，2015）将普惠金融简单概括为家庭和企业获得和使用的正规金融服务。同时，还指出政策制定者将普惠金融作为改善民生、减贫和促进经济发展的一种重要方式。

2. 权威机构方面

2006 年联合国（UN）将普惠金融界定为：为所有银行能接受的个人和公司提供信贷服务、为所有可保险的个人和公司提供保险服务以及为所有人提供储蓄和支付服务。这里所强调的是满足每个有资格的个人和公司的服务需求，而不是要求他们都使用服务。2008 年印度普惠金融委员会（IFIC）将普惠金融界定为：为弱势群体（如体弱多病人群和

低收入群体）提供可承担的及时充足的信贷和金融服务的过程。① 2011
年普惠金融中心（CFI）从多维角度对普惠金融进行界定，它不仅强调
金融服务的质量，还强调金融供给体的多样性和完备性。它指出应向所
有有需求的个人或企业提供一系列便利、可负担、适当的高质量金融服
务，并在提供金融服务的同时尊重和保护客户权益。② 2011 年普惠金融
全球合作伙伴组织（GPFI）将普惠金融定义为：包括被金融体系所排
斥的人在内的所有处于工作年龄的成年人，都能以可负担的成本、可获
得的便捷获得正规金融机构提供的负责任的储蓄、信贷、保险以及支付
服务。2014 年世界银行（IBRD）在《全球普惠金融发展报告》中将普
惠金融定义为：使用金融服务的企业和个人的比例。

（二）服务对象

根据普惠金融概念界定的侧重点不同，我们发现普惠金融的服务对
象也存在某些差异。例如，2006 年联合国（UN）在《普惠金融蓝皮书》
中指出，普惠金融的目标对象是所有阶层和群体。赫尔姆斯（Helms，
2006）和萨尔玛（Sarma，2010）也指出普惠金融应惠及经济体中的所
有人，尤其是贫困者。利拉德哈（2006）认为普惠金融的服务对象是
排斥在金融系统外的普通人群。贝布丘克（Bebczuk，2008）从金融产
品的公共性出发，发现金融歧视、金融需求以及可获得性低均对穷人产
生不利影响，认为普惠金融应扩大穷人金融服务的覆盖面。拉姆吉
（2009）和夏尔玛等（Sharma et al.，2014）则认为普惠金融的服务对
象是社会中的大多数弱势群体和有需要的人。罗摩克里希南（Ra-
makrishnan，2010）指出普惠金融的服务对象是每个人，并强调在使用
金融服务时应确保那些需要服务的人对金融服务有所了解和利用。桑杰
（Sanjay，2019）指出广大无银行账户的人群是普惠金融的基本目标群
体。可见，不论是以弱势群体还是以所有阶层和群体为服务对象，普惠
金融发展会使金融系统的覆盖面得到维度的拓宽，金融服务的广度和深

①② 焦瑾璞：《普惠金融导论》，中国金融出版社 2019 年版，第 2 页。

度也都能得到有效的延伸。同时，那些被金融体系边缘化的贫困者等弱势群体也能在普惠金融发展中受益。

查阅已往的研究文献可以发现，农村和城市人口在利用金融系统服务的过程中存在较大差异，农村人口往往主动或被动地被金融系统边缘化，以至于只能获得非常有限的金融服务。因此，如何扩大金融产品和服务对农村的可及性，已成为普惠金融发展的一个重要努力方向。可见农村也是普惠金融发展的主要服务对象。肯奈恩等（2012）指出，由农村贫困导致的金融排斥是普惠金融发展的主要障碍。班萨尔（Bansal，2014）认为利用现代信息和通信技术有助于降低银行成本和业务风险，扩大客户可及性，进而有利于将印度农村纳入普惠金融体系。辛格等（Singh et al.，2014）指出，仍有大多数农村人口未被纳入包容性增长体系，这是印度普惠金融发展面临的主要挑战。乔治（George，2016）认为，在缺乏社会资本的情况下，通过对乌干达农村家庭进行金融教育或金融扫盲并不能提高该地区的农村普惠金融水平。

三、关于普惠金融发展测度

如何科学严谨地对普惠金融发展水平进行测度，是专家学者和权威机构探讨普惠金融相关问题所必需解决的首要问题。自"普惠金融"概念正式提出以来，许多国家、国际组织以及专家学者对其指标体系的构建和测度方法的选择进行积极研究探讨，并取得了较为显著的阶段性成果。

国际货币基金组织（IMF）、普惠金融联盟（AFI）和普惠金融全球合作伙伴（GPFI）等国际组织和机构从多个维度来测度普惠金融发展水平。例如，2011 年普惠金融联盟（AFI）考虑到数据的统一性和适用性等因素，从金融服务可获得性和金融服务使用情况两个维度来测度普惠金融发展水平。具体包括：每万个成年人拥有的网点数、拥有网点的行政区的人口占比和拥有网点的行政区的数量占比这 3 个金融服务可获得性指标，拥有存款及贷款账户的成年人比例这 2 个金融服务使用情况指标。2016 年普惠金融全球合作伙伴（GPFI）结合数据全面性、可得性等因素，从金融服务使用情况、金融服务可获得性、金融产品与服务的质量三个维度来测度普惠金融发展水平。具体包括：享有正规银行服务的成年人、储蓄倾向和购买保险的成年人等 10 个金融服务使用情况指标；服务网点、服务网点的互通性和电子资金账户 3 个金融服务可获得性指标；金融知识、使用成本和信息披露要求等 6 个金融产品与服务质量指标。

贝克等（Beck et al.，2007）较早从地理渗透性、金融服务可获得性和产品使用效用性三个方面来构建普惠金融发展指数。萨尔玛（2010）在此基础上，借鉴联合国开发计划署（UNDP）编制人类发展指数法的方法，从银行渗透性、金融产品接触性和使用效用性三个维度来构建普惠金融发展指数，并假设每个维度的权重相同。阿罗拉（Aro-ra，2010）将开户行所在地、贷款利率和银行卡年费等金融服务便利性和成本性的指标考虑在内，从银行服务范围、使用成本和便利性三个维度来构建普惠金融发展指数。古普特等（Gupte et al.，2012）在综合了上述指标体系构建的基础上，从服务覆盖面、产品效用性、交易便利性和交易成本四个维度来构建普惠金融发展指数，并增加了开设银行账户所需最低金额、抵押贷款审批时长以及账户年费等银行基础性业务信息指标。查克拉瓦蒂和帕尔（Chakravarty & Pal，2013）对萨尔玛（2010）构建的普惠金融发展指数进行了有效扩展，将各个金融维度对普惠金融发展指数的敏感度考虑在内。同时，萨尔玛（2015，2016）也修正了其于 2010 年提出的普惠金融测度方法，通过使用标准欧式距离法计算得到的渗透性、可获得性和使用效用性三个维度的维度距离来测算普惠金融发展水平，并采用变异系数法确定维度权重。

四、关于普惠金融发展影响因素

普惠金融作为金融发展体系的重要组成部分，其发展也同样受到诸多因素的影响。那么，如何通过多方面努力缩小普惠金融发展的地区差异，以促进普惠金融实现均衡和可持续发展呢？国外专家学者对此展开了一系列研究讨论。

（一）政府方面

政府作为政策的制定者、实施者、推动者以及监管者，为普惠金融发展提供了良好的生态环境。

1. 政府职能方面

莫尔登（Molden，2010）通过研究小额信贷与普惠金融发展之间的关系，发现造成阿根廷普惠金融发展滞后的原因除了该国小额信贷体系不发达外，还有政府对小额信贷纳入整个金融体系的特别限制。汉尼格和詹森（2010）认为，在审慎政策框架下政府监管应包含金融机构的市场准入标准、客户保护条例以及金融机构业务成本等方面，以此来提高普惠金融对家庭的渗透度。埃尔贝克等（Ehrbeck et al.，2012）指出，政府在普惠金融发展的生态系统中扮演着三种角色：一是金融基础设施建设的推动者；二是规则制定者和市场发展的服务者；三是交易量的驱动者。

2. 政策效果方面

查克拉瓦蒂和帕尔（Chakravarty & Pal，2013）利用印度各州 1972～2009 年的面板数据来研究普惠金融发展受到银行政策影响的程度，发现银行政策对普惠金融发展的影响存在时序异质性，并将银行地域渗透和信贷可得性确定为印度普惠金融发展的政策目标。约翰逊和阿诺德（Johnson & Arnold，2012）采用肯尼亚 2006～2009 年正规、半正规和非正规金融机构的信贷数据来研究金融部门政策重点的转移，发现解决准入方面的障碍是金融部门发展的政策重点，也是现实普惠金融发展的政策基础。巴耶罗（Bayero，2015）通过研究尼日利亚无现金经济政策对普惠金融发展的影响，发现这种政策在需求端和供给端的作用对普惠金融发展的影响不尽相同，同时其政策效果还受到价值取向以及基础设施等因素的影响。昆杜（Kundu，2013）通过研究印度政府在圣雄甘地全国农村就业保障计划（MGNREGP）中实施的银行工资支付政策，发现该政策可以有效促进贫困人口对银行账户的认知和接受，并通过增加贫困人口尤其是妇女的金融知识水平增加印度农村贫困家庭对银行储蓄账户的利用率。

3. 金融监管方面

汉尼格和詹森（2010）认为，在制定金融改革和监管政策时，将其对普惠金融发展的影响纳入政策制定范畴是至关重要的。科东戈（Kodongo，2018）采用肯尼亚家庭调查数据研究金融监管与普惠金融发展之间的关系，发现代理银行监管条例的实施能够有效地改善普惠金融准入条件，而对资本流动性宏观审慎监管则可能会不利于普惠金融发展，故其建议应适当放宽对普惠金融客户的识别要求，以弱化宏观审慎监管带来的不利影响。

（二）信息通信技术方面

信息通信技术的快速发展为金融业成长注入了新鲜的血液，协助传统金融跨越交易边界的鸿沟，使金融服务的横纵维度得到了有效的提升，加速推进了金融发展的步伐，这也为普惠金融发展提供了新的机遇和挑战，尤其是在近些年"互联网＋"及云计算等数字信息技术的快速普及，互联网金融以及数字金融发展表现得尤为迅猛。比什特和米什拉（Bisht & Mishra，2016）通过评估三种信息通信技术在金融服务领域基础服务设计中的影响，发现信息通信技术的运用使得普惠金融服务的质量被提高，并在改善客户福利等方面发挥了关键作用。迪尼兹等（Diniz et al.，2012）利用奥塔泽斯县的普惠金融发展案例，发现基于信息通信技术网络向本地贫穷的巴西人提供金融服务是非常有效的，并且成为当地发展普惠金融的成功经验。温策尔等（2013）的研究也证实，金融服务在通信技术的支持下，扩大了南非尤其是金字塔底层的普惠金融发展潜力，拓宽了金融服务范围，让更多的人享受到金融服务，提升了社会公众对金融服务的参与度与满足感。高希（Ghosh，2016）利用2001～2012年的印度各州数据，发现移动电话普及率的提高对普惠金融尤其是客户的贷款行为具有显著的正向影响，既缩短了贷款受理流程，又降低了贷款客户的个人时间成本，促使了中小微企业和个人贷款效率的有效提高。科波达尔和安德里亚纳沃（Kpodar & Andrianaivo，2011）的研究也验证了移动电话发展的重要性，认为移动电话的发展巩固了移动金融服务国家的普惠金融发展，使普惠金融政策在实施中得到了更深层次的渗透，让政策红利的惠及面更为宽泛，进而对经济增长产生重要的促进作用。比哈里（Bihari，2011）的研究也证实了手机银行等移动金融业务在印度普惠金融发展中的重要作用，加速推进了印度普惠金融政策的普及步伐，进一步提升了印度普惠金融的服务质量，同时也促进了印度金融业的快速发展。由此可见，信息通信技术在金融领域的广泛运用，加速了金融科技革命的步伐，迎来了金融发展的数字新时代，并为普惠金融发展指明了新途径和增添了新层次，也为将贫困家庭纳入金融资产创造者提供了新的形式（Gabor & Brooks，2016）。奥齐利（Ozili，2018）的研究表明，数字金融的发展有利于扩大发展中国家和新兴经济体的普惠金融服务范围，增加了普惠金融服务的广度和深度，使普惠金融的政策效果得到进一步的提升。拉德克利夫和沃希斯（Radcliffe & Voorhies，2012）通过研究金融—数字鸿沟在贫困家庭的金融生活中造成明显不平等的现象，发现将贫困家庭与数字金融相结合会产生较大的福利效应，并成为发展普惠金融的重要有效途径，这与数字普惠金融发展有助于降低多方面的成本（IFC，2017）、降低发展中国家的高通货膨胀（GPFI，2016）以及改善拥有数字平台的企业和个人福利（CGAP，2015）的观点不谋而合。卡巴科娃和普拉克森科夫（Kabakova & Plaksenkov，2018）通过对 30 个发展中国家和低收入国家进行分析也证实了数字发展对普惠金融发展的重要性。

（三）金融素养方面

金融素养作为金融发展的重要组成部分，良好的金融素养对金融发展具有显著的促进作用。科恩和纳尔逊（Cohen & Nelson，2011）在全球小额信贷峰会上指出，金融素养是需求方迈向金融包容的第一步。金融素养被认为是促进金融普惠、保障金融发展和维护金融稳定的重要辅助手段（Ramakrishnan，2012）。因此，在促进普惠金融发展的同时，还应辅之以教育尤其是金融知识等方面的包容性机制，以此提高金融素养（Diniz et al.，2012）。已有研究表明，金融知识匮乏是导致普惠金融发展缓慢的重要因素。罗伊等（Rooij et al.，2011）采用德·尼德兰德斯银行的家庭调查数据研究金融素养与股票市场参与之间的关系，发现那些文化程度低的受访者参与股票市场的可能性较小，金融知识水平会直接影响受访者的金融决策。克拉伯等（Klapper et al.，2013）考察了俄罗斯金融危机期间的金融素养及其对行为的影响，结果发现，受访者中仅有46%的人知晓通货膨胀等简单问题，仅有41%的人对复合利率有所了解，金融知识水平高低与金融市场参与度呈正相关关系，金融知识水平越高，越具备应对宏观经济冲击的能力，其遭受的负面损失也就越小。卡玛和阿迪贡（Kama & Adigun，2013）研究了尼日利亚迄今为止的普惠金融发展状况，发现金融供给方的金融知识水平与普惠金融发展水平存在正相关关系，供给方金融知识匮乏已成为制约普惠金融发展的主要因素之一。那么，如何才能增加民众的金融知识存量呢？是否能够通过金融教育来改善金融知识匮乏的现象，以促进普惠金融发展呢？查克拉博蒂（Chakraborty，2014）认为，识字水平低、缺乏对金融产品的认识和理解是普惠金融发展在需求方面面临的主要问题。伯恩海姆和加勒特（Bernheim & Garrett，2003）利用家庭调查数据研究雇主理财教育与个人储蓄之间的关系，发现对雇主的金融教育能够有效地刺激储蓄。伯恩海姆等（Bernheim et al.，2001）的研究也证实了对高中生开展金融相关教育有利于其成年后的资产积累。同时，艾伦等（Allen et al.，2016）的研究发现，普惠金融客户的教育背景显著影响其对正规金融服务的使用，受教育水平越高的普惠金融客户，其储蓄意愿越高、信贷风险越低以及对非正规金融使用越少，这与丰加奥瓦和威尔（Fungáčová & Weill，2015）和塔姆本勒奇等（Tambunlertchai et al.，2018）得出较好的教育能够促使银行账户和信贷使用的结论保持一致。而科尔等（Cole et al.，2011）却对金融教育的促进作用产生了质疑，认为金融教育水平低并不是导致印度和印度尼西亚新兴市场金融服务需求低的原因。

（四）其他方面

除了上述几个方面外，国外专家学者还从其他方面探讨了影响普惠金融发展的相关因素。

1. 汇款方面

安索阿特吉（Anzoategui et al.，2014）采用萨尔瓦多家庭的数据研究汇款对家庭使用普惠金融业务的影响，发现汇款通过促进存款账户的使用而对普惠金融发展产生积极贡献，这与阿迦和马丁内斯·佩里亚（Aga & Martinez Peria，2014）得出国际汇款业务有利于增加家庭在非洲五个国家（肯尼亚、布基纳法索、尼日利亚、乌干达和塞内加尔）开设银行账户的概率的结论不谋而合。

2. 年龄方面

弗里德林和劳克蒂斯（Friedline & Rauktis，2014）采用对关于青年储蓄的60项研究报告的全面审查，发现年轻人开设储蓄账户的政策对普惠金融发展具有积极影响。

3. 性别方面

高希和维诺德（Ghosh & Vinod，2017）采用印度家庭的分类数据研究性别和普惠金融之间的关系，发现以女性为户主的家庭更愿意通过非正规金融渠道获得资金。德米尔古库特等（Demirguckunt et al.，2013）在控制了收入、教育、年龄等一系列个人特征之后，发现对妇女的法律歧视和性别规范是阻碍其开设账户、储蓄和借贷的主要原因。

4. 宗教方面

戴元等（Dai‒Won et al.，2020）采用包括48个伊斯兰会议组织成员在内的152个国家（地区）的数据研究宗教对普惠金融发展的影响，发现伊斯兰会议组织和非伊斯兰会议组织、穆斯林人口和宗教多样性等宗教因素对普惠金融发展具有显著的影响。穆希丁等（Mohieldin et al.，2011）则发现伊斯兰会议组织国通过使用风险分担的融资工具和财富再分配相结合的综合方法来增加穷人获得资金的机会，以此来推进普惠金融的发展。

5. 银行方面

戈帕兰和拉詹（Gopalan & Rajan，2018）采用50个新兴和发展中国家2004~2009年的数据研究外国银行对普惠金融发展的影响，发现外国银行在普惠金融准入方面具有显著的正向促进作用。范姆等（Pham et al.，2019）采用93个国家（地区）的跨国数据研究银行竞争对普惠金融发展的影响，发现银行竞争对普惠金融发展具有显著的积极影响。

第二节　国内相关文献回顾

一、关于普惠金融发展重要性

发展普惠金融既是促进我国金融业迈向高质量发展的重要阶段，又是实现我国全面建设社会主义现代化国家的必然要求。普惠金融是一种重要的金融制度创新，极大地缓解了日益增长的金融需求和金融服务之间不平衡不充分的矛盾，能有效提升金融服务实体经济的效率。而我国的金融服务分配极不均衡，广大弱势群体所享受的金融服务非常有限（李扬，2017），包括相应金融服务设施的缺乏、供给能力的不足以及法律制度的缺失等（孟飞，2009）。焦瑾璞（2010）认为发展普惠金融是对现有金融体系不足的补充与完善，它能够使广大低收入群体同样获得享受公平金融服务的权力。杜晓山（2006）认为普惠金融是金融体系的重要组成部分，它通过降低金融供给端和需求端的双成本效应，来实现对贫困和偏远地区人群提供满足其自身发展所需金融产品和服务的诉求。马九杰和沈杰（2010）认为发展普惠金融有利于解决金融排斥问题、促进农村金融制度改革以及增加农民收入等。王曙光和王东宾

（2011）认为发展普惠金融可以有效填补金融服务的"空白地带"，对促进减贫增收、改善城乡二元结构以及实现区域经济协调发展等都发挥着重要的作用。易纲（2016）认为发展普惠金融对有效支持经济增长、缓解就业压力、协助脱贫致富以及实现社会公平等方面都发挥着重要的作用。白钦先和张坤（2017）认为发展普惠金融意义重大，它是作为引领、规范与实现金融发展的一种共享的金融发展方式。吴晓灵（2018）认为普惠金融之所以重要，其源于金融既可以创造财富，又可以分配财富。由此可见，发展普惠金融对中国经济实现高质量发展目标具有重要的现实意义。

（一）普惠金融发展与经济增长

1. 省级数据检验方面

杜强和潘怡（2016）采用我国 2006～2013 年的省级面板数据，发现普惠金融与经济发展整体上呈倒"U"形关系，并存在显著的地区异质性特征，这点与付莎和王军（2018）得出的结论不谋而合。杜莉和潘晓健（2017）采用我国 2005～2015 年的省级面板数据，发现普惠金融发展对区域经济增长具有显著的促进效果，并呈现出地区的差异性。周斌等（2017）采用我国 2008～2014 年的省级面板数据，发现普惠金融对城镇化率和贸易开放度驱动的经济增长具有正向促进作用，同时"互联网＋"对普惠金融发展驱动的经济增长也具有正向促进作用。刘亦文等（2018）采用我国 2005～2015 年的省级面板数据，发现普惠金融发展对经济增长存在双门槛效应，门槛估计值分别为 0.279 和 0.405，其普惠金融发展水平超过 0.279 以后，两者的促进作用是较为显著的。

2. 微观调研数据检验方面

武丽娟和徐璋勇（2018）采用全国 27 个省份 517 个村庄 4023 户农户的微观调研数据，发现东部、中部地区的普惠金融发展可以通过降低绝对贫困和相对贫困水平来实现显著的经济增长效应，而西部地区普惠金融发展虽然有利于绝对贫困水平下降，但却增加了相对贫困水平，故对显著的经济增长效应有所弱化。

3. 县域经济数据检验方面

黄倩和李政（2019）采用云南省 2008～2016 年 102 个县域的经济数据，发现普惠金融发展有助于促进县域居民的减贫增收和县域内部收入分配格局的有效改善，并以此来实现对经济体系的包容性提升。

（二）普惠金融发展与贫困

1. 跨国数据检验方面

邵汉华和王凯月（2017）采用全球 90 个国家（地区）2004～2014 年的面板数据，发现普惠金融可以显著促进贫困减缓，并且在贫困广度方面所表现的效果更为明显。

2. 省级数据检验方面

罗斯丹等（2016）采用我国 2005～2014 年的省级面板数据，发现我国普惠金融减贫效应存在显著的门槛特征，并呈现出东强西弱的趋势。谭燕芝和彭千芮（2018）采用我国 2006～2015 年的省级面板数据，发现普惠金融发展对缓解地区贫困具有显著的促进效果，并存在正向的空间溢出效应。马彧菲和杜朝运（2017）采用我国 2005～2013 年的省级面板数据，发现普惠金融发展有利于实现贫困减缓，其普惠金融指数的变化可以解释贫困减缓变化的 15%，同时普惠金融还通过促进包容性增长间接作用于贫困减缓。龚沁宜和成学真（2018）采用我国西部地区 12 个省份 2001～2015 年的省级面板数据，发现数字普惠金融对于贫困的缓解具有十分显著的效果，并呈现出非线性的单一门槛特征。

3. 县域数据检验方面

朱一鸣和王伟（2017）采用 2014 年全国 2018 个县（792 个贫困县和 1228 个非贫困县）的截面数据，发现普惠金融有利于农村居民增收，并且在不同的收入阶层群体中表现出显著的异质性，即对非贫困县农村居民减贫增收效果要优于贫困县。

（三）普惠金融发展与城乡收入差距

1. 省级数据检验方面

李建伟（2017）采用我国 2009～2014 年的省级面板数据，发现我国省域普惠金融发展对缩小城乡收入差距具有显著的促进作用，这点同温茜茜（2017）的实证结论保持了一致性，并且还发现了东部的促进效果要优于中西部地区。张建波（2018）采用我国 2005～2015 年的省级面板数据，发现普惠金融对城乡收入差距的影响效应呈现先明显扩大、再平缓扩大、最后显著缩小的倒"U"形关系。张贺和白钦先（2018）采用我国 2011～2015 年的省级面板数据，发现数字普惠金融能够显著缩小城乡收入差距。蔡四平和李莉（2018）采用我国 2006～2015 年的省级面板数据，发现普惠金融集聚对农民增收存在显著的正空间相关性，即普惠金融发展能够显著促进农民收入水平的提高。

2. 市级数据检验方面

黄燕辉（2018）采用广东省 20 个市的面板数据，发现普惠金融发展对缩小城乡收入差距具有显著的促进作用，并呈现出地区异质性特征，即促进效果随着该地区经济发达程度的上升而减弱。

3. 县域数据检验方面

李建军和韩珣（2019）采用 2009 年、2015 年的县域截面数据，发现普惠金融对集中连片特困区城乡收入分配改善和农村居民人均可支配收入增加具有显著的正向影响。

4. 微观调研数据检验方面

尹志超等（2019）采用 2017 年中国家庭普惠金融调查数据，发现普惠金融对家庭人均收入的异质性具有较强的解释力，并且对低收入家庭的收入改善效果更为明显。

（四）普惠金融发展与其他

除了对上述几个方面产生重要的影响之外，普惠金融发展还在多方面影响着经济发展。

1. 产业结构调整方面

徐敏和张小林（2015）采用我国 1985～2012 年的时间序列数据，发现普惠金融发展与产业结构合理化以及高级化之间存在双向的格兰杰因果关系，短期内的普惠金融发展通过产业结构合理化来促进产业结构调整，而在长期内则恰好相反。

2. 地区出口方面

范兆斌和张柳青（2017）采用我国 10 个省份 15 个制造行业 2004～2013 年的数据，发现普惠金融的发展对于出口总体上具有促进作用，并且表现出行业的异质性，即在外部融资依赖度较高的行业表现为正向，而在外部融资依赖度较低的行业表现为负向。

3. 融资约束方面

邹伟和凌江怀（2018）采用我国 2008～2014 年的中小企业板上市公司数据和 2012 年世界银行中国企业调查数据，发现普惠金融发展能够显著促进中小微企业融资可得性的提高，以此来缓解融资约束。包钧等（2018）采用我国 2014～2016 年上市公司的相关财务数据，发现普惠金融发展对本地区企业的融资约束具有显著的促进作用。

4. 创业就业方面

邓晓娜等（2019）采用我国 2005～2016 年的省级面板数据，发现普惠金融发展能够对居民创业产生显著的促进作用，并且其维度下的"渗透度""可获得性"和"使用情况"也都对创业产生显著的正向影响。张正平和石红玲（2019）采用我国 2013 年家庭金融调查数据，发现家庭普惠金融水平对其创业决策具有显著的促进作用，并且对农村家庭的影响更大。林春等（2019）采用我国 2005～2015 年的省级面板数据，发现普惠金融发展能够显著促进第一、第三产业就业增加，并呈现出显著的地区异质性特征。

二、关于普惠金融内涵

（一）普惠金融概念

国内"普惠金融"概念自中国小额信贷联盟（CAM）引入以来，就深受业界和学术界的高度关注和积极探讨。而随着研究的不断深入，专家学者以及权威机构对"普惠金融"的概念给予了更深入的拓展和理解。

1. 专家学者方面

杜晓山（2006）认为普惠金融就是为大规模的有金融服务需求的群体提供高质量的金融服务，并将客户群体重点扩大至偏远山区及广大农村地区人口，以减轻这些地区的资金成本，提高金融服务的可得性。焦瑾璞和陈瑾（2009）认为普惠金融是指能有效、全方位为社会所有阶层和群体提供服务的金融体系，实际上就是让所有老百姓享受更多的金融服务和金融产品，以此来更好地支持实体经济发展。王曙光（2013）认为普惠金融体系的基本含义是，金融体系应该具有包容性特征，应该以有效方式使金融服务惠及每一个人、每一个群体，尤其是那些通过传统金融体系难以获得金融服务的弱势群体。周小川（2013）对"普惠金融"的定义为：通过完善金融基础设施、以可以负担的成本将金融服务扩展到欠发达地区和社会低收入人群，向他们提供价格合理、方便快捷的金融服务，不断提高金融服务的可获得性。吴晓灵（2013）指出，普惠金融实质上是由金融机构提供的一种高质量金融服务，并且这种金融服务的主要服务对象是社会上有需要的各类群体，在为其提供帮助的同时也极大地维护了借贷人的尊严。星焱（2016）则归纳并提出了普惠金融的"5＋1"界定法。其中，"5"即从现有研究文献中提炼出的普惠金融基本概念所应具有的五个核心要素：可得性、价格合理性、便利性、安全性和全面性；"1"为面对特定的服务对象，即非自愿的被金融排斥者，其一般具备 7 个特征，包括收入低、财富少、能力弱、居住偏远、市场不完善、法治环境差和导向性政策少，而当金融服务或金融产品至少符合"5"中之一，且同时面向了上述普惠金融的特定服务对象时，就可以将其定义为普惠金融行为。白钦先和张坤（2017）认为普惠金融是指引领、规范与实现金融发展的，突出强调秉持金融的哲学人文发展理念，突出强调彰显金融为促进人类经济与社会发展而生，突出强调坚持金融为最广泛社会大众竭诚服务的一种共享的金融发展方式。邢乐成（2018）认为普惠金融是指对现有商业金融的反思和扬弃，它立足"三可"原则（可获得、可负担、可持续），坚持"三服务"原则（服务小微企业、"三农"客户和其他弱势金融服务需求者），通过技术和营销手段的创新，降低享受金融服务的门槛。郭田勇和丁潇（2015）认为普惠金融是指能有效、全方位地为社会所有阶层和群体提供服务的金融体系，从本质上讲就是让所有老百姓享受更多的相关金融服务，以此来提升金融服务实体经济发展的能力。李扬（2016）认为普惠金融是一种新的理念和新的制度，也是整个金融发展的一个新阶段，它意味着在平等的基础上以商业可持续性为原则，以风险可控为前提，以成本可负担为基础的一种面向所有大众的金融活动。吴晓灵（2018）认为普惠金融就是让每一个人在有金融服务需求的时候能够及时地、有尊严地以合适的价格获得高质量的金融服务。

2. 权威机构方面

国务院在 2016 年印发的《推进普惠金融发展规划 2016—2020》（以下简称《规划》）中将普惠金融定义为立足机会平等要求和商业可持续原则，通过加大政策引导扶持、加强金融体系建设、健全金融基础设施，以可负担的成本为有金融服务需求的社会各阶层和群体提供适当的、有效的金融服务，并确定农民、小微企业、城镇低收入人群和残疾人、老年人等其他特殊群体为普惠金融服务对象。中国人民银行和世界银行在 2018 年联合发布的《全球视野下的中国普惠金融：实践、经验与挑战》研究报告中将普惠金融定义为个人、中小微企业（MSEs）能够获取和使用一系列合适的金融产品和服务，这些金融产品和服务对消费者而言便捷安全，对提供者而言商业可持续。

（二）普惠金融特征

普惠金融特征与商业性金融特征既有区别又有联系，区别是它更多的是强调其包容性特征，联系是它也具有其商业性特征。易纲（2016）认为普惠金融就是加强金融服务的包容性。吕家进（2014）认为在强调普惠金融包容性的同时，也要必须满足商业的可持续性，这样才能保证普惠金融的健康可持续发展。林建华（2017）认为普惠金融不同于救济性金融，发展普惠金融既要实现商业可持续，又要实现国家的政策目的。潘功胜（2015）认为微型金融和普惠金融要在政府政策支持的基础上进行市场化操作，并走保本微利的可持续发展之路。杨小松（2014）认为普惠金融应该具备三方面特征：普及性、包容性和便捷性。曾康霖和罗晶（2014）认为普惠金融具有扶贫性质，其可持续性取决于金融排斥对象对贷款的使用效率及其产生的经济效益。吴涛和杨继瑞（2015）认为普惠金融的特征主要体现在：金融服务理念的公平化、金融服务对象的广泛化、金融供给主体的多元化以及金融产品与服务内容的多样化。李苍舒（2015）认为普惠金融应当兼具政策化与市场化的特征，普惠金融既要在政策的引导下帮助金融弱势群体，也需要市场化的运作模式来支持其可持续发展，二者相辅相成，互利共生。白钦先和张坤（2017）认为普惠金融的本质性特征主要体现在秉持金融的哲学人文发展理念、彰显金融为促进人类经济与社会发展而生、坚持金融为最广泛的社会大众竭诚服务三个方面。

三、关于普惠金融发展测度

在对普惠金融内涵有效理解的基础上，如何对我国普惠金融发展水平进行相关测度是非常重要的，对此，国内专家学者展开系列相关讨论，并取得了较为显著的阶段性成果。

(一) 普惠金融指标体系构建

构建完善的普惠金融指标体系是推进我国普惠金融发展的关键，它可以对地区普惠金融发展成效进行精准的估计和科学的研判，以此来有效解决我国金融发展不平衡不充分的问题，促使我国金融实现高质量发展目标。普惠金融指标体系构建，包括两个维度构建、三个维度构建以至四个维度构建。

1. 两个维度构建

李建伟等（2015）、李涛等（2016）、马彧菲和杜朝运（2016）从金融服务范围和金融服务使用两个维度构建。杜强和潘怡（2016）、宋晓玲和侯金辰（2017）从人口维度的服务可得性和金融产品的使用情况两个维度构建。

2. 三个维度构建

郭田勇和丁潇（2015）从人口维度的渗透性、地理维度的可及性和信贷资源获取情况三个维度构建。师俊国等（2016）从效用性、渗透性和可负担性三个维度构建。邵汉华和王凯月（2017）从金融服务渗透性、金融服务便利性和金融服务使用性三个维度构建。谭燕芝和彭千芮（2018）从金融渗透性、金融效用性和金融可持续性三个维度构建。朱一鸣和王伟（2017）、林春和孙英杰（2019）从金融机构的渗透性、金融服务可获得性和金融服务使用效用性三个维度构建。张建波（2018）从金融服务可获得性、金融服务使用效用性和金融服务质量三个维度构建。粟芳和方蕾（2016）、付莎和王军（2018）从渗透度、使用度和效用度三个维度构建。蔡洋萍（2015）、杜莉和潘晓健（2017）、孙英杰和林春（2018）从地理渗透性、金融产品接触性、使用效用性三个维度构建。谢升峰和卢娟红（2014）、范兆斌和张柳青（2017）从地理渗透性、服务可获得性和金融服务实际使用度三个维度构建。2018年，中国人民银行和中国银行保险监督管理委员会从使用情况、可得性和质量三个维度构建。

3. 四个维度构建

罗斯丹等（2016）、陆凤芝等（2017）、刘亦文等（2018）从金融服务可获得度、金融服务渗透度、金融服务使用效用、金融服务承受度四个维度构建。

（二）普惠金融发展地区评价

鉴于上述对普惠金融指标体系的成功构建，部分专家学者采用省（区、市）级面板数据对普惠金融发展地区状况进行了相关的测算，并给予了有效的地区差异评价。杜强和潘怡（2016）以我国 2006～2013 年省级面板数据为研究样本得出，我国普惠金融发展水平正逐步提升，并呈现出地区异质性特征，即东部地区普遍高于中西部地区。付莎和王军（2018）以我国 2000～2016 年省级面板数据为研究样本得出，我国普惠金融指数在震荡中有所提升，并且东部地区的普惠金融水平明显高于中西部地区。蔡洋萍（2015）以我国中部六省 2005～2013 年的面板数据为研究样本得出，湖南的农村普惠金融发展水平是考察地区中最高的，其次是山西、湖北、安徽、江西和河南，同时还发现河南在考察地区中增长速度是最快的。杜莉和潘晓健（2017）以我国 2005～2015 年省级面板数据为研究样本得出，我国普惠金融发展十分迅速，年均增长 4.5%，并呈现出地区发展的不平衡特征，即上海、北京、天津等中心城市远高于其他地区和东部、中部、西部地区呈梯度递减格局。孙英杰和林春（2018）以我国 2005～2016 年省级面板数据为研究样本得出，我国普惠金融发展水平总体偏低，并呈现上升趋势，但上升幅度不大。同时，还发现存在明显的地区差异，东部地区的普惠金融发展水平最高，其次是西部地区，最后是中部地区。罗斯丹等（2016）以我国 2005～2014 年省级面板数据为研究样本得出，我国普惠金融发展水平呈整体上升趋势，并且表现出地区差异明显的特征，即东部地区发展水平要优于中西部地区。陆凤芝等（2017）以我国 2005～2014 年省级面板数据为研究样本得出，我国普惠金融整体发展水平较低且有小幅度上升趋势，并且地区上呈现出由东向西逐渐递减的区域格局。刘亦文等

（2018）以我国 2005~2015 年省级面板数据为研究样本得出，我国普惠金融发展程度整体上偏低，并且地区发展异质性突出，尤其是中部和西部地区。林春等（2019）以我国 2005~2016 年 30 个省级面板数据为研究样本得出，我国普惠金融发展的区域差异和极化程度呈下降趋势，并且不同地区的演进趋势表现出显著的异质性特征。同时，从动态演进和分布特征来看，各地区的发展势头总体上是良好的。林春和孙英杰（2019）以我国 2005~2016 年 272 个地级及以上城市面板数据为研究样本得出，我国城市普惠金融发展态势良好，并呈现出较为明显的地区异质性特征。

四、关于普惠金融发展影响因素

事物之间的发展是相互联系的，普惠金融发展也同样受到诸多因素的影响。对此，国内专家学者从多方面给予了有力的诊断和探讨。

（一）国家政策环境方面

普惠金融发展与国家政策环境支持是密不可分的，良好的政策环境是普惠金融发展的"催化剂"（李海峰等，2019）。中国建设银行和新华社中国经济信息社 2018 年共同编写的《中国普惠金融蓝皮书（2018）》指出，政策引导对普惠金融快速发展是至关重要的。2017 年发布的《中国人民银行关于对普惠金融实施定向降准的通知》中指出的将对普惠金融实施定向降准政策，也着实体现了这一点。吴涛和杨继瑞（2015）认为在实现普惠金融发展的路径中，政府需要通过制定宏观金融政策来引导商业性金融机构持续地为贫困和低收入群体提供合适的金融产品和服务。焦瑾璞等（2015）认为营造一个让金融机构实现商业可持续的政策环境是促进我国普惠金融发展的重要前提。林建华（2017）认为普惠金融发展需要国家政策的大力支持，包括财政补贴或贴息及建立风险补偿基金等。戴宏伟和随志宽（2014）认为我国普惠金融发展虽然取得了显著的成效，但仍然面临着政策环境不健全（宏观层面）、金融基础设施不完善（中观层面）以及供给主体不够多元化（微观层面）三个层面的挑战。吴国华（2013）认为各国政府在政策和软硬件基础设施上要发挥主导作用，并且指出中国要实现普惠金融还有很长的路要走。孟飞（2009）认为我国普惠金融生态环境建设仍然存在金融服务设施缺乏、供给能力不足以及法律制度缺失等诸多不足，应重点从财政政策、货币政策、市场准入政策等几个方面进行优化与完善。杜晓山（2006）认为国家政策支持和完善的法律法规是促进普惠金融发展的前提基础和必要条件。而真正实现普惠金融的发展，必须要调整现有的金融制度安排（何德旭和苗文龙，2015）。粟勤和孟娜娜（2018）认为营造包括政策环境、法制环境以及信用环境等在内的可持续发展的金融生态环境是推进县域普惠金融发展的基础和保障。潘晓健和杜莉（2017）认为要实现我国农村普惠金融的快速发展，必须要采用财政政策及货币政策等综合国家政策支持来保证农村金融服务的有效供给。汪晓文等（2018）以税收政策为切入点进行研究，认为通过财政调控有效降低普惠金融的交易成本是实现普惠金融健康全面发展的重要政策路径。高建平（2018）认为加强地方配套政策支持是促进我国普惠金融发展的重要因素，包括通过贴息、补贴和风险补偿等方式来撬动银行和社会资金投入普惠金融领域。

（二）信息通信技术方面

信息通信技术在现代金融体系中扮演着重要的角色，并为金融发展起到了保驾护航的作用。金融科技创新提高了金融服务的普惠性（王达，2018）。依托互联网等数字化技术的发展，普惠金融让更多的普罗大众能够在公平的基础上获得应有的金融服务（李扬，2017）。焦瑾璞（2014）认为"互联网＋"的时代背景下的创新性互联网金融是国内普惠金融实践的重要推动力。朱民武等（2015）认为互联网与金融的结合颠覆了传统的金融服务模式，降低了金融业务的交易成本和信息不对称程度，促进了金融资源配置效率的提高，改善了整个社会福利的边际效用，延伸了金融的普惠空间。李建军和王德（2015）认为互联网借贷平台具有搜寻成本和网络效应双重优势，其比银行拥有更高的小微融资渠道价值，故成为普惠金融服务的重要提供者。周孟亮和李明贤（2016）认为"互联网+"是民营银行服务普惠金融发展的立足点，同时还指出"互联网+"与普惠金融深度融合是民营银行未来"常态化"发展的方向。粟勤和孟娜娜（2018）认为依靠互联网、区块链和云计算等前沿信息技术可以有效破解普惠金融服务高成本和高风险的约束，以此来实现普惠金融的触达能力和服务范围的拓展。李苍舒（2015）以我国 2013 年省级面板数据为研究样本得出，互联网普及率对普惠金融发展的影响是较为显著的。张宇和赵敏（2017）以我国 2009～2014 年西部六个省份为研究样本得出，互联网的普及能够显著促进农村普惠金融的发展，因为它使农民通过手机或者电脑可以直接获得所需要的金融服务，大大缩短了时间的交易成本，以此来实现金融服务效率的提升。杜兴洋等（2018）以我国 2007～2016 年省级面板数据为研究样本得出，信息通信技术包括手机、家庭电脑、互联网宽带端口等信息通信基础设施能够显著促进普惠金融的发展，同时还发现信息通信技术的使用程度越高其普惠金融发展越好。吴金旺等（2018）以我国 2011～2015 年省级面板数据为研究样本得出，在"互联网+"、人均国内生产总值（GDP）以及网络消费水平作为数字普惠金融发展的三个外部影响因素中，"互联网+"对数字普惠金融发展的贡献最大。李海峰等（2019）以我国 2006～2017 年数据为研究样本得出，移动电话和互联网的普及可以有效地促进普惠金融发展。

（三）金融素养方面

必要的金融知识储备既是金融机构提供创新金融产品和服务的基础，也是广大消费者获得全方位金融服务的必要条件（吴涛和杨继瑞，2015）。然而，现阶段我国金融交易市场的主体金融知识普及度是相对缺乏的，导致了需求端的金融素养普遍偏低，与金融供给端存在不协调的"分化"现象明显，故在一定程度上也阻碍了我国普惠金融的发展。王茜（2016）认为市场环境下的金融消费是一种理性选择行为，其消费主体因其计算成本收益而需要具备一定的金融知识。中国人民银行金融消费权益保护局于 2017 年 6 月发布了《消费者金融素养调查分析报告（2017）》，该报告指出消费者的受教育程度是影响金融素养的重要因素，受教育程度越高，消费者金融素养水平越高，即金融素养水平与受教育程度大致呈正比例关系。该报告还指出，金融消费者的受教育年限每提高 10%，金融素养指数得分可以提高 1.67%。

1. 世界银行调研数据

顾宁和刘扬（2018）以世界银行 2014 年普惠金融调查数据对我国农村普惠金融的发展情况为研究样本得出，较高教育水平的群体更易获得正式账户并使用正规渠道进行储蓄和信贷，从而促进普惠金融的进一步发展。

2. 省级面板数据

杜兴洋等（2018）以我国 2007～2016 年省级面板数据为研究样本得出，知识技能对于普惠金融的发展有十分显著的促进作用。其原因可能是：一方面反映在居民运用信息通信技术的能力上；另一方面反映在居民的金融素养和金融技能的掌握情况上。

3. 省（市）级调研数据

徐少君和金雪军（2009）以 2008 年 5 月、6 月对浙江省农户的调查数据为研究样本得出，户主的受教育水平对金融排斥具有显著的负向影响，即受教育程度越高，其金融排斥程度越低。杨军等（2016）以我国 2011～2014 年江苏省 52 个县（市）数据为研究样本得出，金融知识教育有助于帮助家庭理解金融市场、金融产品的风险及收益等，全面普及金融知识教育对县域普惠金融发展具有显著的促进作用。朱超和宁恩祺（2017）以 2006～2013 年北京市 16 个区县全部数据为研究样本得出，老年人口的金融认知水平阻碍了其获取金融服务的能力，并造成了一定程度上的金融排斥现象。

4. 家庭调查微观数据

张号栋和尹志超（2016）以 2013 年中国家庭金融调查数据为研究样本得出，家庭关注金融经济信息并学习金融课程，有助于释放家庭的金融需求，从而降低家庭金融排斥的概率，以此来实现金融的普惠性。周洋等（2018）以 2014 年中国家庭追踪调查数据为研究样本得出，认知能力可以通过社会资本效应和信息效应来显著缓解家庭对储蓄、股票投资和基金投资的排斥。卢亚娟和张菁晶（2018）以中国家庭金融调查数据（CHFS）为研究样本得出，受教育程度对农村家庭金融资产在广度和深度上都具有显著的影响。

（四）其他方面

除了上述国家政策环境、信息通信技术及金融素养等几个主要影响因素以外，部分专家学者还发现了其他因素对普惠金融发展产生的重要影响。陆凤芝等（2017）以我国 2005～2014 年省级面板数据为研究样本得出，人口密度的提升和等级公路的发展能够显著促进普惠金融发展。张宇和赵敏（2017）以我国 2009～2014 年西部六个省份的面板数据为研究样本得出，交通便利程度和第一产业发展对西部六个省份的农村普惠金融发展具有显著的促进作用。王婧和胡国晖（2013）以我国 2002～2011 年银行业数据为研究样本得出，城乡居民收入差距、法定存款准备金率的调整频率以及第二、第三产业的拉动率与普惠金融发展呈负相关。蔡洋萍（2015）以我国 2005～2013 年中部六个省份的面板数据为研究样本得出，农村的人均收入和信用环境是造成中部六个省份普惠金融发展水平差异的重要原因。张正平和杨丹丹（2017）以我国 2010～2014 年的省级面板数据为研究样本得出，人均 GDP、交通便利程度、城乡收入差距、农村保险发展水平等因素均对普惠金融发展产生显著的正向影响，并且这种影响表现出地区异质性。陈宗义（2015）采用演化博弈方法验证了土地流转改革需要满足四个先决条件（土地规模化经营得以更加便利地实现、农户间的深化合作、金融机构单笔信贷操作的户均成本大幅降低，以及防止金融机构诱导农户过度借贷）才能对农村普惠金融发展产生积极的影响。粟芳和方蕾（2016）以 2015 年上海财经大学"千村调查"为研究样本得出，东部农村普惠金融发展最好，西部农村政府最有作为，政府的积极作为对普惠金融发展具有显著的正向促进效果。林春和孙英杰（2019）以我国 2005～2016 年 272 个地级及以上城市面板数据为研究样本得出，经济发展、收入水平、产业结构优化和交通便利程度均对普惠金融发展存在正向影响。同时，胡文涛（2018）还发现相关法律完善对普惠金融发展影响也是非常重要的，尤其是对金融隐私权的保护方面。

第三节　文　献　评　述

通过对上述文献的梳理与回顾，我们不难发现国内外对普惠金融的研究已经取得了较为丰硕的成果，也着实说明了发展普惠金融的重要性，作为发展中大国的中国也尤为如此，发展普惠金融不仅会对中国经济产生积极的影响，而且还为实现全面建设社会主义现代化国家的目标奠定了良好的基础。由此可见，深入系统地探讨中国普惠金融发展是非常有必要的，并以此来为新时代背景下深化金融供给侧改革谋取一剂良药。诚然，现阶段的文献基础已为本书研究工作的顺利开展提供了良好的铺垫，并赋予了许多指导性建议，但是对于深入系统地探讨中国普惠金融发展仍然存在诸多不足的地方。基于此，本书尝试从以下几个方面对其进行完善：第一，重构普惠金融发展指标体系，针对该指标体系的构建，现有文献的子指标选择更多集中于银行方面，即使是银行方面的指标选择也是较为简单的，鲜见涉及个人消费贷款以及相关农业金融方面的指标。同时，普惠金融的主要供给体不仅包括银行方面，还包括保险方面等。显然，对于现有普惠金融发展指标体系的构建有待于进一步完善，这样才能保证测算结果与我国普惠金融发展真实情况有更高的吻合性，以此来有效地解决普惠金融发展的区域差异问题。第二，拓宽区域研究分析视角，现有范式分析主要集中在全国及东中西部地区，显然，这种分析因其区域经济特征细化而存在一定的局限性，同时也带来了区域普惠金融政策设计的相对泛化，因此有必要对区域划分进一步细化，如划分为八大综合经济区，以期更为全面精准地把握普惠金融发展的区域特征，并为其开出行之有效的政策药方。第三，实现分析方法综合运用，现有研究中普惠金融发展分析方法较为单一。例如，现有文献中单独采用基尼系数测量以及模型检验（静态效应模型、动态效应模型或空间效应模型）等。显然，这样的逻辑设计是不够严谨的，其所获得的结论也是不够准确的，因此有必要采用多种分析方法对其进行综合验证，具体包括：区域差异综合评价中综合运用加权平均离差法、变异系数、基尼系数以及泰尔指数等多种方法；区域差异收敛性检验中综合运用 β 收敛、核密度收敛、马尔科夫链收敛等多种方法；区域差异影响因素分析中综合运用普通面板模型和空间面板模型等多种模型。以此来为结论的科学性和准确性增加公信力，使普惠金融发展区域均衡化目标得到有效实现。

第三章

普惠金融发展范畴及理论基础

第一节 普惠金融内涵

一、普惠金融概念

"普惠金融"自2005年提出至今已经取得了长足的发展，并获得了非常好的业界反馈效果，深受各国政府的持续关注。同时，包括利拉达尔（Leeladhar, 2006）、索拉特（2007）、凯尔卡（2010）、肯奈恩等（2012）、萨海等（2015）、杜晓山（2006）、焦瑾璞和陈瑾（2009）、王曙光（2013）、周小川（2013）、吴晓灵（2013）、郭田勇和丁潇（2015）、李扬（2016）、星焱（2016）、白钦先和张坤（2017）、邢乐成（2018）等较为有代表性的专家学者以及联合国（UN）、世界银行（IBRD）、普惠金融中心（CFI）、普惠金融全球合作伙伴组织（GPFI）、中国小额信贷联盟（CAM）等权威机构对其概念的理解也在不断深化。我们不难发现，尽管在对"普惠金融"概念理解上会有些许的不同，但是有关"普惠金融"理解的内在精髓仍然没有改变，即想让社会上每一个有金融需求的人获得金融服务，提升金融资源配置效率，实现金融供给端与需求端的动态平衡。综上所述，本书对"普惠金融"的定义也仍然沿用专家学者及权威机构的理解，并依托于本书研究对象以中国普惠金融发展为主体，因此这里采用国务院2016年印发的《推进普惠金融发展规划2016—2020年》（以下简称《规划》）中对"普惠金融"的定义：普惠金融是指立足机会平等要求和商业可持续原则，以可负担的成本为有金融服务需求的社会各阶层和群体提供适当、有效的金融服务。小微企业、农民、城镇低收入人群、贫困人群和残疾人、老年人等特殊群体是当前我国普惠金融的重点服务对象。

二、普惠金融特征

鉴于传统金融体系中的金融供给与金融需求存在较大的缺口，其金融排斥、金融抑制以及金融歧视等现象屡见不鲜，相应的金融资源得不到有效利用，导致金融资源出现了配置上的异化，因此弱势群体所需要的金融服务也就很难得到有效满足。而普惠金融的宗旨是有效地、全方位地为社会所有阶层和群体提供金融服务，这也恰恰体现了其与传统金融服务的差别，缓解了金融供给与金融需求之间的矛盾，提高了金融资源的配置效率。具体特征表现在以下几个方面。

（一）包容性

普惠金融相较于传统金融，其服务对象是颇为广泛的，并且表现出很大的包容性。普惠金融的目标客户是全社会的所有阶层和群体，尤其是小微企业、农民以及城镇低收入人群等弱势群体，它强调人人都有获得金融服务的权利，与民族、贫富、性别、年龄、文化等差异无关，任何有金融服务需求的个人和群体享受金融服务的机会是平等的，消除了传统金融带来的金融歧视性，突出了全社会拥有金融权利的公平性。因此，这也要求金融服务供给者在保证自身发展的同时，为社会上尽可能多的金融服务需求者提供"补给"，以便让更大的社会群体参与到实体经济建设中来，实现自身价值与社会价值的有效对接，以此来促进金融服务实体经济能力的高质量提升。

（二）广泛性

普惠金融的广泛性不仅表现在金融服务机构上，还表现在金融服务产品及渠道上。金融服务机构的广泛性表现为：一是银行类的金融机构，主要包括商业银行（国有五大商业银行、股份制商业银行以及城市商业银行等）、政策性银行以及农信社等；二是非银行的机构，主要包括小额贷款公司、个人对个人的网贷平台（P2P）以及消费金融公司等；三是合作性质、协会性质以及基金会性质的机构，主要包括农村资金互助社以及农村社区发展基金等。金融服务产品的广泛性表现为：一是支付类金融产品，主要包括 ATM 以及电子支付等；二是保险类金融产品，主要包括健康险以及生命险等；三是储蓄类金融产品，主要包括储蓄账户以及养老金账户等；四是信用类金融产品，主要包括信用卡以及个人消费贷款等。金融服务渠道的广泛性表现为：一是服务网点渠道，主要包括金融机构网点、代理商以及自助服务终端等；二是金融基础设施渠道，主要包括支付结算体系以及信用报告等；三是客户渠道，主要包括具有金融服务需求的人。

（三）便捷性

普惠金融特别强调快捷、高效率的金融服务，要求尽量缩短一次完整的金融交易需要的时间，简化交易中需要的文件和流程，甚至包括物理距离的缩短等，使金融机构服务效率得到有效提高，从而让有金融需求的人享受到快捷高效的金融服务。近些年，随着我国互联网普及率的迅速提升[1]，运用互联网、大数据及云计算等金融科技手段助推普惠金融进入了全新的数字化发展时代，打破了传统金融服务的

---

[1]　根据中国互联网络信息中心发布的第四十三次《中国互联网络发展状况统计报告》显示，截至 2018 年 12 月，我国网民规模为 8.29 亿人，全年新增网民 5653 万人，互联网普及率达 59.6%。

"盲区",拓宽了金融服务范围的空间维度,提高了金融服务的覆盖面,使金融服务延伸到有金融需求的每个角落,提升了金融服务质量和服务效率。

(四)可持续性

普惠金融并不是指满足某个人或某一类人所需要的金融服务,而是指满足有金融需求的所有人的金融服务,这样就使得普惠金融面临更为广阔的市场前景,相应的服务对象和业务种类更为宽泛,同时也实现了金融机构利润的增加。与此同时,普惠金融所提供的金融服务也不是一次性的或是简单的"输血式"资金资助,而是通过调动整个金融体系的积极性和投资性,将服务对象包括贫困人群、个体工商户以及中小企业从城镇延伸到整个农村地区和偏远山区,使各阶层的金融需求得到有效的满足,促进了金融资源的合理化分配,从而实现可持续发展的长远目标。

三、普惠金融体系框架

2017 年,习近平总书记在全国金融工作会议首次提出"建设普惠金融体系"。[①] 而构建完善的"普惠金融体系"又是夯实普惠金融理论基础的重要组成部分。联合国在"2005 国际小额信贷年"上所发表的普惠金融蓝皮书中正式提出构建"普惠金融体系",并突出强调"普惠金融体系"建设对社会经济发展的重要性。2006 年,世界银行扶贫协商小组(CGAP)在其出版的《服务于所有的人——建设普惠性金融体系》一书中将"普惠金融体系"构成由一个核心(客户)和三个层面(宏观、中观和微观)进行了具体的阐述(见图 3-1),再次肯定了推进"普惠金融体系"建设对全球实现包容性增长的显著促进作用。由

---

① 《全国金融工作会议在京召开》,中国政府网,http://www.gov.cn/xinwen/2017-07/15/content_5210774.htm。

此，本书也借鉴世界银行扶贫协商小组（CGAP）对"普惠金融体系"的构成诠释，并结合中国当下现实国情，深入解读中国普惠金融体系框架的构成。

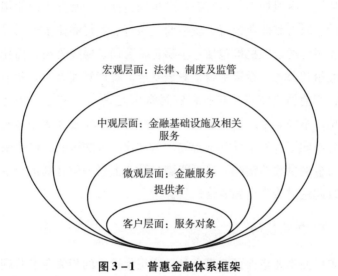

图 3-1　普惠金融体系框架

（一）客户层面

客户层面主要指普惠金融服务的对象，具体包括小微企业、农民、城镇低收入人群、贫困人群及残疾人等特殊目标客户群体。该群体普遍具有收入偏低、文化程度不高、抵押物缺乏等特点，这在一定程度上束缚了他们在贷款、储蓄、转账支付、保险等相关金融需求上的满足，加速了金融生态环境的恶化，导致金融资源配置效率偏低和金融供需失衡。因此，为了实现金融的协调和可持续发展，必须将特殊目标客户群体纳入普惠金融体系当中，而普惠金融体系作为金融发展体系的重要组成部分，通过满足该特殊目标客户群体的金融诉求来促进中国金融发展体系的良性循环，实现金融的高质量发展。

（二）微观层面

微观层面主要指普惠金融服务的供给载体，包括银行类、非银行类以及其他类金融机构等。银行类金融机构包括：国有五大商业银行、政策性银行、股份制商业银行、城市商业银行、农村商业银行以及民营银行等；非银行类金融机构包括：小额贷款公司、保险公司、信托投资公司、金融租赁公司、投资基金、养老基金、资产管理公司以及消费信贷机构等；其他类金融机构包括：农村资金互助社、农村社区发展基金等。可见，不同类型的金融机构可以发挥各自的比较优势，并通过取长补短来为不同层次的金融需求者提供多样化的金融服务，以此来纠正金融需求与金融供给的错配，尽可能满足社会上每一位有真正金融诉求的客户，以此达成普惠金融的终极目标。

（三）中观层面

中观层面主要指保证普惠金融机构正常运行的相关金融基础设施和内部辅助性服务系统，即普惠金融发展的硬件设施和软件系统。硬件与软件的有效结合是拓宽金融服务宽度、降低金融服务成本、增加金融服务效率以及提升金融服务质量的重要前提保障。一般在经济欠发达及较为偏远落后地区，相关金融基础设施配备不够完善，包括金融机构分布不均及数量较少、金融服务产品较为匮乏以及支付结算手段较为单一等，因此导致普惠金融服务硬件与软件的"脱钩"，阻碍了普惠金融的均衡化发展。因此，要建设完善的普惠金融体系，有必要对金融基础设施建设和服务进行完善，包括优化现行金融结算制度、加强落后地区征信体系建设、增强金融与数字技术融合度以及强化金融中介服务体系管理等，只有这样才能保证普惠金融更好地为实体经济服务。

（四）宏观层面

宏观层面主要指促进普惠金融发展的外部环境建设，包括法律环境、制度建设、行业规范以及监督机制等，这些都对普惠金融发展具有较好的推动作用。完善的普惠金融体系构建必须要求多层次供给载体融入金融市场当中，以此来提升金融服务的渗透性和覆盖度，这就要求政府为普惠金融发展的外部环境建设保驾护航。完善的法律环境建设和合理的制度设计可以为普惠金融机构提供良好的金融生态环境，使其普惠金融政策得到有效的实施。强化行业管理的规范性和有效的市场监督机制可以防止普惠金融服务宗旨出现偏离，使普惠金融目标实现精准定位。由此可见，良好的外部宏观环境建设对其普惠金融发展是至关重要的。

第二节　普惠金融发展目标、原则及意义

一、普惠金融发展目标

普惠金融的发展，并不是传统意义上的"输血式"资金扶持，而是通过将金融服务需求方和供给方的有机结合以实现对弱势群体的"造血式"帮扶。这里不仅强调金融服务覆盖面的扩大和可得性的提高，还强调对弱势群体的尊重以及获得金融服务满意度的提升。普惠金融发展打破了传统金融商业性和趋利性的桎梏，化解了金融供给方追求规模效益与服务对象分散化的目标冲突，营造了金融均衡发展的格局，助推了金融可持续发展。具体来说，构建普惠金融发展体系的目标如下：

第一，实现金融机会平等，消除金融歧视，化解金融排斥。传统商业性金融往往将其目标客户群定位在收入水平较高、风险较低的人群或企业，而不愿意为那些处在贫困边缘及贫困线以下的弱势群体提供金融服务，导致金融服务门槛较高。而普惠金融的发展，为每个人尤其是弱势群体获得平等的金融服务机会提供了可能，使其能够获得一视同仁的金融服务，化解了金融排斥问题，消除了金融歧视。

第二，实现金融供给端的多样化发展。普惠金融发展需要多种类型

的金融机构共同努力来实现，既需要不断发挥"存量式"金融机构的作用，加快对传统商业金融机构的改革，促使其成为普惠金融发展的主要服务载体或普惠金融机构，又需要降低民间资本进入金融业的准入门槛，鼓励民间资本进入金融业尤其是银行业金融机构，以"增量式"金融机构创新实现中国普惠金融供体的多元化发展。

第三，减少贫困，实现协调可持续发展。普惠金融发展并不是要求金融供体无条件地为弱势群体提供金融服务，而是强调在弱势群体可负担的成本下，为其提供金融服务。因此，普惠金融发展并不是扶贫，而是在满足自身发展的同时，通过产品创新等方式为贫困人口等弱势群体提供低成本的、便利的金融服务，以满足贫困人口等弱势群体获得金融服务来改善生活条件的需求，进而减少贫困，促进不同的金融机构间、群体间以及地区间的协调可持续发展。

第四，化解人民对美好生活的追求与不均衡不充分发展的矛盾。普惠金融发展使人们能够平等地获得以合理价格享受金融服务的机会，有利于改善人们生活水平。同时，在推进普惠金融发展时，也离不开地域间的协调配合和政策帮扶，并通过政策引导、资金引流、信息共享以及人才互助等方式弱化区域间的发展差异，实现金融资源的充分开发和合理利用，以化解不均衡不充分发展的矛盾。

二、普惠金融发展基本原则

根据我国的国家战略，在推进普惠金融发展时应遵循以下基本原则：

第一，健全机制、持续发展。普惠金融发展强调的是在满足商业可持续性的基础上发挥金融的包容性和普惠性，需要根据商业可持续性原则设计有效合理且成本低廉的金融服务和产品，不断建立健全普惠金融发展的长效机制，提升普惠金融服务的有效性和满意度，以促进普惠金融的可持续发展。同时，普惠金融发展的目标客户群，具有巨大的市场潜力，政府应针对目标客户群的特殊性，加大对金融服务薄弱环节的政策支持、引导和倾斜，以促进普惠金融客户群对金融接触度、渗透度和亲和度的提升，以实现普惠金融需求方与供给方的有效匹配，促进普惠金融发展与经济社会效益的有机结合。

第二，机会平等、惠及民生。普惠金融发展强调的是为所有阶层和群体提供服务，每个人都有平等获得金融服务的权利。但普惠金融发展并不是扶贫，也不是社会慈善，而是通过市场、政府和金融机构等多方的共同努力，形成一套所有人以平等机会享受价格合理的金融服务机制，这种机制在一定程度上有利于改善人民生活水平，提高人民生活质量，最终提高国计民生。

第三，市场主导、政府引导。发展普惠金融的同时应正确处理好政府和市场的关系，在发挥社会主义制度优势的前提下，响应国家政策和尊重金融市场发展的客观规律，不断发挥市场在普惠金融发展中的主导作用。同时，政府要当好"总设计师"，准确定位政府和市场的关系、强化差异化政策协同配合以及实施有效监管。尊重市场机制，充分发挥市场机制在普惠金融资源配置和定价中的决定性作用，并按照市场化原则引入竞争机制和监管机制，维护金融市场的健康和可持续发展。

第四，防范风险、推进创新。普惠金融发展不仅要做好"存量式"金融机构的改革，又要做好"增量式"新生金融机构的创新。在产品和服务的设计上，不仅要考虑到产品和服务的有效性、合理性以及需求者的满意度，还要考虑到产品和服务的成本以及风险，通过创新多样化普惠金融产品和服务，最大限度地满足普惠金融客户的诉求。同时，坚持监管与创新协同进行，建立健全与普惠金融产品和服务相匹配的监管标准和法律法规，填补监管空白，保障金融安全。

第五，统筹规划、因地制宜。我国幅员辽阔，地区间、城市间、城乡间以及乡村间的资源禀赋、经济条件、收入水平等均存在显著差异，进而导致金融资源的分布和利用存在明显的区域异质性，各区域的不均衡不充分问题突出。因此，应从解决金融不均衡不充分问题出发，统筹规划，加强区域间的协调配合和政策互补，并通过政策引导和倾斜、资金引流、信息共享以及人才互助等方式优先解决落后地区、特殊群体的金融服务问题，鼓励各地区、各机构以及各部门结合实际情况积极探索，做到接地气、服水土和益大众。

三、普惠金融发展意义

普惠金融理念自提出以来就备受理论界和实业界的青睐，普惠金融在金融业可持续均衡发展、经济结构转型升级以及社会公平等方面都具有显著的促进作用，这也足以见证国家当前倡导大力发展普惠金融的重要意义所在。具体表现如下：

第一，提高金融体系的公平性。传统的金融体系里普遍存在金融排斥问题，即倾向"强势"而忽略"弱势"，导致金融资源配置出现扭曲，而普惠金融的发展在一定程度上拓宽了金融市场的广度和深度，引导金融体系向欠发达和比较偏远贫穷的地区延伸，为有金融需求的"弱势群体"提供较为丰富的金融服务和产品，以消除金融体系中的"排斥"现象。

第二，提高金融资源的配置效率。金融作为一种稀缺性以及战略性资源，其有效的配置是至关重要的，而普惠金融发展对我国现阶段金融资源配置的不合理性做了有益的补充，它在消除以往制度和政策障碍的同时，实现对金融资源跨地区、跨行业的补给配置，以此提高其配置效率。

第三，提高金融体系的可持续性。普惠金融的目标客户群体庞大且蕴藏无限市场潜力，这就使得普惠金融发展既可以促进金融行业之间的良性竞争，又可以推动金融产品和服务的不断创新，有效实现对金融服务环境的改善和金融供给质量的提高，以此来提升金融体系的可持续发展能力。

第四，提高经济的增长性。普惠金融发展不是单纯的"输血式"助资，而是"造血式"发展，其通过提升金融服务需求侧和供给侧的匹配度，实现了金融自身的可持续发展。同时，也助推了金融对企业、产业、行业以及整个经济社会发展的有力渗透，激发了经济增长的内在活力，促进经济增长质量的提高。

第五，提高社会的稳定性。普惠金融是金融体系促进公平的核心驱动力，其发展目的是让更多有金融需求的弱势群体享受到应有的金融服务和产品，帮助他们完成减贫增收目标，通过实现社会的共同富裕来增强社会的稳定性。同时，普惠金融还能有效分散金融系统性风险，维护金融稳定，实现金融安全与社会和谐的有效衔接。

第三节　普惠金融发展沿革

一、国外发展沿革

（一）公益性小额信贷阶段

小额信贷是一种向贫困低收入群体提供贷款的金融服务方式，其贷款金额相对较小，一般控制在1000元至10万元之间。它较早出现在15世纪的意大利天主教会为与高利贷者抗争上，通过设计特别当铺向以商品和土地作为抵押物的消费者和生产者下放贷款，并仅仅收取成本性利息，从此"典当行"在欧洲城市颇为盛行。18世纪20年代，爱尔兰出现"贷款基金"慈善机构，就是将以捐赠方式得到资金和物品通过无抵押小额贷款借给贫困农户，并通过"共同监督"机制来保证贷款者每周分期还款。18世纪后期到19世纪，欧洲和日本通过邮政系统为农村地区提供小额储蓄和支付服务，同时德国的"储蓄协会"在这期间也取得了长足的发展。20世纪70年代，现代小额信贷在孟加拉国及巴西等国开始出现，贷款的资金多来源于政府的补贴以及各类公益性基金，以低息甚至无息的方式发放贷款，最为典型的就是尤努斯在孟加拉国创办的乡村银行——格莱珉银行。此后，世界各国纷纷效仿，包括印度自我就业妇女协会银行、玻利维亚阳光银行以及泰国农业和农村合作社银行等。到了20世纪80年代，全球小额信贷项目运作良好，慢慢从小额信贷扩展到微型金融，开始进入了微型金融阶段。

（二）发展性微型金融阶段

进入 20 世纪 90 年代以来，小额信贷发展趋于鼎盛，其对民生改善和经济增长的促进作用越发凸显，折射出了获得金融服务的重要性，并赢得了世界各国的一致好评。此时，越来越多机构意识到不能局限于为弱势群体提供单一的信贷服务，而是应该为更多有金融需求的群体提供较为丰富的金融产品和服务，在这样的不断尝试中，小额信贷体系也不断过渡到了向低收入群体提供全方位金融服务的"微型金融"阶段。同时，以政府补贴为主的小额信贷模式，因其微薄利润难以覆盖成本而使其机构经营也缺乏可持续性。在此背景下，催生了微型金融时代的真正到来。微型金融相较于小额信贷的三个优势之处在于：第一，扩大了服务对象，将单一的贫困低收入群体扩展到贫困低收入群体和微型企业，增加了金融服务目标群体的范围，让更多有金融需求的人得到满足，提升金融资源的配置效率；第二，丰富了金融产品和服务，在原有信贷服务的基础上还增添了储蓄、保险、结算以及转账等相关金融服务，实现了对小额信贷服务的补充和完善，提升了金融服务的广度和深度；第三，增强了营运机构利润空间，改变了原有收益难以覆盖成本的窘态，使其自身的发展实现了可持续性。

（三）综合性普惠金融阶段

从小额信贷过渡到微型金融，着实让我们看到了为更多弱势群体提供金融服务的重要性。进入 21 世纪以后，微型金融在迎来崭新机遇的同时，也面临了诸多挑战，具体包括：如何进一步提升金融服务内容和质量来满足更多弱势群体的金融需求；如何进一步将金融服务扩展到欠发达以及偏远落后的地区；如何进一步降低金融服务供给者的生产成本与金融服务需求者的融资成本。诚然，这些问题的亟待解决也促成了普惠金融成长的必然。"普惠金融"概念是由联合国于 2005 年在推广国际小额信贷年时正式提出的，该概念一经提出便深受世界各国人民的拥戴，其基本含义就是指一个能有效地、全方位地为社会所有阶层和群体提供服务的金融体系，尤其是对贫困和低收入群体。2008 年以来，普惠金融联盟（AFI）、全球普惠金融合作伙伴组织（GPFI）和二十国集团（G20）等国际组织也相继出台推进全球普惠金融发展的战略框架、行动规划和发展规划。普惠金融联盟全球政策论坛自 2011 年举办至 2020 年，就已有 88 个国家加入《玛雅宣言》，标志着国家层面的普惠金融体系已开始全面构建。

（四）创新性数字普惠金融阶段

近年来，随着互联网、物联网、大数据及云计算等数字技术迅速发展，加速了数字金融时代的到来，普惠金融也由此迈向数字普惠金融阶段。数字普惠金融将传统的小额贷款扩展到储蓄、支付、信贷、保险和综合理财等综合性金融产品和服务，并且对产品和服务边界进行不断地动态拓展。与传统普惠金融相比，数字普惠金融实现了数字技术与普惠金融的有效融合，在可复制性、低成本性、广覆盖性、可负担性以及可获得性等方面具有明显优势。此外，运用大数据及云计算等数字技术还有利于对数据进行有效挖掘，便于给用户建立基于互联网信息的征信系统，构建基于知识图谱的风险控制体系，实现风险控制能力的提升，使传统普惠金融忽略的业务由"不可能"变成"可能"。例如：小微企业、低收入群体是金融需求的"长尾"，大数据征信及风控技术可以协助获得客户信用信息和甄别客户需求，并通过边际成本递减和边际效益递增来实现对"长尾"客户的有效服务。鉴于数字普惠金融所具有的优势特征，其发展也很快成为普惠金融领域的一大亮点。

二、国内发展沿革

（一）公益性小额信贷阶段

我国公益性小额信贷的创立是以政策扶贫为主要目的，诞生于 20

世纪 90 年代初。最具有代表性的就是 1993 年在河北省易县借鉴孟加拉国乡村银行模式成立的"扶贫经济合作社",它是以向农民提供扶贫贷款来促进其增收为目的组建的。小额信贷真正走入国家层面是在国务院 1994 年出台《国家八七扶贫攻坚计划（1994—2000 年）》以后，使其成为真正解决农村居民贫困问题的重要金融工具。1995 年，联合国开发计划署（UNDP）和中国国际经济技术交流中心开始在全国试点推行扶贫性质的小额信贷项目，该项目到 1998 年末已覆盖 17 个省份的 43 个贫困县，在全国掀起小额信贷试点热潮。1999 年，运行多年的社科院小额信贷试点完成了华丽的转身，获得人民银行正式批准的合法身份，标志着小额信贷发展步入了一个新的起点。之后，因我国政府对小微企业、农民以及个体工商户等融资问题的高度重视，出台了一系列政策和指导意见，使很多正规金融机构包括农业银行、城商行、农信社以及邮政储蓄银行等纷纷加入小额信贷领域，小额信贷开始进入了微型金融时代。

（二）发展性微型金融阶段

"微型金融"时代的到来，既是我国现实国情发展的需要，也是小额信贷发展的历史必然阶段。自进入 2000 年以来，我国经济已经步入了高速发展时期，公益性小额信贷已无法满足当前的经济发展需要以及人们对金融产品及服务的多样化需求，这也加速推进了公益性小额信贷的转型速度，催生了提供细致化、多元化金融产品及服务的发展性微型金融阶段的到来。在发展性微型金融阶段，小额信贷的公益性相应有所剥离，小额信贷的经营性质也就出现了一些变化，从国家层面的扶贫救难工具转变成了促进农民增收及提高就业的低利率商业化金融工具，并且所提供的金融产品和服务也更为多样化，相应的营运能力也得到了一定的改善。同时，因其有潜力的金融需求群体较多，难以得到有效的金融服务满足，这时传统的正规金融机构以及非政府机构组织也都参与了进来，极大地促进了微型金融规模的扩大，使得微型金融在社会经济发展的浪潮中扮演着越来越重要的角色。与此同时，微型金融的发展也受到了国家层面的高度关注。

（三）综合性普惠金融阶段

普惠金融是微型金融的延伸，其概念于 2005 年在联合国举办的"国际小额信贷年"上被正式提出，次年被引入中国。普惠金融发展的理念就是让更多的人去享受现代金融服务带来的机会和便利，这就要求将更多有金融需求的弱势群体纳入金融服务范围之内，为其提供包括支付、汇款、借贷、典当等综合金融服务，使其金融需求得到有效的满足。随着 2005 年中央一号文件明确发起小额信贷组织条件的允许以及 2007 年在四川仪陇成立的全国第一家村镇银行落地，作为普惠金融先驱的小额信贷组织和村镇银行异军突起。到了 2010 年末，全国实现了各地区小额贷款公司机构成立的 100% 覆盖，公司数达到 2614 家，从业人员达到 27884 人，贷款余额达到 1975.05 亿元。[1] 截至 2018 年 12 月，小额信贷公司数达到 8133 家，从业人员达到 90839 人，贷款余额达到 9550 亿元。[2] 与此同时，成为支援"三农"主力军的村镇银行截至 2018 年末共组建 1621 家，总资产规模约 1.51 万亿元，县域覆盖率达到 70% 以上。[3] 除此之外，更多的银行类、非银行类以及其他类金融机构也都融入了普惠金融服务体系当中，促进了普惠金融服务广度和深度的提升。由此可见，我国已经进入综合性的普惠金融发展阶段。

（四）创新性数字普惠金融阶段

近年来，移动互联网、大数据、区块链以及人工智能等新技术应用

---

① 《2010 年小额贷款公司数据统计报告》，中国人民银行网，http：//www. pbc. gov. cn/goutongjiaoliu/113456/113469/2850800/index. html。

② 《2018 年小额贷款公司统计数据报告》，中国人民银行网，http：//www. pbc. gov. cn/goutongjiaoliu/113456/113469/3752847/index. html。

③ 《北京地区村镇银行业务交流座谈会在京召开》，中国银行业协会网，https：//www. china - cba. net/Index/show/catid/14/id/19953. html。

正在推动金融业的深度变革，传统普惠金融产品和服务链被赋予了二次拓展，使我国普惠金融发展进入了与数字技术深度融合的创新阶段，即创新性数字普惠金融阶段。2016 年 9 月，中国在 G20 杭州峰会上率先提出"数字普惠金融"，并获得了业界的一致好评，同时也正式通过《G20 数字普惠金融高级原则》这一纲领性文件。数字普惠金融的优势包括：第一，有助于提升金融服务的可获得性，通过使用电脑及智能手机等服务终端可以在不受地理等客观因素的影响下进行金融产品的交易；第二，有助于提升成本的可负担性，具有低成本特征的数字技术与普惠金融的结合，既增加了金融服务供需双方的信息透明度，又降低了金融服务的边际成本，使得小微企业、农民以及城镇低收入人群等服务对象及时获取价格合理、安全便捷的金融服务；第三，有助于提升供需的匹配性，数字技术具有很强的信息穿透功能，它可以通过该功能实现对普惠金融供需双方的精准定位和个性化匹配，以此来增强普惠金融的服务效率。

第四节 普惠金融发展理论基础

一、金融功能论

金融功能论就是研究金融在经济体系中表现出的功能。所谓功能，就是效能、功效或作用。长期来看，金融功能与其他金融要素相比更具稳定性、客观性、稀缺性和层次性（白钦先和谭庆华，2006），这与默顿和博迪（Merton & Bodie，1993）提出金融功能比金融机构更稳定的假设不谋而合。同时，默顿和博迪（1995）在提出金融功能观的基础上进一步肯定了金融机构功能的重要性，并假设金融机构的创新和竞争功能会助推金融系统运行效率的提高。在这两种假设下，博迪和默顿（1998）认为，在不确定环境中对经济资源进行配置和拓展是金融系统基本功能的集中体现，其又可细化为支付和结算功能、提供融资机制功能、资产转移功能、风险管理功能、协调价格信息功能以及化解激励问题功能。随后，专家学者对金融功能进行了深入讨论和研究。莱文（Levine，1997）发现金融系统在经济增长中具有促进交易、动员储蓄、风险改善、公司治理以及资源配置五大基本功能。艾伦和盖尔（Allen & Gale，2001）则认为金融系统具有储蓄和投资、风险分担、信息提供、公司治理以及促增长调结构五大基本功能。白剑眉（2005）从全景的高度对金融功能的层次进行了划分，他认为金融功能可分为抽象、具体、完全具体以及表象四个层次，每个层次对金融功能的理解也存在差异，抽象层次仅包含资源配置功能，具体层次则包含基础、核心、扩张以及衍生四种功能，完全具体层次则包含支付结算、动员储蓄、投融资、风险管理以及信息传递五种具体功能，表象层次仅包含渗透功能。白钦先和谭庆华（2006）认为金融功能可划分为基础→核心→扩展→衍生四个递进功能，每个功能又可划分为许多子功能，基础功能是服务和中介功能，核心功能是资源配置，扩展功能是风险规避和经济调节，衍生功能是引导消费、信息传递、财富再分配、公司治理、风险交易以及区域协调。周健男（2006）认为金融系统外部条件或环境决定了金融功能，使金融功能具有适应性、创新型、动态性、替代性、稳定性、层次性、自我调节性以及协调性或互补性的基本性质。白钦先和谭庆华（2006）通过将政策性金融和商业性金融进行比较分析，发现政策性金融不仅具有商业性金融的一般功能，还具有特有的调节功能，包括倡导、诱导、扶持、扩张、虹吸、推进、协调、补充等引导和补充功能。徐颖真等（2006）在前述学者的基础上，将金融功能总结为风险管理、清算支付、信息提供、资金汇聚、资产转移以及解决激励问题六大功能，并阐明金融功能的竞争性配置是造成金融机构业务交叉的主要原因。

综上所述，本书认为普惠金融发展作为金融发展与改革的一个组成部分和重要方向，理应具有商业性金融的所有功能，即支付结算、信息传递、风险管理等功能，同时，考虑到普惠金融目标群体的特殊性和广泛性以及普惠金融的包容性，也应具有扶贫功能、区域协调功能以及均衡发展功能。

二、金融抑制论

金融抑制又被称为金融压抑，是指发展中国家中存在的信贷配额、利率限制、过多的金融管制以及金融资产单调等现象（黄达，2006）。金融抑制会带来负收入、负储蓄、负就业以及负投资等效应，严重损害发展中国家的经济发展。麦金农（Mckinnon，1973）和肖（Shaw，1973）认为，相关政府对政策和制度的选择是导致金融相关变量在经济发展中表现出非中性作用的决定性因素，而许多发展中国家的政府错误地选择了不适合金融发展的相关政策和制度，进而导致金融相关变量阻滞经济发展。政府的错误选择主要表现在：强制干预金融活动、严控金融格局、人为压低汇率和利率、硬性规定存放款利率上限以及管制外汇市场等。这些表现就是所谓的"金融抑制"或"金融压抑"。

为了更好地理解金融抑制对金融服务信贷需求的影响，这里借助信贷需求模型加以分析。如图 3-2 所示，在完全竞争条件下，金融市场上的信贷需求曲线和信贷供给曲线共同决定了市场上的金融信贷服务量和利率，A 点是均衡点，此时的利率水平是 r_1，信贷服务均衡交易量是 OL_A。当存在金融抑制现象时，金融当局人为地压低利率，使利率由 r_1 下降到 r_2，而此时的金融市场上信贷服务的供给量为 OL_B，信贷服务需求量为 OL_C，信贷服务供给量无法满足全部的信贷服务需求量，存在 $L_B L_C$ 那么大的信贷服务需求缺口。在这种情况下，那些信誉良好的大企业以及高收入人群就成为金融机构信贷服务的首选目标群体，而那些小微企业、农户和贫困人口等弱势群体则由于具有较高的金融风险以及较低的收益率等原因被排斥在金融服务体系之外，从而使社会上大量金融需求无法得到有效满足。

金融抑制除了影响信贷需求外，还会对宏观经济的许多方面带来负效应。例如，在结构转型方面：王勋和约翰逊（2013）的研究表明，金

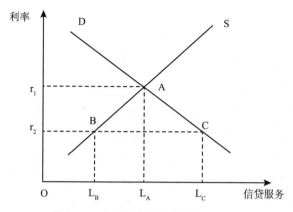

图3-2　金融抑制对信贷服务的影响

融抑制对产业结构转型产生显著的反向抑制作用，政府在结构转型中对金融抑制采取的政策会导致服务业占比偏低而制造业占比偏高，进而造成产业结构失衡与扭曲；赵秋运和林志帆（2015）的研究也表明，长期金融抑制政策造成产业结构重工业化，扭曲产业结构，对经济增长产生"欲速则不达"的效果，进而导致国家易于陷入"中等收入陷阱"。在收入分配方面：陈斌开和林毅夫（2012）的研究表明，金融抑制会带来严重的金融市场"机会非均衡化"，使得贫困人口在使用金融服务时面临较高的信贷门槛和较低的存款利率，进而限制了贫困人口财富增长；王小华等（2015）也证实了收入越低的农民其金融抑制程度越高，越难摆脱贫困"陷阱"；张建武等（2014）的研究表明，金融抑制下的信贷配给和利率压制特征促使企业更加倾向于使用资本替代劳动力，进而造成劳动收入份额的严重挤压。在投资方面：吕冰洋和毛捷（2013）的研究表明，金融抑制是导致经济发展依赖政府投资的重要原因；王勋（2013）的研究表明，金融抑制会扭曲资金配置，造成经常账户顺差，导致国内拥有净储蓄的企业纷纷通过对外直接投资获取生产所需要素。在企业融资方面：王春超和赖艳（2017）的研究表明，金融抑制具有"所有制歧视"和"规模歧视"特征，导致制造业企业的非正规金融融资比例提高，而正规金融融资比例降低。尚蔚和李肖林（2015）的研究表明，金融抑制是造成中小企业融资能力薄弱的重要原因。由此可见，政府采取的金融抑制战略并不能很好地促进经济成长和发展，相反，还会带来阻滞作用。因此，应通过扩大金融自由化进一步降低甚至是彻底解决金融抑制问题。

普惠金融的发展扩大了金融服务覆盖面和可获得性，它强调为所有阶层和群体提供全方位、有效的金融服务，这在一定程度上能够有效降低甚至解决金融抑制，促进金融自由化。因此，普惠金融发展也符合金融服务供需理论。如图 3-3 所示，金融市场上的金融服务需求曲线和供给曲线共同决定了市场上的金融服务需求量和服务价格，A 点是均衡点，此时的金融服务水平是 OW_A，服务价格是 P_1。在其他条件不变的情况下，假设在外部力量（如政府扶持和政策刺激）的作用下，金融服务的供给量被扩大，使金融服务供给曲线由 S 变为 S_1，可以发现均衡点变为 C 点，此时金融服务均衡量为 OW_C，服务价格为 P_2。显然 $OW_C >$ OW_A，$P_2 < P_1$，这意味着在新的均衡点时，金融机构以较低的服务价格提供更为广泛的金融服务，相较于 A 点来说，C 点的金融服务覆盖面得到了扩大，且普惠金融发展水平较高。同理，在其他条件不变的情况下，假设在外部力量（如金融知识普及以及财富增加）的刺激下，金融服务的需求量被扩大，使金融服务需求曲线由 D 变为 D_1，可以发现均衡条件下的金融服务均衡量较 OW_A 有所增加，此时的金融服务覆盖面得到扩大且普惠金融发展水平较高。同上，假设在外部力量的作用下，使金融服务的供给量和需求量均得到扩大，即金融服务供给曲线由 S 变为 S_1，金融服务需求曲线由 D 变为 D_1，可以发现 B 点是新的均衡点，此时的金融服务均衡量为 OW_B，服务价格为 P_1，显然 $OW_B > OW_C >$ OW_A，这意味着此时的金融服务覆盖面更大，且普惠金融发展水平更高。因此，本书认为，影响金融服务供需的所有因素对普惠金融发展水平均存在影响。

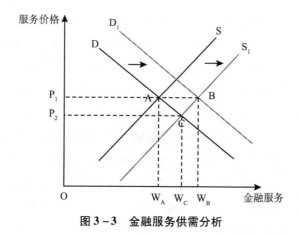

图 3 - 3　金融服务供需分析

三、金融可持续发展论

金融可持续发展是白钦先教授在 1998 年全国金融研讨会上首次提出的，他强调建立以金融资源学说为基础的、基于可持续发展思想的金融体系。理解金融可持续发展理论，首先要理解"金融资源"和"可持续发展"的概念。

金融资源这一概念最早出现在戈德史密斯（1955）所撰写的《资本形成与经济增长》一书中，随后在 1998 年的金融国际会议中被白钦先教授正式提出，他指出"金融是一种资源，是一种稀缺资源，是一国最基本的战略资源"。将金融作为一种资源，是现代金融理论与传统金融理论的区别所在，现代金融理论打破了传统金融理论仅将资本或资金作为生产要素，而将其他金融要素排除在外的认知，将现代金融活动从传统的中介效应扩展到了经济社会的方方面面，这也正是金融是一种资源的体现。随着经济全球化和金融化以及金融一体化的发展，金融资源的重要性不断显现，如何能够有效地开发和利用金融资源成为各国经济发展的重要议题。那么，又该如何理解金融资源的稀缺性呢？白钦先（1998）认为金融资源的开发利用是有度的，并可以分为基础性核心资源、实体性中间资源以及整体功能性高层资源。从根本上讲，在一国的经济发展中，与其制度环境、政策体制以及经济水平相适应的自然资源和其他资源是有限的，且不以人的意志为转移，这就造成同这些资源对应的金融资源的开发和利用在一定程度上受制于外部因素，加之在一定时期和条件下，金融资源存量并不能满足所有的经济或政治等意图，这就导致金融资源的相对有限，即稀缺性。而对于金融资源的运用，曾康霖（2005）认为，国有经济制度是造成国家或政府掌握金融资源的决定性因素，进而削弱了市场供求关系对金融资源的影响。付一书（2005）认为，行政壁垒是造成金融资源流动性差、使用效率低下的主要原因。因此，如何才能可持续地运用金融资源就成为学术界的热议，也为金融可持续发展理论的形成奠定了良好的基础。

早在 20 世纪 60 年代末，可持续发展理念就在研究环境和生态问题时被挪威首相布伦特兰夫人提出，她指出可持续发展就是在不危害后代满足其需求能力的条件下满足当代人需求的发展。随后，可持续发展理念的覆盖范围从人与自然的发展不断丰富和扩展到人与社会、人与经济以及经济与社会的发展中。白钦先（2001）也将可持续发展理念扩展到了金融领域。可持续发展理念是一种哲学理念，既包含对人类生存发展的实践，又包含对当代人以及子孙后代的人文关怀关爱。而金融作为经济发展中的重要一环，是人类生存发展实践中的重要动力源，也是人文关怀关爱的重要保障，因此，要想实现社会和经济的可持续发展，首先要实现金融的可持续发展。

白钦先和丁志杰（1998）将金融可持续发展定义为：在遵循金融发展的内在客观规律下，建立和健全金融体制，发展和完善金融机制，提高和改善金融资源配置效率，从而实现金融发展的量的积累和质的飞跃，促使金融和经济实现协调、有效、稳定、健康和持续的发展。金融可持续发展不仅包含金融资源"量"的积累，还强调金融结构优化、金融制度完善以及金融环境改善等"质"的飞跃。金融可持续发展以可持续性、公平性、共同性、和谐性以及需求性为原则。可持续性原则强调金融发展应关注金融资源和金融系统的可持续性，并根据经营目标、政策以及体制等因素不断地调整自身以匹配经济社会发展，最终实现经济社会发展的可持续。公平性原则强调金融发展的机会选择公平和信息分享公平。机会选择公平是指各金融机构、金融客户间均存在平等的选择机会，一方不应损害另一方当前以及以后的权益；信息分享公平是金融机构在提供金融服务以及金融客户在申请金融服务时均应向对方提供明晰准确的金融相关信息。共同性原则强调金融发展是全人类以及全世界的共同责任，需要各国、各地区的共同努力，对金融发展过程中的风险积聚、转化以及转移进行有效的监督、评估、预警和协调。和谐性原则强调金融发展不仅要追求金融机构、金融从业者以及金融需求者之间的长期和谐发展，还要追求金融市场与市场、地区与地区、国与国、现在与未来的和谐发展，最终实现经济社会的和谐发展。需求性原则强调金融发展的出发点和立足点是人的需求。

立足于现实国情，如何才能实现金融的可持续发展呢？金融可持续发展的最基本的要求就是在金融发展与经济发展相协调的条件下，对金融资源进行合理和有效的开发和利用。然而，在经济利益和政治绩效的双重压迫下，金融资源往往被"乱砍滥伐"，其后果往往表现为金融配置效率低下，甚至是"泡沫经济"。因此，金融资源的开发和利用必须与本国的金融生态环境相匹配。而目前我国的金融体制并不完善，金融资源分配存在着明显的区域异质性，不均衡不充分矛盾突出。为了解决不均衡不充分矛盾，发展普惠金融则成为当下金融发展的最优选择。普惠金融将所有人的金融服务需求均纳入正规金融体系中，旨在为各个阶层和人群提供可获得的、可负担的和有效的金融服务，满足金融可持续发展的公平性和需求性原则。普惠金融发展在扩大金融服务覆盖面的同时，促使金融服务向农村和偏远地区延伸，有利于地区间的协调发展，满足金融可持续发展的和谐性和共同性原则。同时，普惠金融发展并不是简单的"输血式"资金援助，而是通过将金融供给端和需求端的资源整合来促进金融资源分配的合理化，以实现"造血式"发展，并满足金融可持续发展的可持续性原则。由此可见，普惠金融发展理论必然以金融可持续发展理论为前提。

四、金融排斥论

金融排斥的概念最初被视为金融地理学的研究议题，后来随着学者对金融排斥问题研究的逐渐升温，金融排斥逐渐变成了社会学和经济学的研究议题。莱森和斯里夫特（1993）在研究金融地理排斥时，指出那些阻止贫困和弱势群体进入金融体系的过程就是"金融排斥"。凯普森和怀利（1999）则从地理排斥、价格排斥、评估排斥、自我排斥、条件排斥以及营销排斥来理解金融排斥，他们认为金融排斥是一个多维度排斥的动态集合。辛克莱（Sinclair，2001）指出金融排斥就是没有能力通过合适的方式获取必需的金融服务。卡博等（Carbó et al.，2005）指出金融排斥就是一部分社会群体没有能力获取正式的金融服务。尽管金融排斥的定义很多，但其核心特征是社会中的弱势群体（包括个人和企业）在获得金融产品和服务时所遭受的障碍和困难（European Commission，2008）。

为了更好地理解金融排斥，本书采用金融服务市场的供求曲线加以分析。在存在完全金融排斥的市场中，金融服务的供需曲线并不存在交点，如图3-4所示。假设在金融服务需求曲线不变的条件下，由于金融服务供给端的信贷门槛提高以及金融服务需求端的信贷担保条件不足，导致金融服务供给端只有在服务价格大于等于P时提供金融服务。从图3-4中可以发现，金融服务供给端提供金融服务的最低标准A点并不在金融服务的需求曲线上，这表明金融服务供给端预设的最低服务价格要高于金融服务需求端所能提供的最高服务价格，从而导致市场中金融服务需求端的金融服务需求得不到满足。在这种情况下，为了达到金融服务的供需均衡，就需要通过调整金融服务供给价格以及扩大金融服务需求来降低金融排斥水平。如图3-5所示，在金融服务供给曲线不变的条件下，通过金融服务和产品创新以及金融知识普及等方式，将那些主动排斥在金融服务体系外的以及金融服务需求低的需求者纳入金融服务体系，扩大金融服务需求，使金融服务需求曲线由D变为D_1，并与金融服务供给曲线相交于 B 点，此时的金融服务供给端与金融服务需求端均愿意以价格 P_1 接受 OW_1 的金融服务量。在金融服务需求曲线不变的条件下，通过移动信息技术的运用、金融产品创新等方式，降低供给端提供金融服务的成本，使金融服务供给曲线由 S 变为 S_1，并与金融服务需求曲线相交于 C 点，此时的金融服务供给端与金融服务需求端均愿意以价格 P_2 接受 OW_2 的金融服务量。

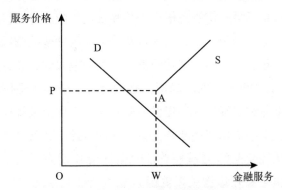

图 3 - 4　金融排斥对金融服务市场的影响

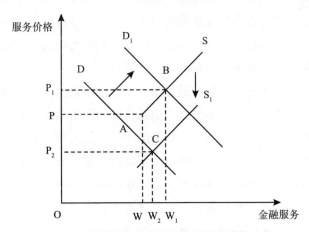

图 3 - 5　达到均衡状态时的金融服务供需分析

普惠金融源于金融排斥，发展普惠金融是为了解决金融排斥（何德旭和苗文龙，2015）。金融排斥的存在，不仅造成金融风险集聚、金融资源配置效率低下，还会引起社会两极分化、地区恶性"马太效应"以及收入不平等等问题。因此，厘清金融排斥的成因是化解金融排斥问题和发展普惠金融的前提。根据中国现实国情，何德旭和苗文龙（2015）认为中国的金融排斥与经济发展战略、金融制度、市场结构、社交网络关系、风险评估信息及方法有关。从经济发展战略来看，重点行业和优先地区发展战略导致经济资源集中于某些重点行业和地区，致使金融资源向该行业和地区倾斜，导致出现行业性和地区性金融排斥。从金融制度结构来看，在三重金融制度结构下，中央和地方政府的目标差异和政策导向在"唯 GDP 论"的驱动下，必然会对金融体系施压，促使金融体系为国有企业和目标地区等提供金融服务，引致金融排斥。从市场结构特征来看，金融市场的垄断特征会导致价格排斥、条件排斥以及信贷资费排斥。从社交网络关系来看，中国社会长期存在的"差序格局"特征导致亲属关系和地缘关系等因素成为社会关系融资的主要决定条件，进而引致关系型和寻租型金融排斥。从风险评估信息及方法来看，围绕信贷需求方的资产、担保品、品性、资本持续性等因素展开的信贷资格审查，并不能真实地反映信贷需求方的偿债能力、盈利能力以及成长能力等方面的信息，进而导致那些潜在的有能力的信贷需求者的信贷需求得不到满足，从而导致金融排斥的形成。

普惠金融作为金融排斥的对立面，是解决金融排斥的有效方法。因此，可以说普惠金融发展是建立在金融排斥理论基础之上的。普惠金融将被金融排斥的目标群体纳入正规金融体系中，提高了弱势群体金融服务的可获得性、有效性、使用性、渗透性以及覆盖面，有效化解了机会排斥、条件排斥以及价格排斥等金融排斥问题。同时，金融排斥作为金融地理学中的研究议题，有着一定的区位特征，也就是说，对于不同区域的金融发展，其金融排斥程度会存在差异，这就造成作为金融排斥对立面提出的普惠金融，也会受到其差异程度的影响，进而表现出不同区域普惠金融发展水平的不同，即普惠金融发展表现出地区异质性。

五、区域金融论

区域金融论是以区域这一中观层面为切入点，不断探寻金融结构在区域层面表现出的空间运动规律和分布格局。区域金融论作为一门交叉学科，它是建立在区域经济理论与金融发展理论基础之上的，但又不同于区域经济理论和金融发展理论。对于前期的区域金融理论研究，大多数学者将其作为区域经济理论的研究范畴予以提及，又或者将区域金融理论与区域经济理论、金融发展理论单独分开研究而忽视了三者之间的内在联系，这就造成前期区域金融理论的研究相对零散且不成体系。随着支大林和于尚艳《区域金融理论与实证研究》一书的出版，区域金融理论的研究体系得到了综合和系统的构建，区域金融问题逐渐升温。支大林和于尚艳（2008）认为，区域金融是金融结构与运行在空间上的分布状态，它是一种客观现象，具有层次性、环境差异性、时空性、吸引与辐射性的属性，通过自身运动、传导和作用而形成规律，并最终构成区域金融理论体系。他们还认为，区域金融理论的研究应包含区域金融市场、区域金融成长、区域金融风险、区域金融流动、区域金融结构、区域金融政策、区域金融中心、区域金融产业成长以及区域金融竞争力九个方面，并以区域经济理论为依托，在金融一般理论的基础上融入区位特征要素，以实现区域经济理论与金融发展理论的有机结合。

相对于金融发展理论来说，区域金融理论是将区位特征融入金融发展理论中，是金融发展理论在中观层面的拓展和延伸。而对于区域经济理论来说，区域金融发展是区域经济发展的内在禀赋之一，区域金融运行在一定程度上助推了经济发展的区域性，且区域金融发展程度还影响着区域经济发展水平，并最终作用于区域经济发展的空间。区域金融理论将金融置于区域范畴，从中观层面探寻金融结构与运行的分布格局与空间演进差异。它强调的是中观层面的金融发展，研究核心是金融发展与经济增长之间的关系在区域层面的表现，本质是通过探寻影响区域金融结构与运行的主要经济要素来发现金融体系的形成规律、传导途径以及作用机制。它的研究范畴包括：第一，区域金融成长与区域经济发展具有促进和抑制、推动和制约等双向作用关系；第二，各金融要素对区域经济增长的影响效应具有不确定性、非均衡性、非同步性以及非同向性；第三，区域金融问题的探讨要立足于不同区域的区位特征；第四，区域金融问题的研究虽然是中观层面的研究，但也要将微观层面和宏观层面的影响考虑在内，做到宏观、中观、微观的有机结合。

经济发展具有区位特征，这就造成作为区域经济发展主要资金供给者的金融也必然会受到区位特征的影响，而普惠金融是金融体系的重要构成要素，也会受到区位特征影响，进而表现出区域特色。由此可见，中国普惠金融发展区域差异研究也必然以区域金融论为基础。

第四章

中国普惠金融发展区域测度

第一节 普惠金融发展指数指标体系构建

一、指标体系构建

普惠金融发展指数指标体系的构建，要依托于对普惠金融内涵的充分理解。普惠金融也称为包容性金融，即能全方位地为所有群体提供有效的金融服务。普惠金融强调金融的普惠性，能被社会各阶层和群体所获得，旨在消除贫困、实现社会公平。同时，普惠金融也是一种重要的金融制度创新，极大地缓解了日益增长的金融需求和金融服务之间不平衡不充分的矛盾，能有效提升金融服务实体经济的效率。现有专家学者及权威机构从不同角度构建普惠金融发展指数指标体系。

（一）专家学者方面

萨尔玛（2010）、贝克等（2007）、蔡洋萍（2015）、杜莉和潘晓健（2017）、孙英杰和林春（2018）从地理渗透性、金融产品接触性、使用效用性三个维度进行构建。古普特等（2012）从服务范围、使用情况、交易便利性、交易成本四个维度进行构建。谢升峰和卢娟红（2014）、范兆斌和张柳青（2017）从地理渗透性、服务可获得性和金融服务实际使用度三个维度进行构建。郭田勇和丁潇（2015）从人口维度的渗透性、地理维度的可及性和信贷资源获取情况三个维度进行构建。李建伟等（2015）、李涛等（2016）、马彧菲和杜朝运（2016）从金融服务范围和金融服务使用两个维度进行构建。罗斯丹等（2016）、陆凤芝等（2017）、刘亦文等（2018）从金融服务可获得度、金融服务渗透度、金融服务使用效用、金融服务承受度四个维度进行构建。杜强和潘怡（2016）、宋晓玲和侯金辰（2017）从人口维度的服务可得性和金融产品的使用情况两个维度进行构建。师俊国等（2016）从效用性、渗透性和可负担性三个维度进行构建。邵汉华和王凯月（2017）从金融服务渗透性、金融服务便利性和金融服务使用性三个维度进行构建。谭燕芝和彭千芮（2018）从金融渗透性、金融效用性和金融可持续性三个维度进行构建。朱一鸣和王伟（2017）从金融机构的渗透性、金融服务可获得性和金融服务使用效用性三个维度进行构建。张建波（2018）从金融服务可获得性、金融服务使用效用性和金融服务质量三个维度进行构建。付莎和王军（2018）从渗透度、使用度和效用度三个维度进行构建。

（二）权威机构方面

普惠金融联盟（AFI，2011）从金融服务的可获得性和使用情况两个维度进行构建。普惠金融全球合作伙伴（GPFI，2016）从金融服务使用情况、金融服务可获得性、金融产品与服务的质量三个维度进行构建。中国人民银行金融消费权益保护局（2018）、中国银行保险监督管理委员会（2018）从使用情况、可得性、质量三个维度进行构建。

具体的普惠金融发展指标体系构建及指标定义如表 4－1 所示。

表4－1　　以往代表性专家学者及权威机构等构建普惠金融发展
指数的维度选择及指标定义

代表人物	维度选择	具体指标定义
萨尔玛（2008）、贝克等（2007）、蔡洋萍（2015）、杜莉和潘晓健（2017）、孙英杰和林春（2018）	地理渗透性、金融产品接触性和使用效用性	地理渗透性：每千人拥有的银行账户数量、每万人银行机构数或网点数和金融机构营业人员数量、每万人银行从业人员数、每平方公里金融机构数量和金融机构从业人员数量。 金融产品接触性：每千人拥有银行分支机构和ATM数、人均存款余额、人均贷款余额、保险深度。 使用效用性：存贷和/GDP、贷款/GDP、存款/GDP、保险深度
古普特等（2012）	服务范围、使用情况、交易便利性和交易成本	服务范围：地理上分支机构渗透度、地理上ATM渗透度、人口上分支机构渗透度、人口上ATM渗透度、每千人拥有的储蓄和贷款账户。 使用情况：存贷和/GDP。 交易便利性：开设存款、贷款账户的网点数量、开设储蓄账户和支票账户所需的最低金额和文件数量、维持储蓄账户和支票账户所需的最低金额、消费贷款和抵押贷款的最低金额及申请审批时长。 交易成本：消费贷款和抵押贷款的费用、存款账户和支票账户的年费、国际汇款的费用以及使用ATM卡的费用
谢升峰和卢娟红（2014）、范兆斌和张柳青（2017）	地理渗透性、服务可获得性和金融服务实际使用度	地理渗透性：每万平方千米的金融机构数和金融从业人员数。 服务可获得性：每万人拥有的金融机构数和金融机构从业人数。 金融服务实际使用度：存款/GDP、贷款/GDP
郭田勇和丁潇（2015）	渗透性、可及性和信贷资源获取情况	渗透性：每10万人拥有的银行分支机构数目和ATM数。 可及性：每千平方公里银行分支机构数和ATM数。 信贷资源获取情况：人均贷款/人均GDP
李建伟等（2015）、李涛等（2016）、马彧菲和杜朝运（2016）	金融服务范围和金融服务使用	金融服务范围：每万平方公里的银行业金融机构数和从业人数、每万人拥有的银行业金融机构数和从业人数、每千平方公里的ATM数和保险公司数量、每十万人拥有的ATM数和保险公司数。 金融服务使用：人均存款/人均GDP、人均贷款/占人均GDP、每一千个成年人中商业银行借款者数量和贷款账户数量、中小企业贷款/总贷款

续表

代表人物	维度选择	具体指标定义
罗斯丹等（2016）、陆凤芝等（2017）、刘亦文等（2018）	金融服务可获得度、金融服务渗透度、金融服务使用效用和金融服务承受度	金融服务可获得度：人均存款、人均贷款、人均城乡居民储蓄。 金融服务渗透度：每万平方公里金融机构数量和从业人员数、每十万人口金融机构数量和从业人员数 金融服务使用效用：存款/GDP、贷款/GDP、城乡居民储蓄/GDP、银行承兑汇票余额/GDP。 金融服务承受度：全社会固定资产投资中的自筹资金和其他资金之和/全社会固定资产投资、非金融机构融资/GDP、利率上浮贷款占比
杜强和潘怡（2016）、宋晓玲和侯金辰（2017）	服务可得性和金融产品的使用情况	服务可得性：每万人金融机构网点个数和金融从业人员数、每千平方公里商业银行分支数和ATM数、每十万成年人拥有的ATM数。 金融产品的使用情况：存款余额/GDP、贷款余额/GDP、证券融资占比、每千人A股账户数、保险深度、保险密度，或者正规金融机构拥有账户的成年人比例、拥有信用卡的成年人比例、拥有储蓄卡的成年人比例
师俊国等（2016）	效用性、渗透性和可负担性	效用性：存贷比、贷款增长率、涉农贷款增长率、贷款余额/GDP、人均个人消费信贷、农户小额信用贷款信用证发放率、银行卡业务使用率。 渗透性：每万人银行网点数和ATM布放数、乡镇银行类机构网点布放率、每万人POS及电话支付终端布放数、信用乡镇和信用社区创建率、人均个人银行结算账户数。 可负担性：财政贴息占比
邵汉华和王凯月（2017）	金融服务渗透性、金融服务便利性和金融服务使用性	金融服务渗透性：每10万人银行分支机构数和ATM数。 金融服务便利性：每千平方公里银行分支机构数量和ATM数。 金融服务使用性：人均贷款/人均GDP
谭燕芝和彭千芮（2018）	金融渗透性、金融效用性、金融可持续性	金融渗透性：每万平方千米拥有的银行机构网点数和银行机构从业人员数、每万人拥有的银行机构网点数和银行机构从业人员数。 金融效用性：人均贷款余额、人均存款余额、贷款余额/GDP、存款余额/GDP。 金融可持续性：商业银行不良贷款率

续表

代表人物	维度选择	具体指标定义
朱一鸣和王伟（2017）	金融机构的渗透性、金融服务可获得性和金融服务使用效用性	金融机构的渗透性：每万人银行营业网点数、每百平方公里营业网点数。 金融服务可获得性：人均储蓄存款、人均贷款。 金融服务使用效用性：人均资本外流量、贷款/GDP、存贷比
张建波（2018）	金融服务可获得性、金融服务使用效用性、金融服务质量	金融服务可获得性：每万平方千米的金融机构数和金融机构从业人员数、每万人金融机构数和金融机构从业人员数。 金融服务使用效用性：人均存款/人均GDP、人均贷款/人均GDP、保险收入/人口数量、保险收入/GDP、股票市场筹资额/GDP。 金融服务质量：涉农贷款余额/贷款余额、小额贷款公司贷款余额/贷款余额
付莎和王军（2018）	金融渗透度、金融使用度、金融效用度	金融渗透度：每万人拥有的金融营业网点数量、每人拥有的银行卡数量。 金融使用度：人均存款额、人均贷款额、保险密度、每千人拥有的有效股票账户。 金融效用度：存款余额/GDP、贷款余额/GDP、商业银行中间业务/GDP、保费收入/GDP
普惠金融联盟（AFI，2011）	金融服务可获得性、金融服务使用情况	可获得性：每万成年人拥有的网点数、拥有网点的行政区比例、拥有网点的行政区的人口占比。 金融服务使用情况：拥有存款账户的成年人比例、拥有贷款账户的成年人比例
普惠金融全球合作伙伴（GPFI，2016）	金融服务使用情况、金融服务可获得性、金融产品与服务的质量	金融服务使用情况：享有正规银行服务的成年人、在正规金融机构发生信贷业务的成年人、购买保险的成年人、非现金交易、使用移动设备进行交易、高频率使用账户、储蓄倾向、汇款、享有正规银行服务的企业、在正规金融机构有未偿贷款或授信额度的企业。 金融服务可获得性：服务网点、电子资金账户、服务网点的互通性。 金融产品与服务的质量：金融知识、金融行为、信息披露要求、纠纷解决机制、使用成本、贷款障碍

续表

代表人物	维度选择	具体指标定义
中国人民银行金融消费权益保护局 (2018)、中国银行保险监督管理委员会 (2018)	使用情况、可得性、质量	使用情况：账户和银行使用情况、电子支付情况、个人投资理财情况、个人信贷使用情况、普惠领域小微企业贷款使用情况、民生信贷使用情况、农户生产经营贷款使用情况、建档立卡贫困人口贷款使用情况、保险使用情况。 可得性：网点可得性、具有融资功能非金融机构可得性、ATM 和 POS 机具可得性、助农取款点可得性 质量：金融知识和金融行为、金融服务投诉、银行卡均授信额度、信用贷款情况、信用建设

注：普惠领域小微企业贷款是指包括单户授信小于 500 万元的小微企业贷款、个体工商户和小微企业主经营性贷款。

通过归纳总结上述指标体系构建的维度可以发现，专家学者及权威机构主要从以下几个方面构建普惠金融发展指数指标体系：一是参考联合国开发计划署（UNDP）编制人类发展指数的方法，从地理渗透性、金融产品接触性和使用效用性三个维度来对其进行构建；二是在上述维度基础上增加金融服务承受度或可负担性来对其进行构建；三是参照世界银行 2015 年发布的全球金融发展报告，从金融服务的实际使用情况和金融服务的地理覆盖情况等维度来对其进行构建。综上所述，基于已有相关研究基础的铺垫，外加对普惠金融内涵的充分理解①以及数据的可获得性和科学性，笔者从金融服务渗透性、金融服务可获得性以及金融服务使用效用性三个维度来构建中国普惠金融发展指数指标体系。具体的指标选择如表 4 - 2 所示。

表 4 - 2   普惠金融发展指数指标选择

测量维度	具体指标	指标性质
金融服务渗透性	每万人银行业金融机构营业网点机构数（X_1）	正
	每万人银行业金融机构营业网点从业人员数（X_2）	正

---

① 由于本书的第三章已经对普惠金融内涵做了充分的说明，这里不再赘述。

续表

测量维度	具体指标	指标性质
金融服务渗透性	每万人（农村）银行业农村金融机构营业网点机构数（X_3）	正
	每万人（农村）银行业农村金融机构营业网点从业人员数（X_4）	正
	每万平方千米银行业金融机构营业网点机构数（X_5）	正
	每万平方千米银行业金融机构营业网点从业人员数（X_6）	正
	每万平方千米（农村）银行业农村金融机构营业网点机构数（X_7）	正
	每万平方千米（农村）银行业农村金融机构营业网点从业人员数（X_8）	正
金融服务可获得性	人均本外币各项存款余额（X_9）	正
	人均本外币各项贷款余额（X_{10}）	正
	人均个人消费贷款（X_{11}）	正
	农村人均农业保险保费收入（X_{12}）	正
	农村人均农业保险赔付支出（X_{13}）	正
	保险密度（X_{14}）	正
金融服务使用效用性	金融机构本外币各项存款余额/地区生产总值（X_{15}）	正
	金融机构本外币各项贷款余额/地区生产总值（X_{16}）	正
	农业保险保费收入/财产保险保费收入（X_{17}）	正
	农业保险赔付支出/财产保险赔付支出（X_{18}）	正
	保险深度（X_{19}）	正

二、数据来源说明

本部分采用中国 2005～2017 年 31 个省份的面板数据，数据主要来自《中国统计年鉴》《中国金融年鉴》《中国区域金融运行报告》《中国农村统计年鉴》《中国保险年鉴》《新中国六十年统计资料汇编》、Wind 数据库、EPS 数据平台以及各省份国民经济和社会发展统计公报等。各指标的描述性统计如表 4-3 所示。

表4-3 2005~2017年普惠金融发展指数各指标描述性统计

变量	样本量	平均值	标准差	最小值	最大值
X_1	403	1.6083	0.3041	0.6658	2.4188
X_2	403	25.5414	8.9438	11.0231	57.3472
X_3	403	1.2616	0.5070	0.1021	2.7892
X_4	403	13.5585	6.8199	3.0691	32.6557
X_5	403	645.0047	844.8693	4.8914	4984.1460
X_6	403	12618.7900	23319.4200	42.8084	169641.5000
X_7	403	186.7978	144.7202	4.8091	559.6251
X_8	403	2083.0720	1900.8720	28.1453	9165.0760
X_9	403	67687.1700	80007.6100	7487.9360	636977.8000
X_{10}	403	46599.3500	45943.6000	6217.1580	293337.9000
X_{11}	403	6674.9770	8118.8070	350.0000	62148.6100
X_{12}	403	42.8826	59.8083	0.0382	327.8443
X_{13}	403	27.7132	42.6176	0.0107	242.4942
X_{14}	403	1065.4350	1036.1100	3.9600	8467.8200
X_{15}	403	1.6503	0.7341	0.7510	5.5866
X_{16}	403	1.1440	0.4156	0.5372	2.6477
X_{17}	403	0.0488	0.0580	0.0007	0.2802
X_{18}	403	0.0576	0.0745	0.0002	0.4265
X_{19}	403	4.4198	12.7087	0.0200	120.0000

注：小数点后保留四位小数。
资料来源：笔者计算得到。

第二节　普惠金融发展指数测算方法选择

一、测算方法介绍

针对普惠金融发展测算的准确性和有效性，选择科学、合理的测算方法是至关重要的，这样才能够有效地把握中国普惠金融发展的总体现状和区域特征，以深入剖析中国普惠金融发展现阶段所面临的困境，并以此为解决中国高质量发展背景下金融发展不平衡不充分问题建言献策。经过对相关文献的梳理与回顾，笔者发现大多数专家学者对普惠金融发展的测算方法主要有主成分分析法、层次分析法、因子分析法、联合国开发计划署（UNDP）编制人类发展指数法以及标准欧式距离法（马彧菲和杜朝运，2017；李涛等，2016；陆凤芝等，2017；孙英杰和林春，2018；刘亦文等，2018）。主成分分析法对各个维度权重的计算是保持在方差—协方差矩阵结构不变的情况下，且重新组合通常为线性组合，而我们更加关心的是各个维度贡献值的一阶矩阵以及各维度的多种联系。层次分析法的定性成分多而定量数据少，使结果易受主观影响，不易令人信服。因子分析法采用最小二乘法计算因子得分，而最小二乘法具有严格的假设条件，有时会产生偏误。现阶段，专家学者通常是采用联合国开发计划署（UNDP）编制人类发展指数法或者在其基础上引入标准欧式距离法，以此来测算普惠金融发展水平，在这里笔者对这两种方法进行详细介绍，并划分为两个阶段：第一阶段是采用联合国开发计划署（UNDP）编制人类发展指数法来测算普惠金融发展指数（Sarma，2010；Chakravarty & Pal，2013）；第二阶段是以联合国开发计划署（UNDP）编制人类发展指数法为基础引入标准欧式距离法来测算普惠金融发展指数（Sarma，2015；2016）。

（一）第一阶段：采用联合国开发计划署（UNDP）编制人类发展指数法测算普惠金融发展指数

萨尔玛（2010）参考联合国开发计划署（UNDP）编制人类发展指数（HDI）的方法来构建普惠金融发展指数（Index of Financial Inclusion，IFI）。假设普惠金融领域有 K 个维度，且 K≥1，A_i 表示第 i 个维度，则：

$$A_i = \frac{x_i - m_i}{M_i - m_i} \qquad (4.1)$$

其中，x_i 为第 i 个金融维度的实际值，m_i 为第 i 个金融维度的最小值，M_i 为第 i 个金融维度的最大值，所以 $x_i \in [m_i, M_i]$。且 $A_i \in [0, 1]$，若 $A_i = 0$，则说明存在完全金融排斥，该普惠金融维度水平为 0；若 $A_i = 1$，则说明不存在金融排斥，该普惠金融维度水平最高。且普惠金融发展水平指数 IFI 用式（4.2）计算：

$$IFI = \sum_{i=1}^{k} w_i A_i \qquad (4.2)$$

其中，w_i 表示各金融维度所占权重，假设给每个金融维度所设置权重相同，则：

$$IFI = \frac{1}{k} \sum_{i=1}^{k} \frac{x_i - m_i}{M_i - m_i} \qquad (4.3)$$

通过上述构建过程我们不难发现，在萨尔玛（Sarma）构建的 IFI 中，并没有考虑各个金融维度对 IFI 的敏感度。因此，查克拉瓦蒂和帕尔（2013）进一步弥补其缺陷，对萨尔玛构建的 IFI 进行有效扩展，以此考虑各个金融维度对 IFI 的敏感度，修正如下：

$$A_i = \left(\frac{x_i - m_i}{M_i - m_i} \right)^r \qquad (4.4)$$

其中，$0 < r \leq 1$，r 表示各金融维度对 IFI 的敏感参数，则：

$$IFI = \frac{1}{k} \sum_{i=1}^{k} \left(\frac{x_i - m_i}{M_i - m_i} \right)^r \qquad (4.5)$$

式（4.5）中，若 r 的值越大，则说明该金融维度对 IFI 的敏感度越高，当 r = 1 时，其敏感度最大，这时的 IFI 与萨尔玛所构建的相一致。

（二）第二阶段：基于标准欧式距离测算普惠金融发展指数

萨尔玛（2016）在构建普惠金融发展指数时仍遵循构建人类发展指数（HDI）、人类贫困指数（HPI）和性别发展指数（GDI）等方法，从多维角度构建普惠金融发展水平。像联合国开发计划署（UNDP）编制人类发展指数一样，构建普惠金融发展指数的第一步是计算金融普惠性各个维度的维度指数，第二步是使用标准欧式距离法计算维度距离，第三步是计算维度普惠金融指数。具体的构建步骤如下：

第一步：计算金融普惠性各个维度的维度指数 d_i。

$$d_i = w_i \times \frac{A_i - m_i}{M_i - m_i} \tag{4.6}$$

式（4.6）中，维度指数 d_i 用来表示金融普惠性第 i 维度上的成就；权重 w_i 表示维度 i 的权重，即在量化金融普惠性方面的相对重要性，$0 \leqslant w_i \leqslant 1$；$A_i$ 表示指标的真实值；m_i 表示指标的最小值；M_i 表示指标的最大值。式（4.6）确保 $0 \leqslant d_i \leqslant w_i$，其 d_i 的值越大，表明在维度 i 的发展程度越高。

第二步：使用标准欧式距离法计算维度距离。

假设有 n 个金融普惠维度，那么在 n 维空间上则可以表示为 $X = (d_1, d_2, d_3, \cdots, d_n)$。在 n 维空间中，点 $O = (0, 0, 0, \cdots, 0)$ 表示金融普惠性最差，点 $W = (w_1, w_2, w_3, \cdots, w_n)$ 表示金融普惠性最好。而点 X 与点 O 和点 W 之间的距离是评估一个国家金融普惠性的关键因素，金融普惠性越高，点 X 与点 W 之间的距离应该越近，相反，点 X 与点 O 的距离越近，则表示金融普惠性越低。在 n 维空间中，可能存在两个点与点 W 之间距离相等，但与点 O 之间距离不等，或者是与点 O 之间距离相等，但与点 W 之间距离不等的情况。因此，就有可能存在这样的情况：两个隶属于不同国家或地区的点 X 同时与其中一个点的距离相同，但与另一个点的距离不同。如果这两个隶属于不同国家或地区的点 X 与点 W 距离相同，但与点 O 距离不同，那么距离点 O 越远，则被认为金融普惠性越高；如果这两个隶属于不同国家或地区的点 X 与点 O 距离相同，但与点 W 距离不同，那么距离点 W 越近，则被认为金融普惠性越高。因此，在构建普惠金融发展指数时，应将上述情况考虑在内。点 X 和点 O 之间的距离采用标准欧式距离平均值计算，点 X 和点 W 之间的距离采用反向标准欧式距离计算，这样确保 IFI 是介于 0 和 1 之间的数字。具体计算公式如下：

$$X_1 = \frac{\sqrt{d_1^2 + d_2^2 + d_3^2 + \cdots + d_n^2}}{\sqrt{w_1^2 + w_2^2 + w_3^2 + \cdots + w_n^2}} \tag{4.7}$$

$$X_2 = 1 - \frac{\sqrt{(w_1 - d_1)^2 + (w_2 - d_2)^2 + (w_3 - d_3)^2 + \cdots + (w_n - d_n)^2}}{\sqrt{w_1^2 + w_2^2 + w_3^2 + \cdots + w_n^2}} \tag{4.8}$$

其中，X_1 和 X_2 均介于 0 和 1 之间，且均通过取与 $\sqrt{w_1^2 + w_2^2 + w_3^2 + \cdots + w_n^2}$（点 O 和点 W 的距离）的比值进行了归一化处理。X_1、X_2 越大，说明金融普惠性越强。

第三步：计算 IFI。

$$IFI = \frac{1}{2}(X_1 + X_2) \tag{4.9}$$

通过该方法计算的 IFI 取值在 0 和 1 之间，该取值越大，表明普惠金融发展程度越高。

为了简便起见，假设所有维度的权重相等，即 $w_i = 1$。在这种情况下，n 维空间中最理想的点表示为 $W = (1, 1, 1, \cdots, 1)$，IFI 的计算公式则变为：

$$IFI = \frac{1}{2}\left[\frac{\sqrt{d_1^2 + d_2^2 + d_3^2 + \cdots + d_n^2}}{\sqrt{n}} + \right.$$

$$\left. \left(1 - \frac{\sqrt{(1 - d_1)^2 + (1 - d_2)^2 + (1 - d_3)^2 + \cdots + (1 - d_n)^2}}{\sqrt{n}}\right) \right] \tag{4.10}$$

为了便于理解普惠金融发展指数的构建原理，本书进一步通过三维 IFI 的图形予以诠释。在图 4－1 中，借助渗透性（penetration）、可获得性（availability）和使用效用性（usage）三个维度提供 IFI 的图形解释，并将这些维度中的每一个都由三维空间中的轴表示。点 $W = (w_1, w_2, w_3)$ 表示理想点，且特定国家或地区在这些维度上的点为 $X = (p, a, u)$。普惠金融发展程度较高的国家或地区应该比普惠金融发展程度低的国家或地区更接近点 W，同样地，普惠金融发展程度较高的国家或地区应该比普惠金融发展程度低的国家或地区距点 O 更远。也就是说，点 X 与点 W 之间的距离越小，点 X 与点 O 之间的距离越大，则表明一个国家或地区的普惠金融发展程度越高。在 IFI 公式中，点 X 和点 O 之间的距离由式（4.7）中的 X_1 得到，点 X 和点 W 之间的距离由式（4.8）中的第二部分得到。点 X 和点 W 之间距离的归一化使其介于 0 和 1 之间，如果点 X 的普惠金融发展程度较高，则归一化处理后该距离将接近于 0。在计算 IFI 时，用 1 减去归一化距离得到的反向归一化距离来衡量点 X 和点 W 之间的距离，即为式（4.8）。式（4.8）确保点 X 和点 W 之间的距离越小，普惠金融发展程度越高。

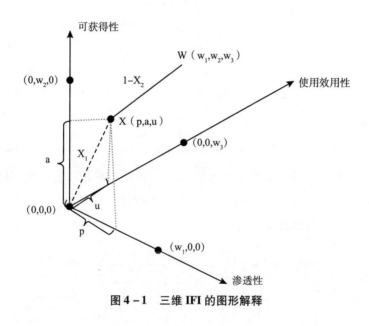

图 4 - 1　三维 IFI 的图形解释

二、测算方法确立

通过上述介绍可以发现，第二阶段的普惠金融发展指数构建方法更为科学和合理，其遵循了联合国开发计划署（UNDP）从多维角度构建相关指数的研究方法，且基于与最理想点以及最差点之间距离概念来计算各维度指数。但是，笔者发现不论在第一阶段还是第二阶段构建的普惠金融发展指数方法中，均假设每个维度的权重是相同的，显然这种设定是不够客观的，很有可能会导致测算结果的偏误。鉴于此，为了能够更加准确、客观地估算中国普惠金融发展程度，本书借鉴萨尔玛（2016）构建普惠金融发展指数的研究方法，以变异系数法为各指标及维度确定权重，具体的计算步骤如下：

第一步：计算维度指标 e_i。

$$a_i = \frac{x_i - m_i}{M_i - m_i} \tag{4.11}$$

$$cv_i = \frac{\sqrt{\sum_i^N (a_i - \overline{a_i})/N}}{\overline{a_i}} \tag{4.12}$$

$$w_i = \frac{cv_i}{\sum_1^n cv_i} \tag{4.13}$$

$$e_i = w_i \times a_i \tag{4.14}$$

式（4.11）中，x_i 为真实数值，m_i 为数据中的最小值，M_i 为数据中的最大值，即 $x_i \in [m_i, M_i]$。w_i 为 a_i 的权重，且 $0 \leqslant e_i \leqslant w_i$。

第二步：计算维度距离。

$$E_1 = \frac{\sqrt{e_1^2 + e_2^2 + e_3^2 + \cdots + e_k^2}}{\sqrt{w_1^2 + w_2^2 + w_3^2 + \cdots + w_k^2}} \tag{4.15}$$

$$E_2 = 1 - \frac{\sqrt{(w_1 - e_1)^2 + (w_2 - e_2)^2 + (w_3 - e_3)^2 + \cdots + (w_k - e_k)^2}}{\sqrt{w_1^2 + w_2^2 + w_3^2 + \cdots + w_k^2}} \tag{4.16}$$

第三步：计算维度普惠金融发展指数 ifi_i。

$$ifi_i = \frac{1}{2}(E_1 + E_2) \tag{4.17}$$

第四步：计算普惠金融发展指数 IFI。

由 3 个维度普惠金融发展指数 ifi_i 计算普惠金融发展指数 IFI 的方法与上述由各维度的指标计算方法一致。

第三节　普惠金融发展区域测算结果分析

一、全国及东部、中部和西部三大区域[①]普惠金融发展测算结果分析

从图 4 - 2 中可以看出，全国及东部、中部和西部地区的普惠金融发展指数在考察期内整体变化趋势大致呈现出逐年上升趋势，并在 2017 年达到最高，这说明普惠金融政策实施以来，逐渐受到各地区关注与重视，各地区普惠金融发展水平均呈逐年上升态势。对比各地区历年的普惠金融发展指数均值可以发现，2005～2017 年全国普惠金融发展指数均值为 0.1104，东部、中部和西部地区普惠金融发展指数均值分别为 0.1763、0.0665 和 0.0794，这说明整体上我国普惠金融发展水平仍处于较低阶段，各地区普惠金融发展存在明显的地区异质性，且东部地区最高，西部地区次之，中部地区最低。而中西部地区普惠金融发展水平较低是造成我国普惠金融发展水平较低的重要原因。对比普惠金融发展指数可以发现，2017 年全国、东部、中部和西部地区普惠金融发展指数分别为 0.1621、0.2460、0.1025 和 0.1250，而 2005 年全国、

[①]　依据国家统计局划分，东部地区包括：北京、天津、河北、辽宁、上海、江苏、浙江、福建、山东、广东、海南 11 个省份；中部地区包括：山西、吉林、黑龙江、安徽、江西、河南、湖北、湖南 8 个省；西部地区包括：内蒙古、广西、重庆、四川、贵州、云南、西藏、陕西、甘肃、青海、宁夏、新疆 12 个省份。

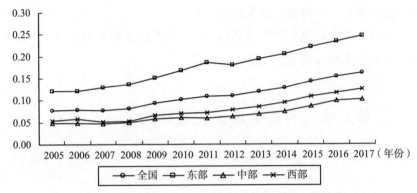

图 4 - 2 2005 ~ 2017 年全国及东中西部地区普惠金融发展指数变化趋势

资料来源：笔者测算得到。

东部、中部和西部地区普惠金融发展指数分别为 0.0765、0.1216、0.0485 和 0.0539，全国、东部、中部和西部地区 2017 年较 2005 年的普惠金融发展指数分别增加了 0.0856、0.1244、0.0540 和 0.0711，相应的增长率达到 111.83%、102.25%、111.51% 和 131.82%，可见，整体上普惠金融发展态势迅猛，中部和西部地区普惠金融发展潜力较大。对比 2016 年和 2017 年普惠金融发展指数可以发现，全国、东部、中部和西部地区的普惠金融发展指数环比增长速度为 5.52%、5.45%、4.15% 和 6.40%，这说明 2017 年西部地区普惠金融发展增速相对较快，相应拉高了全国的普惠金融发展增速，而中部地区普惠金融发展增长乏力，故拉低全国普惠金融发展增速。可见，金融发展较为落后的西部地区具有较高的增长潜力，大力推进普惠金融政策实施，可以带来较高的边际增速效应，并有可能实现西部地区普惠金融发展的赶超。从各地区普惠金融发展指数的变化趋势来看，东部地区的普惠金融发展指数一直处于较高水平，整体呈上升态势，其增长相对较快，仅在 2012 年出现短暂的小幅回落。中部地区的普惠金融发展指数一直处于最低水平，其增长态势较为平缓。西部地区的普惠金融发展指数一直处于中间水平，整体上也呈上升态势，但增长相对较慢，且在 2007 年出现短暂小幅回落。这说明，虽然我国现阶段的普惠金融发展格局呈现改善的迹象，但地区差异明显，仍存在不协调、不均衡的现象。

从图 4-3 中可以看出，我国普惠金融发展指数的增长率在考察期内并未出现持续的上升或下降。从全国普惠金融发展指数增长率变化趋势来看，在 2007~2009 年、2012~2013 年和 2014~2015 年这三个区间呈上升趋势，而在 2006~2007 年、2009~2012 年、2013~2014 年和 2015~2017 年这四个区间呈下降趋势。这可能是因为，2006~2007 年是普惠金融发展的探索阶段，其发展理念并没有被众多金融机构所接纳或者正在被接纳，所以出现了负增长；2009~2012 年出现负增长可能是受到了世界经济危机冲击，导致中国金融机构忙于应对冲击和降低损失而无暇顾及中小微企业和弱势群体的金融服务需求，继而促成原本急需资金的金融弱势群体面临更为严峻的融资危机；2013~2014 年和 2015~2017 年出现的负增长可能是受到世界经济衰退的蔓延效应和国家宏观调控的影响，导致国内的经济出现了不同程度的下滑趋势。从区域层面来看，东部地区的普惠金融发展指数增长率的变化趋势基本较为平缓，整体波动范围在 -0.0278 至 0.1073 之间，并在 2006~2009 年、2012~2013 年呈上升趋势，在 2009~2011 年和 2013~2017 年呈小幅度波动趋势，但在 2011~2012 年出现了明显下降趋势；中部地区和西部地区的普惠金融发展指数增长率的变化趋势基本保持一致，均在 2006~2007 年、2009~2011 年、2015~2017 年呈下降趋势，在 2007~2009 年、2011~2015 年呈上升趋势。对比东部、中部和西部各地区普惠金融发展指数的增长率可以发现，2012~2016 年，东部地区的增长率较低，而中西部地区的增长率呈现交替追赶局面，这说明中西部地区普惠金融发展更具有增长的潜力。这可能是因为，东部地区有着良好的经济底蕴，金融服务需求基本上处于饱和状态，而经济欠发达的中西部地区一直受中小微企业和农户融资难等相关问题的困扰，普惠金融在该地区的"生根发芽"弥补了以往金融供给的不足，故普惠金融发展的增长率在中西部地区处于较高的走势。中西部地区普惠金融发展指数的较高增长率会不会带来中西部地区的普惠金融发展水平与东部地区的趋同或者赶超呢？会不会促使普惠金融发展的地区差异逐渐减弱甚至消除呢？本书将在后续的章节中展开深入的讨论。

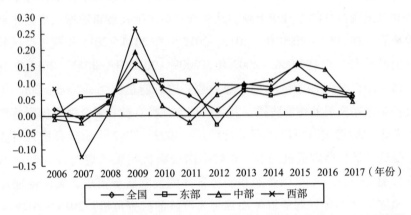

图 4 - 3   2006 ~ 2017 年全国及东中西部地区普惠金融发展指数增长率变化趋势

资料来源：依据测算结果计算得到。

二、八大综合经济区①普惠金融发展测算结果分析

基于前面分析中将全国从地理视角划分（东部、中部和西部）给本书深入研究带来的局限性，这里进一步从经济视角将全国划分为八大综合经济区，以此来全面地阐述普惠金融发展的区域状况。如图 4 - 4 所示，全国及八大综合经济区的普惠金融发展指数在考察期内整体变化大致呈现出逐年上升趋势，并在 2017 年达到最高，这说明我国八大综合经济区的普惠金融发展水平基本是逐年上升的。对比八大综合经济区历年的普惠金融发展指数均值可以发现，2005 ~ 2017 年东北、北部沿海、东部沿海、南部沿海、黄河中游、长江中游、大西南和大西北综合

---

① 八大综合经济区的划分标准为：东北综合经济区包括辽宁、吉林、黑龙江；北部沿海综合经济区包括北京、天津、河北、山东；东部沿海综合经济区包括上海、江苏、浙江；南部沿海经济区包括福建、广东、海南；黄河中游综合经济区包括陕西、山西、河南、内蒙古；长江中游综合经济区包括湖北、湖南、江西、安徽；大西南综合经济区包括云南、贵州、四川、重庆、广西；大西北综合经济区包括甘肃、青海、宁夏、西藏、新疆。

经济区的普惠金融发展指数均值分别为 0.0787、0.1898、0.2579、0.0994、0.0757、0.0609、0.0724 和 0.0896，仅有北部沿海和东部沿海综合经济区的普惠金融发展指数均值超过 0.1，这说明我国整体的普惠金融发展仍处于较低水平，且各综合经济区的普惠金融发展存在明显的地区异质性。对比普惠金融发展指数可以发现，2017 年东北、北部沿海、东部沿海、南部沿海、黄河中游、长江中游、大西南和大西北综合经济区的普惠金融发展指数分别为 0.1329、0.2564、0.3447、0.1521、0.1151、0.0950、0.1045 和 0.1498，这说明现阶段东部沿海综合经济区普惠金融发展水平最高，其次是北部沿海综合经济区，而长江中游综合经济区最低。2005 年，上述八大综合经济区的普惠金融发展指数分别为 0.0597、0.1371、0.1701、0.0663、0.0563、0.0436、0.0491 和 0.0583，2017 年八大综合经济区的普惠金融发展指数较 2005 年分别增加了 0.0732、0.1193、0.1746、0.0858、0.0588、0.0515、0.0554 和 0.0915，相应的增长率达到 122.73%、86.98%、102.68%、129.50%、104.42%、118.07%、112.79% 和 157.07%，可见，整体上普惠金融发展态势十足，东北、南部沿海和大西北综合经济区的普惠金融发展潜力较大。对比 2016 年和 2017 年普惠金融发展指数可以发现，上述八大综合经济区的普惠金融发展指数环比增长速度为 14.04%、4.51%、3.75%、6.24%、0.42%、9.17%、4.67% 和 6.85%，这说明 2017 年增速最快的是东北综合经济区，其次是长江中游综合经济区，而增速最慢的是黄河中游综合经济区。可见，东北和长江中游综合经济区具有较高的增长潜力，而黄河中游综合经济区增长乏力。从环比增速我们还可以发现，普惠金融发展水平较高的北部沿海和东部沿海综合经济区的增速并不是很快，这也为普惠金融发展较为落后地区追赶普惠金融发展较好地区提供了可能，即八大综合经济区的普惠金融发展未来可能会存在收敛现象。从各区域普惠金融发展指数的变化趋势来看，除北部沿海综合经济区在 2011～2012 年、大西北综合经济区在 2006～2007 年出现明显下降外，所有区域在考察期内均呈现出上升趋势，东部沿海综合经济区的普惠金融发展指数一直处于较高水平，其次是北部沿海综合经济区、南部沿海综合经济区、大西北综合经济区，再次是东北综合经济区、黄河中游综合经济区和大西南综合经济区，最后是长江中游综合经济区。由此可见，通过对八大综合经济区的普惠金融发展分析，再次证明我国普惠金融发展地区异质性明显，即存在不协调、不均衡的现象。同时，我们发现，东北、黄河中游和大西南综合经济区的普惠金融发展指数的大小、变化趋势均较为相近，说明这三个综合经济区的普惠金融发展有趋同的态势，即普惠金融发展的地区差异存在减弱和缩小趋势，也就是说八大综合经济区的普惠金融发展可能会存在部分收敛现象。同样，本书将在后续的章节中展开深入的讨论。

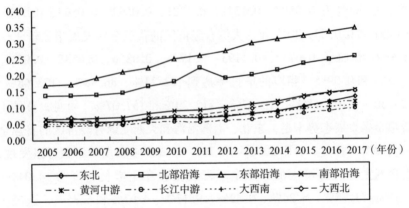

图4-4　2005~2017年八大综合经济区普惠金融发展指数变化趋势

资料来源：笔者测算得到。

从图4-5中可以看出，我国八大综合经济区的普惠金融发展指数增长率并未出现持续的上升或下降。从东北综合经济区普惠金融发展指数的增长率来看，增长率的波动呈现出两个波动周期，在2006~2009年、2011~2015年、2016~2017年呈上升趋势，在2009~2011年和2015~2016年呈下降趋势，并在2006年和2011年出现负增长，在2015年达到最高点。从北部沿海综合经济区普惠金融发展指数的增长率来看，增长率的波动呈现出三个波动周期，在2006~2009年、2010~2011年、

2012～2015 年呈上升趋势，在 2009～2010 年、2011～2012 年和 2015～2017 年呈下降趋势，并在 2012 年出现负增长，在 2011 年达到最高点。从东部沿海综合经济区普惠金融发展指数的增长率来看，增长率的波动呈现出三个波动周期，在 2006～2007 年、2009～2010 年、2011～2013 年呈上升趋势，在 2007～2009 年、2010～2011 年和 2013～2014 年呈下降趋势，并在 2014 年以后增长率变化较为平缓，在 2010 年达到最高点。从南部沿海经济区普惠金融发展指数的增长率来看，增长率的波动呈现出三个波动周期，在 2006～2009 年、2011～2012 年、2014～2015 年呈上升趋势，在 2009～2011 年、2012～2014 年和 2015～2017 年呈下降趋势，并在 2009 年达到最高点。从黄河中游综合经济区普惠金融发展指数的增长率来看，增长率的波动呈现出三个波动周期，在 2006～2009 年、2011～2012 年、2014～2016 年呈上升趋势，在 2009～2011 年、2012～2014 年和 2016～2017 年呈下降趋势，并在 2006 年和 2007 年出现负增长，在 2009 年达到最高点。从长江中游综合经济区普惠金融发展指数的增长率来看，增长率的波动呈现出三个波动周期，在 2006～2007 年、2008～2009 年、2011～2015 年呈上升趋势，在 2007～2008 年、2009～2011 年和 2015～2017 年呈下降趋势，并在 2011 年出现负增长，在 2009 年达到最高点。从大西南综合经济区普惠金融发展指数的增长率来看，增长率的波动呈现出两个波动周期，在 2007～2009 年、2011～2015 年呈上升趋势，在 2006～2007 年、2009～2011 年和 2015～2017 年呈下降趋势，并在 2007 年和 2011 年出现负增长，在 2009 年达到最高点。从大西北综合经济区普惠金融发展指数的增长率来看，增长率的波动呈现出两个波动周期，在 2007～2009 年、2011～2015 年呈上升趋势，在 2006～2007 年、2009～2011 年和 2015～2017 年呈下降趋势，并在 2007 年出现负增长，在 2009 年达到最高点。对比八大综合经济区普惠金融发展指数增长率的变化趋势可以发现，东北和长江中游综合经济区变化趋势较为相近，大西北和大西南综合经济区变化趋势较为相近，南部沿海和黄河中游综合经济区变化趋势较为相近，这说明我国八大综合经济区的普惠金融发展地区差异的演变趋势可能存在相似、相近或趋同的可能，即可能会存在部分收敛现象。值得注意的是，东部沿海和北部沿海综合经济区增长率的变化趋势大致呈反向变动关系，这可能是因为东部沿海综合经济区是多功能制造业中心和外向型经济发展的基地，直接受国际经济形势影响显著，而北部沿海综合经济区是人才、知识以及信息的中心，对经济的反应主要依托产业链条带动，故冲击反应较东部沿海滞后。这也再次佐证了我国八大综合经济区的普惠金融发展地区差异明显，且存在不协调、不均衡的现象。

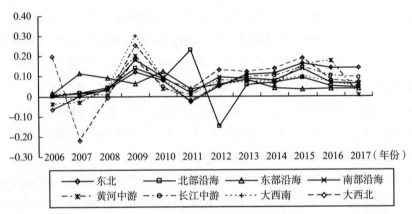

图 4 - 5　2006~2017 年八大综合经济区普惠金融发展指数增长率变化趋势

资料来源：依据测算结果计算得到。

三、省域普惠金融发展测算结果分析

从表 4 - 4 中可以看出，从排名来看，2005 年普惠金融发展指数排名前 5 的省份有上海、北京、天津、浙江和广东，而排名后 5 位的有湖南、江西、安徽、黑龙江、广西，且广西的普惠金融发展指数最小，仅有 0.0312，上海的普惠金融发展指数是广西的 10.30 倍，可见各省份普惠金融发展存在着不平衡现象。2017 年普惠金融发展指数排名前 5 位的省份有上海、北京、天津、浙江和西藏，而排名后 5 位的有湖北、江西、云南、湖南、广西，且广西的普惠金融发展指数仍为最小，仅有

0.0800，上海的普惠金融发展指数是广西的 7.87 倍，可见虽然各省份间普惠金融发展仍存在明显的地区差异，但各省份间普惠金融发展差距正在逐渐缩小。值得注意的是，2017 年西藏一跃成为普惠金融发展第 5 名的省份，较 2005 年的排名上升了 10 名，其普惠金融发展指数的增长率更是达到了 244.92%，这说明西藏的普惠金融发展水平得到了有力的提升，并实现了赶超，这也意味着普惠金融发展较为落后的地区追赶普惠金融发展较好地区是有可能的，即中国各省份的普惠金融发展是存在收敛性的。对比各省份 2017 年普惠金融发展指数的环比增长率可以发现，除山西省出现负增长外，其余省份均实现了正向增长，其增长最快的省份为辽宁，增速达到 19.80%，河北、内蒙古、黑龙江、河南、湖北、湖南、广西这 7 个省份的增速也均超过 10%，但有 10 个省份的增速不超过 5%，这说明我国目前的普惠金融发展增长动力仍然不足。将 2017 年环比增长率和其排名对比可以发现，除辽宁外，其余 7 个增长率超过 10% 的省份均为普惠金融发展水平较低的省份，而普惠金融发展水平较高的省份其环比增速较慢，可见，普惠金融发展较为落后的地区在普惠金融的发展方面更具有成长潜力，省份的普惠金融成长潜力与普惠金融发展水平呈现出反向相关关系。

表 4 - 4　　　2005 年和 2017 年各省份普惠金融发展指数及其排名

2005 年						2017 年					
省份	IFI	排名	省份	IFI	排名	省份	IFI	排名	省份	IFI	排名
北京	0.2699	2	湖北	0.0501	21	北京	0.5015	2	湖北	0.0995	27
天津	0.1616	3	湖南	0.0421	27	天津	0.2899	3	湖南	0.0803	30
河北	0.0499	22	广东	0.0877	5	河北	0.1143	20	广东	0.1812	8
山西	0.0639	12	广西	0.0312	31	山西	0.1317	13	广西	0.0800	31
内蒙古	0.0447	26	海南	0.0581	14	内蒙古	0.1145	19	海南	0.1450	11
辽宁	0.0804	7	重庆	0.0681	9	辽宁	0.1900	6	重庆	0.1294	15
吉林	0.0591	13	四川	0.0511	19	吉林	0.1084	22	四川	0.1140	21
黑龙江	0.0395	30	贵州	0.0481	24	黑龙江	0.1002	25	贵州	0.1040	23

续表

2005 年						2017 年					
省份	IFI	排名	省份	IFI	排名	省份	IFI	排名	省份	IFI	排名
上海	0.3214	1	云南	0.0470	25	上海	0.6292	1	云南	0.0950	29
江苏	0.0847	6	西藏	0.0574	15	江苏	0.1872	7	西藏	0.1981	5
浙江	0.1041	4	陕西	0.0656	11	浙江	0.2177	4	陕西	0.1145	18
安徽	0.0403	29	甘肃	0.0554	17	安徽	0.1039	24	甘肃	0.1462	10
福建	0.0530	18	青海	0.0554	16	福建	0.1302	14	青海	0.1507	9
江西	0.0419	28	宁夏	0.0738	8	江西	0.0965	28	宁夏	0.1392	12
山东	0.0671	10	新疆	0.0493	23	山东	0.1199	16	新疆	0.1150	17
河南	0.0509	20				河南	0.0995	26			

资料来源：笔者测算得到。

如表 4 - 5 所示，通过对比全国 31 个省份 2005～2017 年的普惠金融发展指数平均值分布，我们发现，仅有 8 个省份包括上海、北京、天津、浙江、江苏、广东、辽宁、西藏的普惠金融发展指数均值大于0.1，其中，有 7 个省份属于东部地区，且省份间的均值水平差距明显，这说明我国各省份的普惠金融发展均处于较低的水平，省份间的普惠金融发展差异明显，并且存在不协调不均衡现象。进一步对比全国 31 个省份 2005～2017 年的普惠金融发展指数的变化幅度情况，我们也不难发现，从 2005～2017 年期间的各省份普惠金融发展取得了显著的成效，变化幅度的平均值超过了 120%，变化幅度超过 100% 的省份达到了 20个，其中，包括西部地区 9 个（西藏、青海、甘肃、广西、内蒙古、新疆、四川、贵州、云南）、中部地区 4 个（安徽、黑龙江、江西、山西）、东部地区 7 个（海南、福建、辽宁、河北、江苏、浙江、广东），这也为近些年西部地区缓解中小企业融资难问题提供了佐证。从变化幅度排名前 3 位的省份分别是西藏（244.92%）、青海（172.02%）、甘肃（163.83%），我们也不难看出，它们均属于西部地区，由此可见，近年来我国普惠金融政策在西部地区实施得相对较好。

表 4 - 5 2005~2017 年各省份普惠金融发展指数平均值及变化幅度

地区	平均值	平均值排名	变化幅度(%)	变化幅度排名	地区	平均值	平均值排名	变化幅度(%)	变化幅度排名
北京	0.3853	2	85.78	27	湖北	0.0650	25	98.58	21
天津	0.2197	3	79.41	29	湖南	0.0521	30	90.81	24
河北	0.0708	21	128.94	13	广东	0.1221	6	106.46	18
山西	0.0955	10	106.19	19	广西	0.0482	31	156.64	5
内蒙古	0.0626	27	155.89	6	海南	0.0901	13	149.57	8
辽宁	0.1084	7	136.45	10	重庆	0.0965	9	89.88	25
吉林	0.0687	22	83.37	28	四川	0.0796	18	123.04	14
黑龙江	0.0591	28	153.72	7	贵州	0.0666	24	116.33	16
上海	0.4908	1	95.80	22	云南	0.0709	20	102.15	20
江苏	0.1224	5	120.92	15	西藏	0.1009	8	244.92	1
浙江	0.1605	4	109.07	17	陕西	0.0799	17	74.46	31
安徽	0.0675	23	157.85	4	甘肃	0.0904	12	163.83	3
福建	0.0860	15	145.66	9	青海	0.0900	14	172.02	2
江西	0.0590	29	130.53	12	宁夏	0.0944	11	88.51	26
山东	0.0836	16	78.75	30	新疆	0.0722	19	133.06	11
河南	0.0649	26	95.62	23					

资料来源：依据测算结果计算得到。

第四节 本章小结

本章根据普惠金融的内涵以及专家学者对普惠金融发展指数构建的经验，从金融服务渗透性、金融服务可获得性以及金融服务使用效用性来构建中国普惠金融发展指数，并采用标准欧式距离法进行测度。通过对普惠金融发展测算结果的分析,从整体、区域以及省域上全面了解我国普惠金融发展的状况和变化趋势。

测算结果分析表明,从整体上来看,虽然普惠金融政策实施以来,逐渐受到各地区的关注与重视,各地区普惠金融发展水平均逐年提升,但我国普惠金融发展水平仍处于较低阶段,各地区普惠金融发展存在明显的地区异质性,区域间普惠金融发展仍存在不协调、不均衡的现象。从东中西三大区域来看,东部地区普惠金融发展水平最高,而中西部地区普惠金融发展水平较低,中西部地区普惠金融发展水平较低是造成我国普惠金融发展水平较低的重要原因。但中西部地区普惠金融发展潜力较大,具有较高的增长率。从八大综合经济区来看,八大综合经济区的普惠金融发展区域差异明显,并存在显著的不协调、不均衡的现象。东北和长江中游综合经济区环比增速较快,而黄河中游综合经济区环比增速最慢,可见东北和长江中游综合经济区普惠金融发展具有较高的增长潜力,而黄河中游综合经济区普惠金融发展增长乏力。从各省份来看,虽然各省份间普惠金融发展仍存在不平衡现象,但各省份间普惠金融发展的差距正在逐渐缩小,且普惠金融发展较为落后的地区在普惠金融的发展方面更具有成长的潜力性,该省份的普惠金融成长潜力与普惠金融发展水平呈现出反向相关关系。

第五章

中国普惠金融发展区域
差异综合评价

　　地区差异主要是由地区间在资源禀赋、经济发展以及要素配置等方面不同造成的，在一定条件下也可能会存在相互转化。综合评价普惠金融发展的地区差异，是准确把握我国普惠金融发展状况的重要前提，也是实现普惠金融可持续发展的必要条件。如前面所言，我国普惠金融发展在考察期内表现出明显的地区异质性，但前面分析中仅是简单给出了我国普惠金融发展的状况和变化趋势，并不能详细地说明我国普惠金融发展地区差异的总体程度、地区间以及地区内部普惠金融发展的差异大小，或者是这些差异的存在对我国普惠金融发展总体差异的影响程度。基于此，本书在此部分采用加权平均离差法、变异系数法、基尼系数法和泰尔指数法来进一步深入分析我国普惠金融发展的地区差异，以期更加科学、全面和有效地挖掘普惠金融发展区域差异背后的根源。

第一节　加权平均离差法

一、方法介绍

　　为了能更好地反映出各地区间普惠金融发展差异的总体趋势，本书采用加权平均离差法进行衡量。加权平均离差法主要用来分析样本观察值的离散趋势，它是建立在平均离差系数基础之上的，其计算公式为：

$$D = \sum_{i=1}^{n} \left| \frac{IFI_i - \overline{IFI}}{\overline{IFI}} \right| \times \frac{P_i}{P} \tag{5.1}$$

其中，D 为加权平均离差，IFI_i 为 i 地区普惠金融发展指数，$\overline{IFI}$ 为各地区普惠金融发展指数的平均值，n 为样本量，P_i 为 i 地区金融业增加值，P 为全国金融增加值。

二、结果分析

（一）全国及东部、中部和西部结果分析

从图 5-1 可以看出，从加权平均离差值的变化趋势来看，2005~2017 年全国和东部地区的加权平均离差值总体上呈现波动下降态势，且变化趋势趋同，在 2005~2011 年呈 "W" 形，而 2012~2015 年呈持续下降态势，2016~2017 年呈小幅上升趋势，这说明自 2012 年以来，全国和东部地区的普惠金融发展地区差异程度在逐渐缩小，到了 2016 年以后，普惠金融发展地区差异程度略微扩大，但总体呈缩小趋势；中部和西部地区的加权平均离差值总体上较为平稳，且变化趋势趋同，在 2005~2014 年呈略微上浮趋势，而 2015~2017 年呈基本持平趋势，这说明中部和西部地区的普惠金融发展的地区差异程度变化较为稳定。从区域差异水平来看，2005~2017 年全国、东部、中部和西部地区的加权平均离差值分别处于 0.5985~0.7671、0.4825~0.6764、0.0381~0.0713 和 0.0358~0.0574 之间，且 2005~2017 年全国、东部、中部和西部地区的加权平均离差值的均值分别为 0.6781、0.5776、0.0545 和 0.0459，不难发现，三大区域中的东部地区的加权平均离差值最大，其次是中部地区，最后是西部地区，且中部和西部地区的加权平均离差值大小相近，这说明东部地区普惠金融发展的地区差异程度较大，而中部

和西部地区普惠金融发展的地区差异程度相对较弱且相近。这可能是因为，东部地区经济较为发达，金融资源较为丰富，但各金融机构对金融资源的竞争也更加激烈，这就造成东部地区的金融资源分布非均衡性较为突出，引致该地区普惠金融发展差异性明显。2005年全国、东部、中部和西部地区的加权平均离差值分别为0.7596、0.6764、0.0404和0.0428，而2017年全国、东部、中部和西部地区的加权平均离差值分别为0.6158、0.4871、0.0713和0.0574，与2005年相比，全国和东部地区均分别下降了0.1438和0.1893，而中部和西部地区均分别上升了0.0309和0.0145，这说明，全国和东部地区的普惠金融发展的地区差异程度有所下降，而中部和西部地区的普惠金融发展地区差异程度有所上升，即全国和东部地区的普惠金融发展均衡程度均得到了有效改善，而中部和西部地区的普惠金融发展非均衡程度有所拉大。可见，在普惠金融发展过程中，东部地区均衡性发展意识有所增强，而中部和西部地区，迫于经济发展压力，可能采用以点带面等的刺激手段，这就造成辖区内普惠金融发展的地区差异有所扩大。

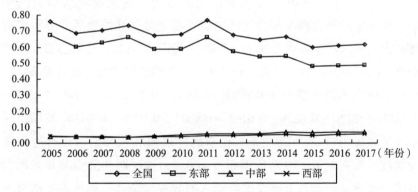

图 5 - 1 2005 ~ 2017 年全国及东中西部地区的加权平均离差值

资料来源：依据测算结果计算得到。

（二）八大综合经济区结果分析

从图5-2可以发现，从加权平均离差值的变化趋势来看，东北综合经济区在 2005 ~ 2017 年的变化趋势大致呈现为双"M"形波动上升，并在 2017 年达到最高点，这说明现阶段东北综合经济区的普惠金融发展地区差异程度有所增强。北部沿海综合经济区在 2005 ~ 2011 年呈"W"形，在 2011 ~ 2017 年呈平稳下降趋势；东部沿海综合经济区在 2005 ~ 2008 年呈"V"形，在 2008 ~ 2017 年呈平稳下降趋势，这说明现阶段北部沿海和东部沿海综合经济区的普惠金融发展地区差异程度有所减弱。南部沿海综合经济区在 2005 ~ 2012 年呈"W"形，在 2012 ~ 2015 年呈"U"形，在 2015 ~ 2017 年呈"V"形；大西北综合经济区在 2005 ~ 2008 年呈"N"形，在 2008 ~ 2014 年呈双"U"形，在 2014 ~ 2017 年呈"V"形，这说明现阶段南部沿海和大西北综合经济区的普惠金融发展地区差异程度有所增强。黄河中游综合经济区在 2005 ~ 2008 年较为平稳，在 2008 ~ 2014 年呈"N"形，在 2014 ~ 2017 年呈"V"形小幅变动；长江中游综合经济区在 2005 ~ 2006 年较为平稳，在 2006 ~ 2009 年呈"U"形，在 2009 ~ 2014 年呈波动上升态势，在 2014 ~ 2017 年呈"V"形小幅变动；大西南综合经济区在 2005 ~ 2011 年呈"U"形，在 2011 ~ 2017 年呈波动上升态势，这说明现阶段黄河中游、长江中游和大西南综合经济区的普惠金融发展的地区差异程度有所扩大。从区域差异水平来看，2005 ~ 2017 年东北、北部沿海、东部沿海、南部沿海、黄河中游、长江中游、大西南和大西北综合经济区的加权平均离差值分别处于 0.0064 ~ 0.0141、0.1952 ~ 0.3296、0.2607 ~ 0.3729、0.0120 ~ 0.0259、0.0163 ~ 0.0311、0.0209 ~ 0.0438、0.0221 ~ 0.0417 和 0.0040 ~ 0.0078 之间，仅有北部沿海和东部沿海综合经济区的加权平均离差值的波动范围超过了 0.1，这说明北部沿海和东部沿海综合经济区的普惠金融发展的地区差异程度最高，地区不平衡程度最为突出。从八大综合经济区加权平均离差值的平均值来看，其平均值分别为 0.0108、0.2449、0.3130、0.0177、0.0238、0.0319、0.0299 和 0.0062，这说明东部沿海和北部沿海综合经济区的普惠金融发展地区差异程度最高，其次是长江中游、大西南和黄河中游综合经济区，再次是南部沿海和东北综合经济区，而大西北综合经济区的普惠金融发展地区差异程度最低。从这也可以看出，北部沿海和东部沿海综合经济区的普惠金融发展不但水平高，而且区域差异较为明显，折射出两大沿海综合经济区普惠金融协调发展状况堪忧的隐患。2005 年，八大综合经济区的加权平均离差值分别为 0.0064、0.3242、0.3297、0.0210、0.0165、0.0247、0.0306 和 0.0066，而 2017 年八大综合经济区的加权平均离差值分别为 0.0141、0.1952、0.2679、0.0189、0.0292、0.0438、0.0417 和 0.0049，与 2005 年相比，除东北、黄河中游、长江中游和大西南综合经济区分别上升了 0.0078、0.0128、0.0191 和 0.0111 外，北部沿海、东部沿海、南部沿海和大西北综合经济区分别下降了 0.1290、0.0618、0.0021 和 0.0017，这说明，除东北、黄河中游、长江中游和大西南综合经济区外，其他综合经济区的普惠金融发展地区差异程度均有所降低，即北部沿海、东部沿海、南部沿海和大西北综合经济区地区均衡程度得到了一定程度的改善。

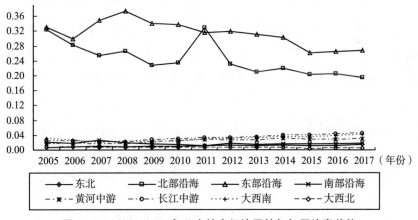

图 5 - 2　2005~2017 年八大综合经济区的加权平均离差值

资料来源：依据测算结果计算得到。

第二节　变异系数法

一、方法介绍

对于综合差异的衡量，变异系数法也是较为常用的方法之一。为了保证前述结果的稳健性，本书进一步采用变异系数法对其进行衡量。变异系数又称标准差系数，是标准差与均值的比。它是建立在标准差基础之上，用来描述指标的离散程度，并在考虑每组样本基数差异性的基础上，采用比值的方法剔除样本基数差异的影响。其具体计算公式为：

$$CV = \frac{\sigma}{\overline{IFI}} = \frac{1}{\overline{IFI}} \sqrt{\sum_{i=1}^{n} \frac{(IFI_i - \overline{IFI})^2}{n}} \tag{5.2}$$

其中，CV 为变异系数，σ 为标准差，IFI_i 为 i 地区普惠金融发展指数，$\overline{IFI}$ 为各地区普惠金融发展指数的平均值，n 为样本量。CV 越大，则说明地区间普惠金融发展的差异程度越大，普惠金融发展越不均衡；反之，则说明地区间普惠金融发展的差异程度越小，普惠金融发展越均衡。

二、结果分析

（一）全国及东部、中部和西部结果分析

从图 5 – 3 可以看出，从变异系数的变化趋势来看，2005 ~ 2017 年全国、东部、中部和西部地区的变异系数呈现波动态势，其中全国和东部地区的变异系数变化基本趋同，且总体呈波动下降趋势，在 2005 ~ 2012 年呈 "M" 形，而 2013 年以后呈持续下降趋势，这说明自 2013 年以来，全国和东部地区的普惠金融发展地区差异程度在逐渐缩小，普惠

金融区域发展更加均衡；中部地区在 2005～2013 年呈窄幅波动上升趋势，而在 2014～2017 年呈倒 "V" 形，这说明 2005～2013 年中部地区普惠金融发展的地区差异程度变化较为稳定，而到 2017 年普惠金融发展的地区差异程度有明显下降；西部地区在 2005～2009 年呈 "M" 形，但在 2010～2017 年呈窄幅上升趋势，这说明现阶段西部地区普惠金融发展的地区差异程度有所增加。从区域差异水平来看，2005～2017 年全国、东部、中部和西部地区的变异系数分别处于 0.7269～1.0503、0.6832～0.9126、0.1400～0.2671 和 0.1919～0.3918 之间，且 2005～2017 年全国、东部、中部和西部地区的变异系数平均值分别为 0.8753、0.7916、0.2018 和 0.2320，可以发现，三大区域中的东部地区的变异系数最大，其次是西部地区，最后是中部地区，且中部和西部地区的变异系数大小相近，这说明东部地区普惠金融发展的地区差异程度较大，而中部和西部地区普惠金融发展的地区差异程度较为相近。2005 年全国、东部、中部和西部地区的变异系数分别为 0.8322、0.7573、0.1895 和 0.2140，而 2017 年全国、东部、中部和西部地区的变异系数分别为 0.7269、0.6832、0.1400 和 0.2469，与 2005 年相比，除西部地区上升了 0.0328 外，全国、东部和中部地区均分别下降了 0.1053、0.0741 和 0.0496，这说明除西部地区外，全国、东部和中部地区的普惠金融发展地区差异程度均有所降低，即全国、东部和中部地区的普惠金融发展地区均衡程度得到了一定程度的改善。① 这可能是因为，西部地区经济较为落后，金融机构大多扮演着 "第二财政" 的角色，这就导致西部地区的普惠金融发展也多倾向于政府政策目标的实现，而忽略了那些真正有金融服务诉求的普惠金融客户，进而造成西部地区普惠金融发展地区差异的扩大。

---

① 变异系数法下测算的中部地区普惠金融发展的均衡程度是有所改善的，而加权平均离差法下测算的结果是与其相悖的，但在后续的基尼系数法和泰尔指数法下测算的结果仍然与变异系数法所测结果吻合，故本书在这里得到的观点仍然是认为中部地区普惠金融发展的均衡程度是有所改善的。

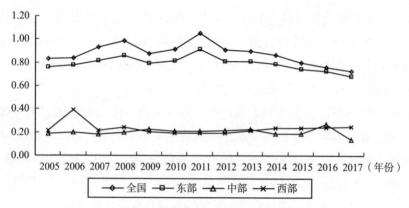

图 5 - 3 2005~2017 年全国及东中西部地区的变异系数

资料来源：依据测算结果计算得到。

（二）八大综合经济区结果分析

从图 5 - 4 可以看出，从变异系数的变化趋势来看，东北综合经济区在 2005~2017 年的变化趋势大致呈现双"W"形，而大西北综合经济区在 2005~2007 年呈倒"V"形，在 2007~2014 年呈现"U"形，在 2014~2017 年呈正"V"形，这说明现阶段东北和大西北综合经济区的普惠金融发展地区差异程度有所增强。北部沿海综合经济区在考察中期呈现倒"V"形，且 2015~2017 年呈平稳下降趋势，这说明现阶段北部沿海综合经济区的普惠金融发展地区差异程度有所减弱。东部沿海综合经济区在 2005~2012 年呈"M"形，在 2012~2017 年呈倒"V"形；黄河中游综合经济区在考察期内基本呈现双"M"形，并在 2017 年达到最低点；长江中游综合经济区在 2005~2012 年呈"M"形，2012~2017 年呈倒"U"形；大西南综合经济区在 2005~2009 年呈"M"形，在 2010~2014 年呈倒"U"形，并在 2014 年以后呈持续下降趋势，这说明现阶段东部沿海、黄河中游、长江中游和大西南综合经济区的普惠金融发展地区差异程度得到明显的减弱。南部沿海综合经济区在 2005~2012 年内呈"W"形，2012~2016 年呈波动下降态势，并在 2017 年小幅上涨，这说明现阶段南部沿海综合经济区的普惠金融发展地区差异程度有小幅度增强。从区域差异水平来看，2005～2017 年东北、北部沿海、东部沿海、南部沿海、黄河中游、长江中游、大西南和大西北综合经济区的变异系数分别处于 0.2652～0.3736、0.7121～0.9745、0.7161～0.8497、0.1599～0.2880、0.1143～0.2375、0.1014～0.1450、0.1790～0.3305 和 0.1034～0.4325 之间，仅有北部沿海和东部沿海综合经济区的变异系数波动范围超过了 0.7，这也说明北部沿海和东部沿海综合经济区的普惠金融发展地区差异程度最高，即地区差异最为突出。从八大综合经济区普惠金融发展的变异系数的平均值来看，其平均值分别为 0.3371、0.7728、0.7903、0.2119、0.2121、0.1225、0.2580 和 0.1687，这说明北部沿海和东部沿海综合经济区的普惠金融发展地区差异程度最高，其次是东北综合经济区，再次是南部沿海、黄河中游和大西南综合经济区，而长江中游和大西北综合经济区的普惠金融发展地区差异程度最低。也就是说，北部沿海和东部沿海综合经济区的普惠金融发展不但水平高，而且地区差异较为明显，折射出两大沿海综合经济区普惠金融协调发展状况堪忧的隐患。2005 年，八大综合经济区的变异系数分别为 0.3424、0.7382、0.7724、0.2829、0.1798、0.1014、0.2681 和 0.1581，而 2017 年八大综合经济区的变异系数分别为 0.3736、0.7121、0.7161、0.1722、0.1143、0.1082、0.1790 和 0.2021，与 2005 年相比，除东北、长江中游和大西北综合经济区分别上升了 0.0311、0.0068 和 0.0441 外，北部沿海、东部沿海、南部沿海、黄河中游和大西南综合经济区分别下降了 0.0261、0.0563、0.1107、0.0656 和 0.0891，这说明，除东北、长江中游和大西北综合经济区外，其他综合经济区的普惠金融发展地区差异程度均有所降低，即北部沿海、东部沿海、南部沿海、黄河中游和大西南综合经济区地区均衡程度得到了一定程度的改善。

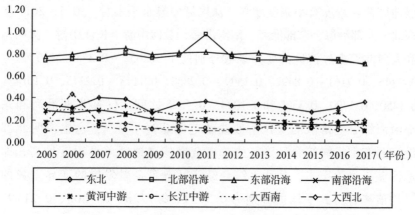

图 5 - 4   2005 ~ 2017 年八大综合经济区的变异系数

资料来源：依据测算结果计算得到。

第三节   基尼系数法

一、方法介绍

前述两种方法均是从总体上反映普惠金融发展的地区差异程度，为了更好地解析普惠金融发展的地区差异，本书将继续从地区内部以及地区间进行观察，因此选择基尼系数法对普惠金融发展的地区差异进行测量。基尼系数又被称为洛伦茨系数，是建立在洛伦茨曲线基础上的，也是国际上公认衡量经济发展差异的重要方法。一般来讲，基尼系数被分为五档，若低于 0.2，表示普惠金融发展高度均衡；若在 0.2 到 0.29 之间，表示普惠金融发展比较均衡；若在 0.3 到 0.39 之间，表示普惠金融发展相对合理；若在 0.4 到 0.59 之间，表示普惠金融发展地区差异较大；若在 0.6 以上，表示普惠金融发展地区差异悬殊。其具体计算公式如下：

$$\Delta = \sum_{i=1}^{n} \sum_{j=1}^{n} \frac{|IFI_i - IFI_j|}{n^2}, \quad 0 \leqslant \Delta \leqslant 2u \quad (5.3)$$

$$u = \frac{\sum_{i=1}^{n} IFI_i}{n} \quad (5.4)$$

式 (5.3) 中，Δ 是基尼平均差，$|IFI_i - IFI_j|$ 是任何一对普惠金融发展指数差的绝对值，n 是样本量，即地区数量，u 是普惠金融发展指数的平均值。

定义：
$$gini = \frac{\Delta}{2u}, \quad 0 \leqslant G \leqslant 1 \quad (5.5)$$

由式 (5.3)、式 (5.4) 和式 (5.5) 可得出基尼系数的计算公式为：

$$gini = \frac{1}{2n^2 u} \sum_{i=1}^{n} \sum_{j=1}^{n} |IFI_i - IFI_j| \quad (5.6)$$

在求出上述基尼系数之后，可将基尼系数进一步分解为组内差异、组间差异及剩余项三个部分，便于具体考察区域内部差异和区域之间差异对整体差异的单独贡献，具体的计算公式如下：

$$gini = \sum_{g=1}^{G} \phi_g \varphi_g gini_g + \overline{gini} + R \quad (5.7)$$

式 (5.7) 中，按照一定的标准将所有地区划分为 G 个组，ϕ_g 和 φ_g 分别表示第 g 组包含的地区数占地区总数的比例和普惠金融指数均值与总体普惠金融指数均值的比值，$gini_g$ 表示第 g 组的基尼系数，$\sum_{g=1}^{G} \phi_g \varphi_g gini_g$ 表示组内差距，$\overline{gini}$ 表示组间差距，R 为剩余项。

二、结果分析

(一) 全国及东中西三大区域差异测度及分解

从图 5 - 5 可以看出，从基尼系数的变化趋势来看，2005 ~ 2017 年全国、东部、中部和西部地区的基尼系数呈现波动态势，其中，全国和

东部地区的基尼系数变化基本趋同，且总体呈波动下降趋势，在 2005~
2011 年呈波动上升趋势，而 2012 年以后呈持续下降趋势，这说明在
2005~2011 年全国和东部地区的普惠金融发展的地区差异程度加剧，
而自 2012 年以来，全国和东部地区普惠金融发展更趋合理化，普惠金
融发展地区差异程度相对更为平衡；中部地区在 2005~2017 年呈波动
式下降态势，且 2005~2016 年波动幅度较小，这说明 2005~2017 年中
部地区普惠金融发展地区差异变化程度较平滑；西部地区在 2005~
2009 年呈 "M" 形，但在 2010~2014 年呈上升趋势，在 2015~2017 年
基本呈平缓趋势，这说明在 2010~2014 年西部地区普惠金融发展的地
区差异程度加剧，而在 2015~2017 年，地区差异程度保持不变。从区
域差异水平来看，2005~2017 年全国、东部、中部和西部地区的基尼
系数分别处于 0.2878~0.3743、0.3181~0.4112、0.0660~0.1123 和
0.1025~0.1819 之间，仅东部地区 2011 年的基尼系数超过了 0.4，这
说明整体上我国的普惠金融发展相对均衡。2005~2017 年全国、东部、
中部和西部地区的基尼系数的平均值分别为 0.3310、0.3659、0.0935
和 0.1215，均未达到 0.4 警戒线，这也印证了上述我国普惠金融发展相
对均衡的结论，且三大区域中的东部地区的基尼系数最大，其次是西部

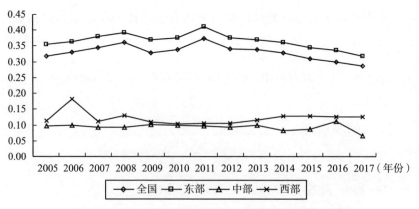

图 5-5　2005~2017 年全国及东中西部地区的基尼系数

资料来源：依据测算结果计算得到。

地区，最后是中部地区，这说明与中部和西部地区相比，东部地区各省份的普惠金融发展地区差异程度较高。2005 年全国、东部、中部和西部地区的基尼系数分别为 0.3184、0.3556、0.0967 和 0.1132，而 2017年全国、东部、中部和西部地区的基尼系数分别为 0.2878、0.3181、0.0660 和 0.1259，与 2005 年相比，分别下降了 0.0306、0.0375、0.0307和 - 0.0127，这说明，除西部地区外，全国、东部和中部地区的普惠金融发展地区差异程度均有所降低，即全国、东部和中部地区的普惠金融发展的地区均衡程度得到了一定程度的改善。

从表 5 - 1 可以看出，第一，从东中西三大区域来看，东部地区差异对总体差异的平均贡献率最高，为 22.36%，其次是西部地区，为3.97%，最后是中部地区，为 1.14%，这说明东部地区普惠金融发展的地区差异是造成总体差异的主要原因。可见，东部地区在普惠金融发展过程中应进一步注重均衡化发展，以缩小各地区差异。第二，从组内差异和组间差异来看，2005 ~ 2017 年组间差异明显高于组内差异，组间差异对总体差异的平均贡献率为 68.19%，而组内差异对总体差异的平均贡献率为 27.47%，剩余部分为 4.34%，这说明普惠金融发展的地区差异主要体现在组间差异上，即东部、中部和西部地区之间的差异是导致我国普惠金融发展地区异质性明显的主要原因。因此，在未来的普惠金融发展中，应更加注重普惠金融在各地区间的协调、协同以及均衡化发展，在考虑到各地区特色的基础上，通过金融价值链、金融平台、数字金融、品牌金融等方式的运用，不断缩小三大区域之间的普惠金融发展差异，以实现普惠金融的均衡化发展。第三，不论是三大区域差异贡献率还是组内、组间差异贡献率，均存在一定的波动性，但波动幅度不大，且总体较为平稳，这说明上述分析结果较为稳健，即东部、中部和西部地区之间的普惠金融发展地区差异是造成我国普惠金融发展不平衡的主要原因，且东部地区的普惠金融发展地区差异对总体差异贡献最大。

表 5 - 1　　　　　　　　　东中西三大区域基尼系数分解

年份	东部	中部	西部	组内差异	组间差异	剩余
2005	0.2234	0.0128	0.0376	0.2738	0.6788	0.0474
2006	0.2155	0.0123	0.0616	0.2894	0.6355	0.0751
2007	0.2292	0.0108	0.0319	0.2719	0.6911	0.0371
2008	0.2302	0.0103	0.0344	0.2749	0.6803	0.0448
2009	0.2279	0.0127	0.0346	0.2752	0.6794	0.0454
2010	0.2289	0.0114	0.0314	0.2716	0.6958	0.0326
2011	0.2360	0.0094	0.0274	0.2728	0.7000	0.0272
2012	0.2267	0.0103	0.0326	0.2696	0.6985	0.0319
2013	0.2235	0.0112	0.0369	0.2716	0.6939	0.0345
2014	0.2214	0.0098	0.0426	0.2738	0.6907	0.0355
2015	0.2178	0.0112	0.0471	0.2761	0.6806	0.0430
2016	0.2148	0.0160	0.0478	0.2785	0.6540	0.0674
2017	0.2112	0.0097	0.0506	0.2714	0.6860	0.0426
均值	0.2236	0.0114	0.0397	0.2747	0.6819	0.0434

资料来源：依据测算结果计算得到。

（二）八大综合经济区差异测度及分解

从图 5 - 6 可以看出，从基尼系数的变化趋势来看，东北综合经济区在 2005～2017 年的变化趋势大致呈现双"W"形，而大西北综合经济区在 2005～2007 年呈倒"V"形，在 2008～2017 年呈现"W"形，这说明现阶段东北和大西北综合经济区的普惠金融发展的地区差异程度有所增强。北部沿海和大西南综合经济区在考察期内呈现倒"V"形，并在 2012 年之后呈现下降趋势，这说明现阶段北部沿海和大西南综合经济区的普惠金融发展的地区差异程度有所减弱。东部沿海综合经济区在 2005～2008 年呈持续上涨趋势，在 2009～2017 年呈波动下降态势，这说明现阶段东部沿海综合经济区的普惠金融发展的地区差异程度有所减弱。南部沿海综合经济区在 2005～2013 年呈持续下降趋势，2014～2017 年上涨趋势平缓，这说明现阶段南部沿海综合经济区的普惠金融发展的地区差异程度有小幅度增强。黄河中游综合经济区在考察期内呈现双"M"形，并在 2017 年达到最低点，而长江中游综合经济区在 2005～2012 年呈"M"形，2012～2017 年呈倒"U"形，这说明现阶段黄河中游和长江中游综合经济区普惠金融发展的地区差异程度得到明显的改善。从区域差异水平来看，2005～2017 年东北、北部沿海、东部沿海、南部沿海、黄河中游、长江中游、大西南和大西北综合经济区的基尼系数分别处于 0.1122～0.1762、0.3264～0.4332、0.2850～0.3423、0.0689～0.1164、0.0524～0.1364、0.0426～0.0639、0.0901～0.1649 和 0.0504～0.1920 之间，仅北部沿海综合经济区 2011 年的基尼系数超过了 0.4，且 2005～2017 年八大综合经济区的基尼系数的平均值分别为 0.1408、0.3554、0.3194、0.0858、0.0993、0.0564、0.1267 和 0.0797，均未达到 0.4 警戒线，这说明整体上我国的普惠金融发展相对平衡，但北部沿海和东部沿海综合经济区的普惠金融发展地区差异程度最强，其次是东北和大西南综合经济区，而南部沿海、黄河中游、长江中游和大西北综合经济区的普惠金融发展的地区差异程度最低。2005 年，八大综合经济区的基尼系数分别为 0.1521、0.3439、0.3092、0.1164、0.0840、0.0426、0.1271 和 0.0701，而 2017 年八大综合经济区的基尼系数分别为 0.1501、0.3246、0.2850、0.0744、0.0524、0.0485、0.0901 和 0.0949，与 2005 年相比，除长江中游和大西北综合经济区分别上升了 0.0059 和 0.0248 外，东北、北部沿海、东部沿海、南部沿海、黄河中游和大西南综合经济区分别下降了 0.0020、0.0193、0.0242、0.0420、0.0316 和 0.0370，这说明，除长江中游和大西北综合经济区外，其他综合经济区的普惠金融发展地区差异程度均有所降低，即东北、北部沿海、东部沿海、南部沿海、黄河中游和大西南综合经济区地区均衡程度得到了一定程度的改善。

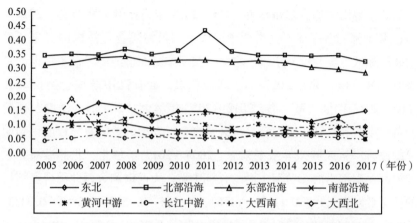

图 5 - 6 2005 ~ 2017 年八大综合经济区普惠金融发展的基尼系数

资料来源：依据测算结果计算得到。

从表 5 - 2、表 5 - 3 可以看出，第一，从八大综合经济区来看，东北、北部沿海、东部沿海、南部沿海、黄河中游、长江中游、大西南和大西北综合经济区的普惠金融发展的地区差异对总体差异的平均贡献率分别为 0.29%、3.11%、2.13%、0.22%、0.34%、0.16%、0.65% 和 0.52%，差异贡献率较低，这说明八大综合经济区的普惠金融发展地区差异并不是造成总体差异的主要原因。第二，从组内差异和组间差异来看，2005 ~ 2017 年组间差异明显高于组内差异，组间差异对总体差异的平均贡献率为 81.20%，而组内差异对总体差异的平均贡献率为 7.41%，剩余部分为 11.39%，这说明普惠金融发展的地区差异主要体现在组间差异上，即八大综合经济区之间的差异是导致普惠金融发展地区异质性显著的主要原因。第三，与东中西三大区域分组相比，八大综合经济区分组的组间差异对总差异的平均贡献更大，组间差异贡献率上升 13.01%，组内差异贡献率下降 20.06%，剩余贡献率上升 7.05%，这说明与东中西三大区域相比，八大综合经济区域之间的普惠金融发展的地区差异是导致中国普惠金融发展地区差异的主要原因。第四，不论是八大综合经济区地区差异贡献率还是组内、组间差异贡献率，均存在一定的波动性，但波动幅度不大，且总体较为平稳，这说明上述分析结果是较为稳健的。

表 5 - 2 八大综合经济区基尼系数分解（一）

年份	东北	北部沿海	东部沿海	南部沿海	黄河中游	长江中游	大西南	大西北
2005	0.0035	0.0322	0.0202	0.0030	0.0032	0.0013	0.0067	0.0044
2006	0.0028	0.0308	0.0200	0.0026	0.0033	0.0015	0.0070	0.0135
2007	0.0034	0.0302	0.0225	0.0026	0.0029	0.0018	0.0064	0.0040
2008	0.0031	0.0303	0.0229	0.0023	0.0037	0.0013	0.0074	0.0038
2009	0.0022	0.0313	0.0219	0.0021	0.0048	0.0016	0.0074	0.0034
2010	0.0028	0.0313	0.0223	0.0019	0.0037	0.0018	0.0069	0.0028
2011	0.0023	0.0394	0.0197	0.0017	0.0028	0.0014	0.0061	0.0025
2012	0.0024	0.0301	0.0220	0.0020	0.0029	0.0013	0.0068	0.003
2013	0.0026	0.0286	0.0226	0.0018	0.0034	0.0016	0.0067	0.0041
2014	0.0024	0.0293	0.0219	0.0018	0.0030	0.0017	0.0066	0.0055
2015	0.0024	0.0304	0.0208	0.0020	0.0034	0.0018	0.0058	0.0055
2016	0.0032	0.0307	0.0201	0.0020	0.0051	0.0017	0.0054	0.0071
2017	0.0040	0.0297	0.0197	0.0023	0.0022	0.0016	0.0052	0.0079
均值	0.0029	0.0311	0.0213	0.0022	0.0034	0.0016	0.0065	0.0052

资料来源：依据测算结果计算得到。

表 5 - 3 八大综合经济区基尼系数分解（二）

年份	组内差异	组间差异	剩余
2005	0.0744	0.8056	0.1200
2006	0.0814	0.7812	0.1374
2007	0.0738	0.8104	0.1158
2008	0.0748	0.8077	0.1175
2009	0.0747	0.8006	0.1246
2010	0.0735	0.8111	0.1154
2011	0.0760	0.8097	0.1143
2012	0.0705	0.8283	0.1012
2013	0.0714	0.8264	0.1022

年份	组内差异	组间差异	剩余
2014	0.0723	0.8271	0.1006
2015	0.0721	0.8261	0.1018
2016	0.0753	0.8017	0.1230
2017	0.0727	0.8201	0.1072
均值	0.0741	0.8120	0.1139

资料来源：依据测算结果计算得到。

第四节 泰尔指数法

一、方法介绍

前述基尼系数法已经从组间和组内两个角度来考察普惠金融发展地区差异的根源，为了保证分析结果的稳健，本书进一步采用泰尔指数法对组间和组内差异进行测算。泰尔指数是用熵概念来计算地区差异的，最早起源于信息理论。在信息理论中，用熵值来衡量平均信息量，假定事件 X 将以 p 概率发生，并之后被证实，则上述消息包含的信息量可以用 $e(p) = \ln\left(\dfrac{1}{p}\right)$ 来表示。假设某完备事件组 $(X_1, X_2, X_3, \cdots, X_n)$ 的发生概率为 $(p_1, p_2, p_3, \cdots, p_n)$，且 $\sum\limits_{i=1}^{n} p_i = 1$，则其熵值为各事件的信息量与其相应概率乘积的总和。其具体计算公式如下：

$$E(x) = \sum_{i=1}^{n} p_i e(p_i) = \sum_{i=1}^{n} p_i \log\left(\frac{1}{p_i}\right) = -\sum_{i=1}^{n} p_i \log(p_i) \quad (5.8)$$

可见，n 种事件的概率 p_i 越接近 $\left(\dfrac{1}{n}\right)$，熵也就越大。如果 p_i 被解释为 i 地区的普惠金融发展份额，$E(x)$ 则是反映普惠金融发展不平等的尺度。泰尔指数的表达式为：

$$T = \frac{1}{n} \sum_{i=1}^{n} \frac{IFI_i}{\overline{IFI}} log\left(\frac{IFI_i}{\overline{IFI}}\right) \tag{5.9}$$

式（5.9）中，T 为普惠金融发展差距程度的测度泰尔指数，IFI_i 与 $\overline{IFI}$ 分别代表 i 地区的普惠金融发展指数和普惠金融发展指数的平均值。

用泰尔指数来度量普惠金融发展的地区差异程度，其可将样本进行分解，分别来衡量区域内差距和区域间差距对总差距的贡献。

假设包含 m 个地区的样本数据被分为 j 个区域，则区域可表示为 $g_j(j = 1, 2, 3, \cdots, J)$，第 j 个区域 g_j 中的地区数为 m_j，则 $\sum_{j=1}^{J} m_j = m$。若 IFI_i 和 IFI_j 分别表示地区 i 的普惠金融发展水平和区域 j 的普惠金融发展水平，记 T_b 和 T_w 分别为区域间差距和区域内差距，则泰尔指数分解为：

$$T = T_b + T_w = \sum_{j=1}^{J} IFI_j log \frac{IFI_j}{\frac{m_j}{m}} + \sum_{j=1}^{J} IFI_j \left(\sum_{i \in g_j} \frac{IFI_i}{IFI_j} log \frac{\frac{IFI_i}{IFI_j}}{\frac{1}{m_j}} \right) \tag{5.10}$$

$$T_b = \sum_{j=1}^{J} IFI_j log \frac{IFI_j}{\frac{m_j}{m}} \tag{5.11}$$

$$T_w = \sum_{j=1}^{J} IFI_j \left(\sum_{i \in g_j} \frac{IFI_i}{IFI_j} log \frac{\frac{IFI_i}{IFI_j}}{\frac{1}{m_j}} \right) \tag{5.12}$$

二、结果分析

（一）全国及东中西三大区域差异测度及分解

从图 5 - 7 可以看出，从泰尔指数的变化趋势来看，2005～2017 年全国和东部地区的泰尔指数变化基本趋同，并在 2005～2012 年呈现

"M"形，在 2012 年以后呈持续下降趋势，这说明自 2012 年以来，全国和东部地区普惠金融发展地区差异程度逐年降低，即全国和东部地区普惠金融发展更为均衡；中部地区在 2005～2017 年呈窄幅变动下降趋势，这说明中部地区普惠金融发展的地区差异变化较为稳定，并呈现向好趋势；西部地区在 2005～2009 年呈"M"形，但在 2010～2017 年呈窄幅变动上升并保持平稳趋势，这说明自 2014 年以来，西部地区普惠金融发展的地区差异程度基本保持不变。从区域差异水平来看，2005～2017 年全国、东部、中部和西部地区的泰尔指数分别处于 0.1769～0.3237、0.1774～0.3061、0.0084～0.0278 和 0.0175～0.0616 之间，且 2005～2017 年全国、东部、中部和西部地区的泰尔指数的平均值分别为 0.2422、0.2354、0.0170 和 0.0255，不难发现，三大区域中的东部地区的泰尔指数最大，其次是西部地区，最后是中部地区，且中部和西部地区相对较低，这说明东部地区的普惠金融发展的地区差异程度较大，是造成我国普惠金融发展地区异质性突出的主要原因，而中部和西部地区的普惠金融发展地区差异较小且相近。2005 年全国、东部、中部和西部地区的泰尔指数分别为 0.2229、0.2191、0.0153 和 0.0215，而 2017 年全国、东部、中部和西部地区的泰尔指数分别为 0.1769、

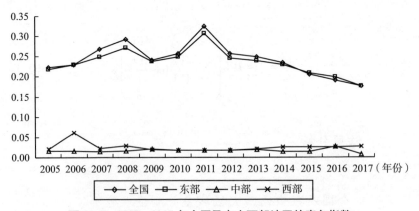

图 5－7　2005～2017 年全国及东中西部地区的泰尔指数

资料来源：依据测算结果计算得到。

0.1774、0.0084 和 0.0267，与 2005 年相比，除西部地区上升了 0.0052
外，全国、东部和中部地区分别下降了 0.0460、0.0417 和 0.0069，这
说明除西部地区外，全国、东部和中部地区的普惠金融发展的地区差异
程度均得到了有效改善。而西部地区的泰尔指数相对较小，其上浮
0.0052 对整体影响不大，暂且不能看成是造成普惠金融发展地区异质
性的主要原因。

从表 5 - 4 可以看出，第一，从组内差异和组间差异的绝对值来看，
2005 ~ 2017 年东中西三大区域的组间差异明显高于组内差异，组间差
异对总体差异的平均贡献率为 14.44%，而组内差异对总体差异的平均
贡献率为 9.78%，这说明东中西三大区域的普惠金融发展的地区差异
主要体现在组间差异上，即东部、中部和西部地区之间的差异是导致我
国普惠金融发展地区异质性突出的主要原因，这也与前面结论保持了一
致性。第二，从差异贡献的波动幅度来看，东中西三大区域的组间差异
和组内差异变动趋势基本一致，并均在 2012 年以后呈持续下降态势，
这说明不论是组间差异还是组内差异，均存在减弱的趋势，即东部、中
部和西部地区之间以及地区内部的普惠金融发展地区差异程度趋于减
弱，均衡程度趋于上升。

表 5 - 4　　　　　　　　　　　泰尔指数分解

年份	东中西三大区域		八大经济区域	
	组间差异	组内差异	组间差异	组内差异
2005	0.1319	0.0910	0.1256	0.0973
2006	0.1473	0.0824	0.1217	0.1080
2007	0.1544	0.1129	0.1543	0.1131
2008	0.1712	0.1217	0.1687	0.1243
2009	0.1443	0.0966	0.1378	0.1031
2010	0.1514	0.1062	0.1479	0.1097
2011	0.1925	0.1312	0.1794	0.1443
2012	0.1497	0.1064	0.1503	0.1058

年份	东中西三大区域		八大经济区域	
	组间差异	组内差异	组间差异	组内差异
2013	0.1467	0.1027	0.1459	0.1035
2014	0.1389	0.0951	0.1354	0.0986
2015	0.1245	0.0812	0.1157	0.0900
2016	0.1193	0.0719	0.1025	0.0886
2017	0.1048	0.0720	0.0978	0.0791
均值	0.1444	0.0978	0.1372	0.1050

资料来源：依据测算结果计算得到。

（二）八大综合经济区差异测度及分解

从图 5-8 可以看出，从泰尔指数的变化趋势来看，东北综合经济区在 2005～2017 年的变化趋势大致呈双"W"形，而南部沿海综合经济区在 2005～2012 年呈"W"形，在 2012～2017 年呈现"U"形，这说明现阶段东北和南部沿海综合经济区的普惠金融发展地区差异程度有所增强。北部沿海和大西南综合经济区在考察期内均呈现倒"V"形，但北部沿海综合经济区在 2012 年之后呈较为平稳态势，2017 年出现下降趋势，而大西南综合经济区在 2011 年之后呈持续下降态势，这说明现阶段北部沿海和大西南综合经济区的普惠金融发展地区差异程度有所减弱。东部沿海综合经济区在 2005～2008 年呈持续上涨趋势，在 2009～2017 年呈波动下降态势，这说明现阶段东部沿海综合经济区的普惠金融发展的地区差异程度有所减弱。黄河中游综合经济区在考察期内呈现双"M"形，并在 2017 年达到最低点，而长江中游综合经济区在 2005～2012 年呈"M"形，2012～2017 年呈倒"U"形，这说明现阶段黄河中游和长江中游综合经济区的普惠金融发展地区差异程度得到明显的改善。大西北综合经济区在 2005～2007 年呈倒"V"形，2008～2017 年呈波动上升趋势，这说明现阶段大西北综合经济区的普惠金融发展地区差异程度有所增强。从区域差异水平来看，2005～2017年东北、北部沿海、东部沿海、南部沿海、黄河中游、长江中游、大西南和大西北综合经济区的泰尔指数分别处于0.0227～0.0534、0.1838～0.3314、0.1588～0.2243、0.0084～0.0265、0.0049～0.0302、0.0038～0.0079、0.0129～0.0463和0.0043～0.0675之间，仅有北部沿海和东部沿海综合经济区的泰尔指数大于0.1，这说明北部沿海和东部沿海综合经济区的普惠金融发展地区差异程度最高。从八大综合经济区的泰尔指数的平均值来看，其平均值分别为0.0372、0.2208、0.1974、0.0151、0.0174、0.0057、0.0279和0.0134，而全国的泰尔指数平均值也仅有0.0665，这说明整体上我国普惠金融发展的地区差异程度并不是很高，而北部沿海和东部沿海综合经济区的普惠金融发展地区差异是造成总差异的主要原因。2005年，八大综合经济区的泰尔指数分别为0.0397、0.2022、0.1849、0.0257、0.0123、0.0038、0.0291和0.0096，而2017年八大综合经济区的泰尔指数分别为0.0442、0.1838、0.1589、0.0097、0.0049、0.0045、0.0129和0.0159，与2005年相比，除东北、长江中游和大西北综合经济区分别上升了0.0045、0.0007和0.0063外，北部沿海、东部沿海、南部沿海、黄河中游和大西南综合经济区分别下降了0.0184、0.0261、0.0159、0.0074和0.0162，这说明，除东北、长江中游和大西北综合经济区外，其他综合经济区的普惠金融发展地区差异程度均有所降低，即北部沿海、东部沿海、南部沿海、黄河中游和大西南综合经济区地区均衡程度得到了一定程度的改善。①

---

① 通过对上述四种方法（加权平均离差法、变异系数法、基尼系数法以及泰尔指数法）的综合比较分析，本书得出八大综合经济区的普惠金融发展地区差异的最终结论是：东北、长江中游和大西北综合经济区的普惠金融发展的地区非均衡程度扩大，而北部沿海、东部沿海、南部沿海、黄河中游和大西南综合经济区地区的均衡程度有所改善。

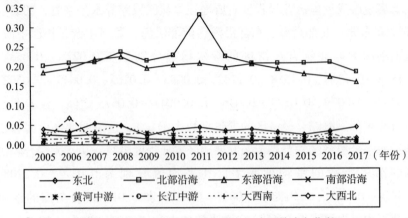

图 5 - 8   2005 ~ 2017 年八大综合经济区的泰尔指数

资料来源：依据测算结果计算得到。

从表 5 - 4 可以看出：第一，从组内差异和组间差异的绝对值来看，2005 ~ 2017 年八大综合经济区的组间差异明显高于组内差异，组间差异对总体差异的平均贡献率为 13.72%，而组内差异对总体差异的平均贡献率为 10.50%，这说明八大综合经济区普惠金融发展的地区差异主要体现在组间差异上，即八大综合经济区之间的差异是导致普惠金融发展地区异质性的主要原因，这也与前述结论不谋而合。第二，从差异贡献的波动幅度来看，组间差异和组内差异变动趋势基本一致，并均在 2012 年以后呈持续下降态势，且组间差异降幅快于组内差异，这说明不论是组间差异还是组内差异，均存在减弱的趋势，即八大综合经济区之间以及八大综合经济区内部的普惠金融发展地区差异程度趋于减弱，均衡程度趋于上升，且八大综合经济区之间的地区差异减弱速度快于八大综合经济区内部的地区差异减弱速度。

第五节   本 章 小 结

本章的根本目的就是通过对整体以及区域间和区域内部普惠金融发

展地区差异程度的综合评价，把握中国普惠金融发展地区差异的总体状况，并发现各区域普惠金融发展存在差异的原因和发展趋势，为后续普惠金融发展区域差异的收敛性检验和影响因素分析提供经验依据。

区域差异的综合评价表明，我国普惠金融发展的地区差异程度总体具有缩小趋势，但地区异质性明显。从东中西三大区域来看，东部地区的普惠金融发展的地区差异程度较高，中部和西部地区普惠金融发展的地区差异程度较低且相近；东部地区普惠金融发展的地区差异是造成我国普惠金融发展地区异质性的主要原因；三大区域普惠金融发展的地区差异主要体现在组间差异上，即东部、中部和西部地区之间的差异是导致我国普惠金融发展地区异质性明显的主要原因。从八大综合经济区来看，现阶段东北、南部沿海和大西北综合经济区的普惠金融发展地区差异程度有所增强，而北部沿海、东部沿海、黄河中游、长江中游和大西南综合经济区的普惠金融发展的地区差异程度有所减弱；北部沿海和东部沿海综合经济区的普惠金融发展地区差异程度最高，是造成我国普惠金融发展地区差异的主要原因；八大综合经济区的普惠金融发展地区差异主要体现在组间差异上，即八大综合经济区之间的差异是导致我国普惠金融发展地区异质性明显的主要原因。两种区域划分下均表明，普惠金融发展在经济区域之间的差异是造成我国普惠金融发展地区差异的主要原因，但在八大综合经济区的划分下，组间差异的占比更大。同时，各区域普惠金融发展的组间和组内的差异程度均趋于减弱，均衡程度趋于上升，可见我国普惠金融发展的地区差异程度正趋于弱化，而均衡程度和合理程度越来越趋于增强。

第六章

中国普惠金融发展区域
差异收敛性检验

由第四、第五章分析可知，我国普惠金融发展仍处于较低水平，且地区差异明显。同时，各区域普惠金融发展的组间和组内的差异程度均趋于减弱，普惠金融发展较为落后的地区具有较高的增长潜力，地区差异程度趋于弱化。上述分析是从静态视角对我国普惠金融发展地区差异状况进行了相应的定量分析，不难看出，我国普惠金融发展的地区差异程度正在逐渐缩小。那么引起我们进一步思考的是我国普惠金融的长期发展是否会存在收敛趋势，或者说，从动态视角来讲，我国普惠金融发展地区差异的动态演进趋势会怎样？是否会存在收敛性？若各地区普惠金融发展存在收敛性，则表明我国普惠金融发展的各地区差异会逐渐缩小；若不存在，则表明我国普惠金融发展的各地区差异会趋于扩大。鉴于此，为了进一步有效推进新时代下普惠金融政策的高质量落地，非常有必要从动态视角深入挖掘我国普惠金融发展地区差异的演变特征，以期能够更加精准地把握我国普惠金融发展地区差异的变动趋势，为指导我国普惠金融实现均衡和可持续发展目标提供充分的理论依据和科学的实践方向。

第一节　收敛假说

普惠金融发展的收敛性是建立在新古典增长理论的收敛假说基础之上的。依据收敛假说，落后地区的金融要素积累较少，其金融要素的边际报酬较高，当其边际报酬超过发达地区时，在趋利性的作用下，必然会使金融要素向报酬高的地区转移，从而使落后地区的金融发展存在追赶发达地区的趋势。同时，在技术偏好上，落后地区较发达地区的金融技术研发成本更低，取得的短期金融成效较快，具有一定的后发优势，这就给落后地区金融发展追赶发达地区带来了可能，由此可以断定金融发展是存在收敛性的。鉴于普惠金融作为金融发展的重要组成部分，理应符合收敛假说。下面，笔者对新古典增长模型的收敛假说进行具体阐述，并在此基础上进行有效的拓展，以深入系统地探讨我国普惠金融发展区域差异的收敛性。

一、新古典增长模型的收敛假说

假定模型仅关注产出、资本、劳动和劳动的有效性这四个变量，且除资本、劳动和知识以外的其他要素投入相对不重要。生产函数符合哈罗德中性，且满足规模报酬不变和稻田条件，将生产函数表示为柯布－道格拉斯（Cobb－Douglas）函数形式，具体如下：

$$Y(t) = F(K(t), A(t)L(t))$$
$$= K(t)^{\alpha}A(t)^{1-\alpha}L(t)^{1-\alpha}, 0 < \alpha < 1 \qquad (6.1)$$

将式（6.1）两端分别除以 $A(t)L(t)$，可得：

$$y(t) = f(k(t)) = \frac{Y(t)}{A(t)L(t)} = \left[\frac{K(t)}{A(t)L(t)}\right]^{\alpha} = k(t)^{\alpha} \qquad (6.2)$$

显然，式（6.2）满足 $f'(\cdot) > 0$，$f''(\cdot) < 0$。

假设劳动和知识是外生的，且增长率分别为 n 和 g，则：

$$\dot{L}(t) = nL(t) \qquad (6.3)$$

$$\dot{A}(t) = gA(t) \qquad (6.4)$$

假设产出中的 s 份额用于投资，且资本折旧率为 δ，则有：

$$\dot{K}(t) = sY(t) - \delta K(t) \qquad (6.5)$$

由于 $k(t) = \dfrac{K(t)}{A(t)L(t)}$ ，则利用链式法则和式（6.3）、式（6.4）以及式（6.5）可得：

$$\dot{k}(t) = sf(k(t)) - (n + g + \delta)k(t) \qquad (6.6)$$

式（6.6）中，$sf(k(t))$ 为实际投资，$(n + g + \delta)k(t)$ 为持平投资。

从图 6 - 1 中可以看出：当 $k < k^*$ 时，实际投资大于持平投资，$\dot{k} > 0$，k 不断增加并向 k^* 靠拢；当 $k > k^*$ 时，实际投资小于持平投资，$\dot{k} < 0$，k 不断减少并向 k^* 靠拢；当 $k = k^*$ 时，实际投资等于持平投资，$\dot{k} = 0$，达到均衡。可以说，不论 k 从哪里开始，它最终总会收敛于 k^*。

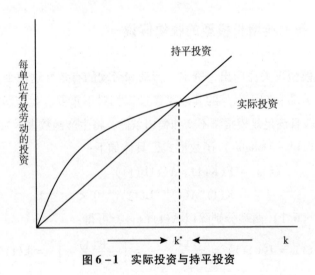

图 6 - 1　实际投资与持平投资

根据式（6.6），单位有效资本的增长率可以表示为：

$$\mu_k = \frac{\dot{k}}{k} = \frac{sf(k(t))}{k(t)} - (n + g + \delta) \tag{6.7}$$

将式（6.7）继续对 k 求导，可得：

$$\frac{\partial u_k}{\partial k} = s\frac{f'(k(t))k(t) - f(k(t))}{k(t)^2} \tag{6.8}$$

因为生产函数 $y = f(k)$ 满足稻田条件，则可得：

$$\frac{\partial(f(k))}{\partial k} = \frac{f'(k)k - f(k)}{k^2} \tag{6.9}$$

令 $z = f'(k)k - f(k)$，则：

$$\frac{\partial z}{\partial k} = f''(k)k \tag{6.10}$$

因为 $f''(k) < 0$，且 $k > 0$，则可知式（6.10）小于0，即：

$$\frac{\partial z}{\partial k} < 0 \tag{6.11}$$

当 $k = 0$ 时，$z(k) = 0$ 为最大值。

所以，当 $k > 0$ 时，$z(k) < 0$。因此，当 $k > 0$ 时，$f'(k)k - f(k) < 0$，由此可得到：

$$\frac{\partial u_k}{\partial k} = s\frac{f'(k(t))k(t) - f(k(t))}{k(t)^2} < 0 \tag{6.12}$$

式（6.12）表明，单位有效资本与单位有效资本的增长率之间存在反向变动关系，即单位有效资本存量较大时，单位有效资本的增长率较小，而单位有效资本存量较小时，单位有效资本的增长率较大。也就是说，在一个经济体中，若某区域拥有较高的单位资本存量，则这个区域的单位资本存量的增长率较低，反之，则具有较高的增长率，这就是收敛性的存在。

同时，我们还发现，$\dot{k}$ 随着 k 的变动而变动，$\dot{k}$ 是 k 的函数，即 $\dot{k} = \dot{k}(k)$。对 $\dot{k}(k)$ 进行一阶泰勒展开，即为：

$$\dot{k} \simeq \left[\frac{\partial \dot{k}(t)}{\partial k}\Big|_{k=k^*}\right](k - k^*) \tag{6.13}$$

设收敛速度为 γ，则：

$$\gamma = -\frac{\partial \dot{k}(k)}{\partial k}\Big|_{k=k^*} = \left[1 - \alpha_K(k^*)\right](n + g + \delta) \qquad (6.14)$$

$$\dot{k}(t) \simeq -\gamma[k(t) - k^*] = k^* + e^{-\gamma t}[k(0) - k^*] \qquad (6.15)$$

所以有：

$$k(t) - k^* = e^{-[1-\alpha_K(k^*)](n+g+\delta)t}[k(0) - k^*] \qquad (6.16)$$

式（6.14）表明了单位有效资本以怎样的速度趋向于其平衡增长路径，式（6.16）表明某点的单位有效资本向均衡点收敛的速度与该点到 k^* 的距离成比例。某点的单位有效资本距 k^* 的距离越远，其收敛速度越快，相反则收敛速度越慢，如图 6-2 所示。一般认为，落后的国家或地区的单位有效资本较低，距 k^* 点较远，而发达的国家或地区的单位有效资本较高，距 k^* 点较近，则落后的国家或地区的单位有效资本向 k^* 点的收敛速度较快，而发达的国家或地区的单位有效资本向 k^* 点的收敛速度较慢，因此，落后的国家或地区具有较高的单位有效资本增长率。此外，y 以与 k 趋向于 k^* 的相同的速率趋向于 y^*，则表明落后的国家或地区较发达的国家或地区，具有较高的单位有效产出增长率，即落后的国家或地区具有更高的经济增长率。

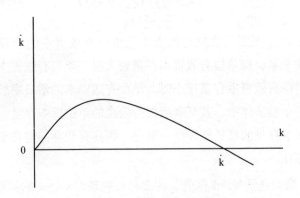

图 6-2　模型中 k 的相图

根据式（6.7）可知，对于具有相似或相同的经济特征的经济个体，经济发展最终趋于唯一一个稳态。如图 6 - 3 所示，$k_1(0)$ 和 $k_2(0)$ 分别代表两个经济体的初始单位有效资本状态，且这两个经济体具有同质性。其中，$k_1(0)$ 拥有较低的单位有效资本，$k_2(0)$ 拥有较高的单位有效资本。从图 6 - 3 中可以看出，初始单位有效资本较低的经济体具有较高的增长率，并随着单位有效资本的增加，其增长率也在逐渐下降，最终收敛于 k^* 点。

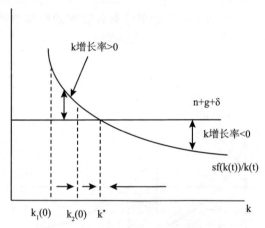

图 6 - 3　经济增长中的绝对 β 收敛

此外，由式（6.7）还可以发现，若储蓄率内生，则储蓄率就成为影响单位有效资本的增长率的因素之一。根据稳态条件可得：

$$s = \frac{(n + g + \delta)k^*}{f(k^*)} \tag{6.17}$$

$$\mu_k = (n + g + \delta)\left[\frac{f(k)/k}{f(k^*)/k^*} - 1\right] \tag{6.18}$$

令 $\pi = \frac{f(k)}{k}$，则有：

$$\frac{\partial \pi}{\partial k} = \frac{f'(k)k - f(k)}{k^2} \tag{6.19}$$

由前述可知 $\frac{\partial \pi}{\partial k} < 0$，则可得：

$$\mu_k = (n + g + \delta)\left[\frac{f(k)/k}{f(k^*)/k^*} - 1\right]\begin{cases} > 0, & k < k^* \\ = 0, & k = k^* \\ < 0, & k > k^* \end{cases} \quad (6.20)$$

式 (6.20) 表明, 当 $k < k^*$ 时, 具有正的单位有效资本增长率; 当 $k > k^*$ 时, 具有负的单位有效资本增长率; 当 $k = k^*$ 时, 单位有效资本增长率不变, 处于稳态水平。如图 6-4 所示, 在考虑到各个经济体的基本经济特征不同的前提下, $k_1(0)$ 和 $k_2(0)$ 分别收敛于各自的稳态 k_1^* 和 k_2^*, 即不同初始单位有效资本的经济个体均收敛于各自的稳态。

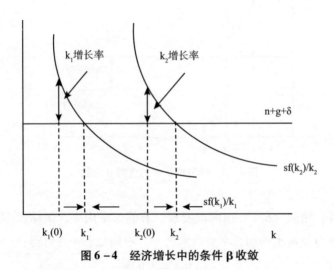

图 6-4   经济增长中的条件 β 收敛

二、普惠金融发展的收敛假说

前面已经阐述了新古典增长模型的收敛假说, 表明区域发展中, 落后的国家或地区具有更高的经济增长率, 即经济增长存在收敛性。在这个背景下, 本书对新古典增长模型进行扩展, 以此来探究普惠金融发展区域差异的收敛性。

为了便于分析, 本部分假定模型仅关注产出、资本、劳动和劳动的有效性这四个变量，生产函数符合哈罗德中性，且满足规模报酬不变和稻田条件。经济体由普惠金融部门和实体部门构成，社会总资本由普惠金融资本和实体经济资本构成，普惠金融资本同实体资本均满足边际收益递减规律且同向变动，普惠金融资本与实体资本之间不存在相互转化关系。参照式（6.1），将生产函数表示为柯布 - 道格拉斯函数形式，具体如下：

$$Y(t) = K_{if}(t)^{\alpha} K_{re}(t)^{\beta} [A(t)L(t)]^{1-\alpha-\beta}, 0 < \alpha, \beta < 1 \quad (6.21)$$

$$K(t) = K_{if}(t) + K_{re}(t) \quad (6.22)$$

其中，K_{if} 和 K_{re} 分别表示普惠金融资本和实体经济资本，α 和 β 分别为普惠金融资本和实体经济资本产出的弹性系数，且 $0 < \alpha + \beta < 1$。

将式（6.21）做式（6.2）的变形，可得：

$$\frac{Y(t)}{A(t)L(t)} = \frac{K_{if}(t)^{\alpha}}{A(t)^{\alpha}L(t)^{\alpha}} \frac{K_{re}(t)^{\beta}}{A(t)^{\beta}L(t)^{\beta}}$$

$$= \left[\frac{K_{if}(t)}{A(t)L(t)}\right]^{\alpha} \left[\frac{K_{re}(t)}{A(t)L(t)}\right]^{\beta} \quad (6.23)$$

令 $y(t) = \dfrac{Y(t)}{A(t)L(t)}$，$k_{if}(t) = \dfrac{K_{if}(t)}{A(t)L(t)}$，$k_{re}(t) = \dfrac{K_{re}(t)}{A(t)L(t)}$，则式（6.23）可进一步变形，得到：

$$y(t) = k_{if}(t)^{\alpha} k_{re}(t)^{\beta} = f(k_f(t)) \quad (6.24)$$

对式（6.24）两端取对数并对时间 t 求导，可得：

$$\frac{\dot{y}(t)}{y(t)} = \frac{\dfrac{\partial f(k_{if}(t))}{\partial k_{if}(t)} \cdot \dfrac{\partial k_{if}(t)}{\partial t}}{f(k_{if}(t))} = \frac{f'(k_{if}(t)) \cdot k_f}{f(k_{if}(t))} \cdot \frac{\dot{k}_{if}(t)}{k_{if}(t)}$$

$$= \sigma_{k_{if}} \cdot \frac{\dot{k}_{if}(t)}{k_{if}(t)} \quad (6.25)$$

式（6.25）中，$\sigma_{k_{if}} = \dfrac{f'(k_{if}(t)) \cdot k_{if}}{f(k_{if}(t))}$ 为普惠金融资本的产出弹性，且 $0 < \sigma_{k_{if}} < 1$。

假设劳动和知识是外生的，且增长率分别为 n 和 g，则：

$$\dot{L}(t) = nL(t) \quad (6.26)$$

$$\dot{A}(t) = gA(t) \tag{6.27}$$

又由于 $y(t) = \dfrac{Y(t)}{A(t)L(t)}$ ，则可得：

$$\frac{\dot{y}(t)}{y(t)} = \frac{\dfrac{\dot{Y}(t)A(t)L(t) - \dot{A}(t)L(t)Y(t) - A(t)\dot{L}(t)Y(t)}{A(t)^2L(t)^2}}{\dfrac{Y(t)}{A(t)L(t)}}$$

$$= \frac{\dot{Y}}{Y} - \frac{\dot{A}}{A} - \frac{\dot{L}}{L} = \frac{\dot{Y}}{Y} - g - n \tag{6.28}$$

同理可得：

$$\frac{\dot{k}_{if}(t)}{k_{if}(t)} = \frac{\dot{K}_{if}(t)}{K_{if}(t)} - g - n, \frac{\dot{k}_{re}(t)}{k_{re}(t)} = \frac{\dot{K}_{re}(t)}{K_{re}(t)} - g - n \tag{6.29}$$

将式（6.29）代入式（6.25）可得：

$$\frac{\dot{y}(t)}{y(t)} = \sigma_{k_{if}}\left[\frac{\dot{K}_{if}(t)}{K_{if}(t)} - g - n\right] \tag{6.30}$$

由式（6.30）可知，在普惠金融资本的产出弹性不变的情况下，普惠金融资本增长率当且仅当其大于劳动和知识增长率之和时，单位有效产出增长率才为正，即经济才表现出增长。可见，普惠金融发展是经济增长的重要因素。

假设普惠金融资本存量的增量是产出的函数，参数为 δ 且 $0 < δ < 1$，则：

$$\dot{K}_{if}(t) = \delta Y(t) \tag{6.31}$$

将式（6.31）代入式（6.29）中，可得：

$$\frac{\dot{k}_{if}(t)}{k_{if}(t)} = \frac{\delta Y(t)}{K_{if}(t)} - g - n = \frac{\dfrac{\delta Y(t)}{A(t)L(t)}}{\dfrac{K_{if}(t)}{A(t)L(t)}} - g - n = \frac{\delta y(t)}{k_{if}(t)} - g - n \tag{6.32}$$

则：

$$\dot{k}_{if}(t) = \delta y(t) - (g + n)k_{if}(t) = \delta f(k_{if}(t)) - (g + n)k_{if}(t) \tag{6.33}$$

我们令 $\overset{\bullet}{k}_{if}(t)=0$，则可以得到：

$$\delta f(k_{if}^{*}(t)) = (g+n)k_{if}^{*}(t) \tag{6.34}$$

式（6.34）中的 $k_{if}^{*}(t)$ 则为均衡时的单位有效普惠金融资本存量，如图 6-5 所示。当 $k<k_{if}^{*}$ 时，$\overset{\bullet}{k}_{if}>0$，k 不断增加并向 k_{if}^{*} 靠拢；当 $k>k_{if}^{*}$ 时，$\overset{\bullet}{k}_{if}<0$，k 不断减少并向 k_{if}^{*} 靠拢；当 $k=k_{if}^{*}$ 时，$\overset{\bullet}{k}_{if}=0$，达到均衡。可以说，不论 k 从哪里开始，它最终总会收敛于 k_{if}^{*}。

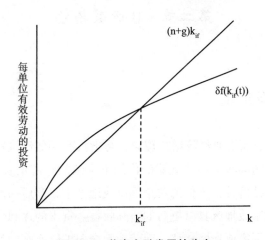

图 6-5　普惠金融发展的稳态

根据式（6.33），单位有效普惠金融资本的增长率可以表示为：

$$\mu_{k_{if}} = \frac{\overset{\bullet}{k}_{if}}{k_{if}} = \frac{\delta f(k_{if}(t))}{k_{if}(t)} - (n+g) \tag{6.35}$$

将式（6.35）继续对 k 求导，可得：

$$\frac{\partial u_{k_{if}}}{\partial k_{if}} = \delta\left(f'(k_{if}(t)) - \frac{f(k_{if}(t))}{k_{if}(t)}\right)\bigg/k_{if}(t) < 0 \tag{6.36}$$

式（6.36）表明，单位有效普惠金融资本与单位有效普惠金融资本的增长率之间存在反向变动关系，即单位有效普惠金融资本存量较大时，单位有效普惠金融资本的增长率较小，而单位有效普惠金融资本存量较小时，单位有效普惠金融资本的增长率较大。在一个经济体中，若某区域拥有较高的单位有效普惠金融资本存量，则这个区域的单位有效普惠金融资本存量的增长率较低；反之，则具有较高的增长率。也就是说，在普惠金融发展落后的国家或地区拥有较高的普惠金融发展增速，这就给落后的国家或地区普惠金融发展追赶发达的国家或地区带来了可能，也促使各国家或地区的普惠金融发展差异逐渐缩小，并最终趋于收敛。

第二节　β 收敛检验

一、模型介绍

β 收敛源于新古典经济增长理论，是指具有相似经济特征的国家或地区，在资本边际收益递减规律的作用下导致的经济增长趋同的现象。具体而言，在经济特征相似的两个国家或地区中，落后的国家或地区往往比发达的国家或地区具有更高的边际收益。资本的逐利性导致资本向边际收益高的国家或地区转移，而劳动则会向工资率高的发达国家或地区转移，从而达到人均资本存量的一致，实现经济增长的趋同。β 收敛可分为绝对 β 收敛和条件 β 收敛，绝对 β 收敛主要探讨落后国家或地区的经济发展能否赶上发达国家或地区的经济发展，最终达到趋同的增长速度，条件 β 收敛主要探讨各国家或地区的经济发展是否会收敛各自的稳定水平。

（一）绝对 β 收敛

普惠金融发展的绝对 β 收敛是指在不受其他条件限制的情况下，落后的国家或地区的普惠金融发展追赶发达国家或地区的趋势，即具有相同经济特征的国家或地区的普惠金融发展增速随着时间的推移而趋同。也就是说，普惠金融的增长率和初始普惠金融发展水平间存在负相关关系，并且随着时间推移，落后的国家或地区追赶发达的国家或地区的普惠金融发展水平，最终达到趋同的状态。鲍莫尔（Baumol，1986）利用简单的回归方程对人均收入的收敛性进行检验，具体模型构建如下：

$$g_i = \alpha + \beta y_{i0} + \varepsilon_i \tag{6.37}$$

巴罗和萨拉 – 伊 – 马丁（Barro & Sala – I – Martin，1991）对上述模型进行拓展，将其转化为：

$$\frac{\ln\left(\dfrac{IFI_{i,t+T}}{IFI_{i,t}}\right)}{T} = \alpha + \beta \ln IFI_{i,t} + \varepsilon_{i,t} \tag{6.38}$$

$$\beta = -(1 - e^{-\lambda T}) \tag{6.39}$$

其中，$IFI_{i,t+T}$ 和 $IFI_{i,t}$ 分别表示全国及各地区普惠金融发展在 $t+T$ 期和 t 期的水平，T 为观察期时间跨度，α 为常数项，β 为收敛系数，$\varepsilon_{i,t}$ 为随机扰动项，λ 为收敛速度。若 $\beta < 0$，则表明普惠金融发展存在绝对 β 收敛；若 $\beta \geq 0$，则表明普惠金融发展不存在绝对 β 收敛。利用回归得到的 β 估计值和式（6.39）可得到收敛速度，具体形式为：

$$\lambda = -\ln(1 + T\beta)/T \tag{6.40}$$

由于绝对 β 收敛模型假定各国家或地区是同质的，采用普通最小二乘法（OLS）对其模型进行回归。

（二）条件 β 收敛

普惠金融发展的条件 β 收敛是指在考虑到各国或各地区间资源禀赋、经济发展和产业结构等差异的基础上，各国或各地区的普惠金融发展水平收敛于各自的稳定水平。与绝对 β 收敛相比，条件 β 收敛需要考虑到其他变量对普惠金融发展的影响，因此传统上条件 β 收敛模型是在绝对 β 收敛模型的基础上，加入控制变量得到，具体为：

$$\frac{\ln\left(\dfrac{IFI_{i,t+T}}{IFI_{i,t}}\right)}{T} = \alpha + \beta \ln IFI_{i,t} + \sum_{k=1}^{m} \varphi_k x_{k,i,t} + \varepsilon_{i,t} \tag{6.41}$$

其中，$\text{IFI}_{i,t+T}$ 和 $\text{IFI}_{i,t}$ 分别表示全国及各地区普惠金融发展在 $t+T$ 期和 t 期的水平，T 为观察期时间跨度，$x_{k,i,t}$ 表示第 k 个控制变量，α 为常数项，β 为收敛系数，φ 为控制变量参数，$\varepsilon_{i,t}$ 为随机扰动项。若 $\beta < 0$，则表明普惠金融发展存在条件 β 收敛；若 $\beta \geqslant 0$，则表明普惠金融发展不存在条件 β 收敛。

为了保证时序的连续性，本书设定 $T=1$，则上述模型转化为：

$$\ln\left(\frac{\text{IFI}_{i,t+1}}{\text{IFI}_{i,t}}\right) = \alpha + \beta\ln\text{IFI}_{i,t} + \sum_{k=1}^{m} \varphi_k x_{k,i,t} + \varepsilon_{i,t} \qquad (6.42)$$

米勒和乌帕德耶（Miller & Upadhyay，2002）认为，采用固定效应模型对条件 β 收敛进行估计，既可以对界面和时间固定效应实现有效设定，又考虑了不同个体的稳态值以及其时间变化特征，满足不同地区所具有各自的稳态条件，较传统单纯加入控制变量的检验方法更加贴切。因此，加入控制变量是多余的。本书采用固定效应模型对条件 β 收敛进行估计，并再次借鉴巴罗和萨拉 – 伊 – 马丁（1991）的分析框架，将条件 β 收敛模型构建如下：

$$\ln(\text{IFI}_{i,t+1}/\text{IFI}_{i,t}) = \alpha + \beta\ln\text{IFI}_{i,t} + \varepsilon_{i,t} \qquad (6.43)$$

其中，$\text{IFI}_{i,t+1}$ 和 $\text{IFI}_{i,t}$ 分别表示全国及各地区普惠金融发展在 $t+1$ 期和 t 期的水平，α 为常数项，β 为收敛系数，$\varepsilon_{i,t}$ 为随机扰动项。若 $\beta < 0$，则表明普惠金融发展存在条件 β 收敛；若 $\beta \geqslant 0$，则表明普惠金融发展不存在条件 β 收敛。

二、检验结果

（一）绝对 β 收敛检验

1. 全国及东部、中部和西部绝对 β 收敛检验

从表 6 – 1 可以看出，全国、东部、中部和西部地区的绝对 β 收敛估计系数分别为 0.0370、0.0312、0.0588 和 0.0537，均大于 0。可见，全国、东部、中部和西部地区的普惠金融发展水平均不存在绝对 β 收

敛。也就是说，全国、东部、中部和西部地区在经济发展条件趋同后，不存在落后地区的普惠金融发展水平追赶发达地区的趋势，地区结构异质性突出。

表6-1　　全国及东中西部地区绝对 β 收敛检验（OLS 回归）

地区	α	β	调整后的 R^2
全国	0.0032 *** (2.80)	0.0370 *** (4.66)	0.1529
东部	0.0050 * (1.67)	0.0312 ** (2.28)	0.1309
中部	0.0007 (0.34)	0.0588 * (1.71)	0.1198
西部	0.0018 (0.72)	0.0537 * (1.67)	0.1125

注：*、**、*** 分别表示在 10%、5%、1% 的水平上显著；括号内数字为 t 统计量。表6-2~表6-4 同。

资料来源：依据测算结果计算得到。

2. 八大综合经济区绝对 β 收敛检验

从表6-2可以看出，东北、北部沿海、东部沿海、南部沿海、黄河中游、长江中游、大西南和大西北综合经济区的绝对 β 收敛估计系数分别为 0.1864、0.0131、0.0365、0.0786、0.0279、0.1444、0.0266 和 0.0374，均大于0，可见，八大综合经济区均不存在绝对 β 收敛。也就是说，八大综合经济区在经济发展条件趋同后，不存在落后地区的普惠金融发展水平追赶发达地区的趋势，地区结构异质性突出，这与前述结论保持了一致。

表 6 - 2 八大综合经济区绝对 β 收敛检验（OLS 回归）

地区	α	β	调整后的 R^2
东北	-0.0077 *** (-2.57)	0.1864 *** (4.90)	0.3967
北部沿海	0.0075 (0.90)	0.0131 (0.36)	0.1270
东部沿海	0.0053 (1.53)	0.0365 *** (3.18)	0.2026
南部沿海	-0.0003 (-0.12)	0.0786 *** (2.91)	0.1760
黄河中游	0.0028 (0.68)	0.0279 (0.50)	0.1162
长江中游	-0.0040 * (-1.95)	0.1444 *** (4.12)	0.2537
大西南	0.0027 (1.31)	0.0266 (0.93)	0.1147
大西北	0.0044 (0.79)	0.0374 (0.59)	0.1111

资料来源：依据测算结果计算得到。

（二）条件 β 收敛检验

1. 全国及东部、中部和西部条件 β 收敛检验

从表 6 - 3 可以看出，全国和东部地区的条件 β 收敛估计系数分别为 -0.0490 和 -0.0840，并均在 5% 的水平上显著。可见，全国和东部地区的普惠金融发展水平存在条件 β 收敛，这说明在全国和东部地区，上一期普惠金融发展水平越高，其增速就会越缓慢；相反，上一期的普惠金融发展水平越低，其增速相对就会越快，最终普惠金融发展会收敛于各自的稳态水平。而中部和西部地区的条件 β 收敛估计系数分别为 0.0588 和 0.0537，并均在 10% 的水平上显著。可见，中部和西部地区

的普惠金融发展水平不存在条件 β 收敛，这说明中部和西部地区的各省份间普惠金融发展的地区异质性突出。

表6－3 全国及东中西部地区条件 β 收敛检验（固定效应回归）

地区	α	β	调整后的 R^2
全国	0.0123 *** (4.63)	－ 0.0490 ** (－2.04)	0.1121
东部	0.0247 *** (3.48)	－ 0.0840 ** (－2.10)	0.1354
中部	0.0007 (0.34)	0.0588 * (1.71)	0.1266
西部	0.0018 (0.72)	0.0537 * (1.67)	0.1097

资料来源：依据测算结果计算得到。

2. 八大综合经济区条件 β 收敛检验

从表6－4可以看出，东北、南部沿海、黄河中游、长江中游、大西南和大西北综合经济区的条件 β 收敛估计系数分别为 0.2758、0.0968、0.0370、0.1502、0.0291 和 0.0280，均大于 0，可见，东北、南部沿海、黄河中游、长江中游、大西南和大西北综合经济区均不存在条件 β 收敛，这说明这些综合经济区的各省份间普惠金融发展地区差异明显。而北部沿海综合经济区的条件 β 收敛估计系数为 －0.2077，且在 5% 的水平上显著；东部沿海综合经济区的条件 β 收敛估计系数为 －0.0385，但不显著，条件 β 收敛估计系数均小于 0。可见，北部沿海和东部沿海综合经济区均存在条件 β 收敛，这说明北部沿海和东部沿海综合经济区都会收敛于各自的稳定水平。

表 6 – 4   八大综合经济区条件 β 收敛检验（固定效应回归）

地区	α	β	调整后的 R^2
东北	– 0. 0143 *** (– 3. 65)	0. 2758 *** (5. 37)	0. 4744
北部沿海	0. 0482 ** (2. 58)	– 0. 2077 ** (– 2. 12)	0. 1940
东部沿海	0. 0242 *** (3. 23)	– 0. 0385 (– 1. 33)	0. 1524
南部沿海	– 0. 0020 (– 0. 65)	0. 0968 *** (3. 03)	0. 2227
黄河中游	0. 0022 (0. 42)	0. 0370 (0. 53)	0. 1062
长江中游	– 0. 0044 * (– 1. 91)	0. 1502 *** (3. 87)	0. 2584
大西南	0. 0025 (0. 90)	0. 0291 (0. 73)	0. 1097
大西北	0. 0052 (0. 87)	0. 0280 (0. 42)	0. 1111

资料来源：依据测算结果计算得到。

第三节 核密度收敛检验

通过上述 β 收敛检验可知，无论是绝对 β 收敛检验还是条件 β 收敛检验，均存在一定的局限。绝对 β 收敛成立的前提是各个经济体是封闭的，并假设所有经济体只存在一个稳态，这显然不符合各个经济体普惠金融发展的事实。而条件 β 收敛检验虽然考虑了外在因素对普惠金融发展地区差异动态演进的影响，并允许多个稳态存在，但若数据生成过程中存在大量的噪声或数据不稳定，则会产生一定的偏误（田旭等，

2016）。利希滕贝格（Lichtenberg，1994）的研究也证实了传统的巴罗（Barro）方程得出的 β 收敛结果可能存在错误的结论。而核密度估计法对样本数据不做任何假定，也不需要目标函数和先验知识，这在一定程度上能够解决 β 收敛检验的不足。因此，本书将采用核密度估计法对中国普惠金融发展区域差异的收敛性做进一步的检验。

一、模型介绍

核密度估计法是概率论中一种估算未知的密度函数，也是非参数检验方法的一种，并由罗森布拉特（Rosenblatt，1956）和帕仁（Parzen，1962）较早提出。如果已知某一事物的概率分布，当某一个数出现在观测范围内，那么这个数以及与这个数距离相近的数的概率密度均很大，远离这个数的概率密度则比较小。针对观测中出现的第一个数，我们可以用核函数与概率"近大远小"的规律去拟合其概率密度，再对所有观测数拟合出的多个概率密度分布函数，对多个概率密度分布函数进行加权平均可模拟得到真实的概率分布曲线。在使用该方法时，对普惠金融发展指数数据不做任何假定，不用任何数据分布的目标函数和先验知识，而是直接从数据本身出发，平滑地描述随机变量变化趋势和演变特征。与参数估计相比，其函数的形式可灵活设定且因变量和自变量的限制条件较少，故适应性较强。

假定 X_1，X_2，$\cdots$，X_n 是服从独立同分布的 n 个样本点，本书这里指对应的 2005 ~ 2017 年的各省份普惠金融发展数据，设其对应的密度函数为 $f(x)$，$f(x)$ 未知，需要通过样本进行估计。X_1，X_2，$\cdots$，X_n 的经验分布函数为：

$$F(x) = \frac{1}{n}\{X_1, X_2, \cdots, X_n\} \tag{6.44}$$

可得密度估计函数式为：

$$f_h(x) = \frac{F_n(x + h_n) - F_n(x - h_n)}{2h}$$

$$= \int_{x-h_n}^{x+h_n} \frac{1}{h} K\left(\frac{t-x}{h_n}\right) dF_n(t)$$

$$= \frac{1}{nh} \sum_{i=1}^{n} K\left(\frac{X_i - x}{h_n}\right) \tag{6.45}$$

其中，n 为普惠金融发展数据的总数；h 为带宽，其越大，核密度曲线越平滑；K(·) 为核函数，它是一个非负的加权函数或平滑转化函数；X_i 为普惠金融发展水平值，具有独立同分布特征；x 为它的均值。

核函数是一种平滑转换函数或加权函数，通常采用均匀核、三角核、四次方核、伊番科尼可夫核以及高斯核等类型（见表 6 - 5），其满足限制条件如下：

$$\begin{cases} \lim_{x \to \infty} K(x) \cdot x = 0 \\ K(x) \geq 0 \text{ 且} \int_{-\infty}^{+\infty} K(x) dx = 1 \\ \sup K(x) < +\infty \text{ 且} \int_{-\infty}^{+\infty} K^2(x) dx < +\infty \end{cases} \tag{6.46}$$

表 6 - 5   常用的核函数

核函数名称	核函数数学形式	δ
均匀核	$K(x) = \frac{1}{2}\{-1 \leq x \leq 1\}$	1.3510
三角核	$K(x) = (1 - |x|)\{-1 \leq x \leq 1\}$	—
四次方核	$K(x) = \frac{15}{16}(1 - x^2)^3\{-1 \leq x \leq 1\}$	2.0362
伊番科尼可夫核	$K(x) = \frac{3}{4}(1 - x^2)\{-1 \leq x \leq 1\}$	1.7188
三权核	$K(x) = \frac{35}{32}(1 - x^2)^3\{-1 \leq x \leq 1\}$	2.3122
三三核	$K(x) = \frac{70}{81}(1 - |x|^3)^3\{-1 \leq x \leq 1\}$	—
高斯核	$K(x) = \frac{1}{\sqrt{2\pi}}exp(-\frac{x^2}{2})\{-1 \leq x \leq 1\}$	0.7764

注：δ 为用来计算"Silverman 嵌入估计"的常数。

　　本书采用高斯核函数来分析我国普惠金融发展地区差异的分布动态，并通过核密度图中密度曲线的变化，来考察不同时期的各地区（东部、中部和西部）和各区域（八大综合经济区）普惠金融发展的演进特征和变化趋势。例如，通过密度曲线的整体位置变化和分布趋势，考察整体上中国普惠金融发展水平和改善情况；通过密度曲线的峰高和峰宽，考察中国普惠金融发展是否趋异，普惠金融发展的地区差异是否扩大；通过密度曲线的拖尾性，考察中国普惠金融发展分布差距的大小等。

二、检验结果

（一）全国及东部、中部和西部核密度收敛检验

1. 全国核密度收敛检验

　　由图 6 - 6 可知，从分布的位置看，2005 ~ 2017 年普惠金融发展指数的分布持续右移，且 2005 年、2009 年、2013 年和 2017 年中国普惠金融发展指数均值分别为 0.0765、0.0940、0.1195 和 0.1621[①]，这说明全国层面的普惠金融发展水平在逐渐提高。从分布的形态看，2005 ~ 2017 年的主峰高度逐渐降低，且主峰宽度逐渐变宽，且 2005 年、2009 年、2013 年和 2017 年，中国普惠金融发展指数的变化范围分别在 0.0312 ~ 0.3213、0.0423 ~ 0.4234、0.0522 ~ 0.5747 和 0.0800 ~ 0.6292 之间[②]，这说明各地区普惠金融发展差异在逐渐扩大。从密度曲线的拖尾性来看，考察期内中国普惠金融发展指数的密度曲线均呈现右拖尾，且右拖尾依次变长，这说明各省份普惠金融发展差距在逐渐扩大，且某些省份（如上海、北京、天津）普惠金融发展速度较快，与普惠金融发展较慢的某些省份（如云南、湖南、广西）之间的差距在逐渐扩大。从波

---

　　①②　资料来源：依据测算结果计算得到。

峰数量来看，2005 年普惠金融发展指数分布由一个主峰两个侧峰构成，到 2009 年，普惠金融发展指数分布由一个主峰三个侧峰构成，侧峰数量增加，这说明出现了多级分化现象，普惠金融发展较快的省份与普惠金融发展较慢的省份间差距越来越大。而到 2013 年，普惠金融发展指数分布又变为一个主峰两个侧峰，侧峰数量减少，这说明我国普惠金融发展的多级分化现象得到了缓解。2017 年，普惠金融发展指数分布变为一个主峰而无侧峰，这说明我国普惠金融发展出现了收敛现象。

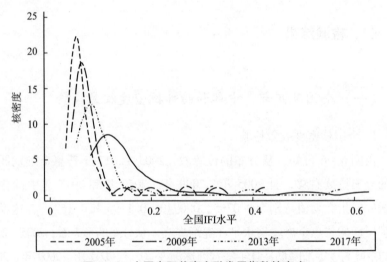

图 6 - 6　中国省际普惠金融发展指数核密度

资料来源：依据测算结果绘制。

2. 东部、中部和西部核密度收敛检验

由图 6 - 7 可知，从分布的位置看，2005 ~ 2017 年三大区域普惠金融发展指数的分布均持续右移，东部地区在 2005 年、2009 年、2013 年和 2017 年的普惠金融发展指数均值分别为 0.1216、0.1512、0.1938 和 0.2460，中部地区在 2005 年、2009 年、2013 年和 2017 年的普惠金融发展指数均值分别为 0.0484、0.0584、0.0688 和 0.1025，西部地区在 2005 年、2009 年、2013 年和 2017 年的普惠金融发展指数均值分别为

0.0539、0.0654、0.0852 和 0.1250①，这说明东中西三大区域的普惠金融发展水平在逐渐提高。从分布的形态看，2005～2017 年东部和西部地区的主峰高度逐渐降低，且主峰宽度逐渐变宽，这说明东部和西部各地区普惠金融发展差距在逐渐扩大。而中部地区在 2005～2013 年主峰高度逐渐升高，且主峰宽度逐渐变窄，这说明 2005～2013 年中部地区普惠金融发展差距在缩小。2017 年中部地区的主峰高度和宽度较 2013 年略有下降和扩大，这说明 2017 年中部地区普惠金融发展差距略有增加。从密度曲线的拖尾性来看，考察期内东部地区普惠金融发展指数的密度曲线均呈现右拖尾，且右拖尾依次变长，这说明东部地区各省份普惠金融发展差距在逐渐扩大，其中某些普惠金融发展速度较快的省份（如上海、北京、天津）与普惠金融发展较慢的某些省份（如河北、福建、海南）之间的差距在逐渐扩大。考察期内中部地区普惠金融发展指数的密度曲线在 2005 年并未表现出拖尾现象，而在 2009～2017 年表现出右拖尾，但右拖尾先变长后变短，这说明 2009～2013 年中部地区各省份普惠金融发展差距逐渐扩大，而到了 2017 年，其各省份普惠金

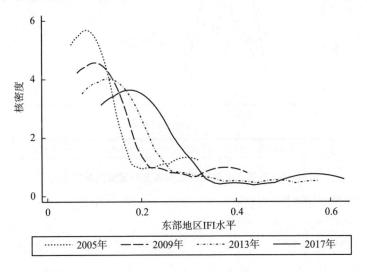

---

① 资料来源：依据测算结果计算得到。

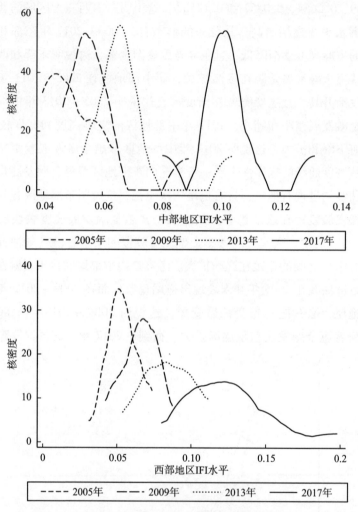

图 6-7 东部、中部和西部普惠金融发展指数核密度

资料来源: 依据测算结果绘制。

融发展差距逐渐缩小。考察期内西部地区普惠金融发展指数的密度曲线
在 2005~2013 年并未表现出拖尾现象, 2017 年表现出小幅度右拖尾,
这说明 2017 年西部各省份普惠金融发展差距略有增加。从波峰数量来
看, 东部地区的普惠金融发展指数分布除了在 2009 年呈现出一个主峰

一个侧峰外，其余考察期内均呈现一个主峰而无侧峰状态，这说明东部地区的普惠金融发展呈现出一定的收敛现象。中部地区的普惠金融发展指数分布除了在2005年呈现出两个主峰外，其余考察期内均呈现一个主峰而无侧峰状态，这说明中部地区的普惠金融发展在2005年呈现两极分化状态，而之后两极分化状态得到改善，并呈现出一定的收敛状态。西部地区的普惠金融发展指数分布在考察期内一直呈单峰分布，这说明西部地区在考察期内不存在极化现象。

（二）八大综合经济区核密度收敛检验

由图6-8可知，从分布的位置看，观测期内八大综合经济区普惠金融发展指数分布曲线的中心均持续右移，且东北综合经济区在2005年、2009年、2013年和2017年的普惠金融发展指数均值分别为0.0597、0.0650、0.0791和0.1329，北部沿海综合经济区在2005年、2009年、2013年和2017年的普惠金融发展指数均值分别为0.1371、0.1659、0.2002和0.2564，东北沿海综合经济区在2005年、2009年、2013年和2017年的普惠金融发展指数均值分别为0.1700、0.2224、0.2973和0.3447，南部沿海综合经济区在2005年、2009年、2013年和2017年的普惠金融发展指数均值分别为0.0662、0.0823、0.1094和0.1521，黄河中游综合经济区在2005年、2009年、2013年和2017年的普惠金融发展指数均值分别为0.0563、0.0656、0.0798和0.1151，长江中游综合经济区在2005年、2009年、2013年和2017年的普惠金融发展指数均值分别为0.0436、0.0532、0.0629和0.0950，大西南综合经济区在2005年、2009年、2013年和2017年的普惠金融发展指数均值分别为0.0491、0.0658、0.0789和0.1044，大西北综合经济区在2005年、2009年、2013年和2017年的普惠金融发展指数均值分别为0.0582、0.0676、0.0961和0.1498[1]，这说明八大综合经济区的普惠金融发展水平在逐渐提高。从分布的形态看，东北和南部沿海综合经济

---

① 资料来源：依据测算结果计算得到。

区的演变基本一致，总体上都表现为 2005～2009 年的主峰高度上升、宽度变窄和 2009～2017 年的主峰高度下降、宽度变宽，这说明 2005～2009 年，东北和南部沿海综合经济区内普惠金融发展的离散程度有所降低，各地区间普惠金融发展差距在缩小，而在 2009～2017 年，东北和南部沿海综合经济区内普惠金融发展的离散程度加大，各地区间普惠金融发展差距在逐渐扩大。北部沿海、东部沿海和长江中游综合经济区的演变基本一致，总体上都表现为主峰高度下降、宽度增加，这说明北部沿海、东部沿海和长江中游综合经济区的普惠金融发展的离散程度有所增加，各地区间普惠金融发展差距在逐渐扩大。黄河中游和大西北综合经济区的演变基本一致，总体上都表现为主峰高度先下降后上升，主峰宽度先变宽后变窄，但整体上表现为主峰高度下降，宽度变宽，这说明黄河中游和大西北综合经济区的普惠金融发展经历了离散程度加大到离散程度变小，但总体上离散程度加大，差距增加。大西南综合经济区的主峰高度经历了下降—上升—下降，主峰宽度经历了变宽—变窄—变宽，但总体上表现为主峰高度下降，宽度变宽，这说明大西南综合经济区的普惠金融发展离散程度有所增加，各地区间普惠金融发展差距在逐渐扩大。从密度曲线的拖尾性来看，八大综合经济区的分布曲线拖尾现象不明显，仅大西北综合经济区在 2017 年存在右拖尾延长趋势，这说明大西北综合经济区的普惠金融发展差距有扩大的趋势。从波峰数量来看，除北部沿海和黄河中游综合经济区外，其综合经济区均由一个主峰构成，这说明除北部沿海和黄河中游综合经济区外，其他综合经济区考察期内均不存在极化现象。北部沿海综合经济区在考察期内呈双主峰，这说明北部沿海综合经济区存在两极分化现象。黄河中游综合经济区在考察期内呈双峰或多峰，这说明黄河中游综合经济区存在两级或多级分化现象。

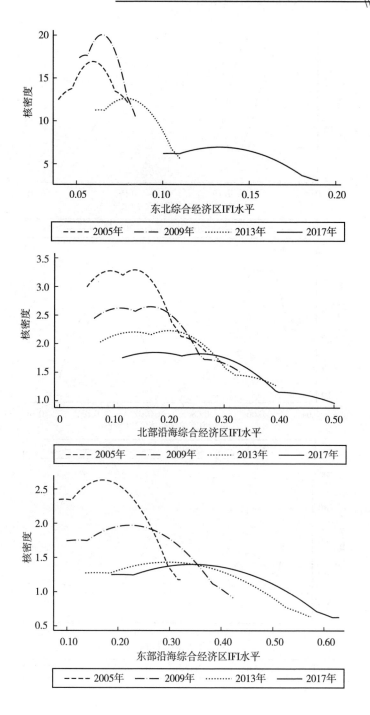

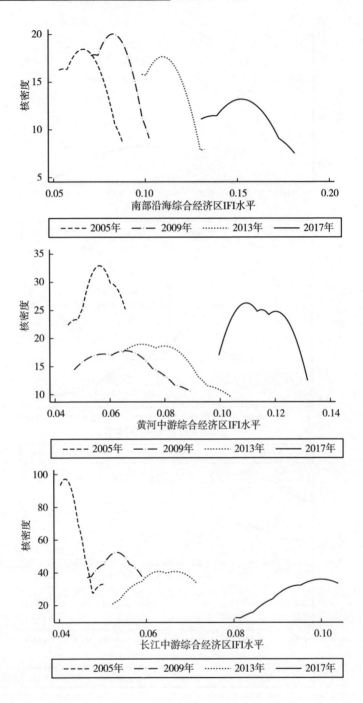

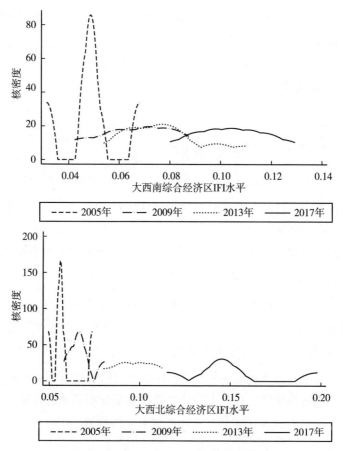

图6-8　八大综合经济区普惠金融发展指数核密度

资料来源：依据测算结果绘制。

第四节　马尔可夫链收敛检验

上述核密度估计虽然能够较好地反映我国普惠金融发展地区差异的动态演进和变化趋势，但是无法有效地反映普惠金融发展地区差异在区域间以及区域内部的转移和流动情况，而马尔可夫链计算的转移概率矩阵却能很好地反映区域间以及区域内部的各地区普惠金融发展水平的转移情况。因此，本书继续采用马尔可夫链方法对中国普惠金融发展区域差异的收敛性进行有效检验。

一、模型介绍

（一）马尔可夫链分析方法

马尔可夫链是具有马尔可夫性质的离散事件随机变量的集合，在这种随机过程中，已知当期的状态和所持有的信息量，那么下一期的变化不依赖于上一期的变化，而只依赖于当期的变化。假设一组具有马尔可夫性质的随机变量集合 $X = \{X_n : n > 0\}$，其取值均在可数集内：$X = q_i$，$q_i \in Q$，且条件概率满足式（6.47）：

$$p(X_{t+1} \mid X_t, \cdots, X_1) = p(X_{t+1} \mid X_t) \qquad (6.47)$$

则 X 被称为马尔可夫链。式（6.47）表明随机变量 X_{t+1} 仅与随机变量 X_t 有关，而与其他随机变量 X_0，X_1，X_2，$\cdots$，X_{t-1} 无关的性质。

马尔可夫链方法通过矩阵排列有限状态空间中所有状态的转移概率的方法构造转移矩阵，以此来描述某随机变量分布的演进特征。

将马尔可夫链 X 的单步转移概率和 n 步转移概率定义如下：

$$P_{i_n i_{n+1}} = p(X_{n+1} = q_{i_{n+1}} \mid X_n = q_{i_n}) \qquad (6.48)$$

$$P_{i_0 i_n}^{(n)} = p(X_n = q_{i_n} \mid X_0 = q_{i_0}) \qquad (6.49)$$

给定初始概率 $\alpha_{i_0} = p(X_0)$ 后，马尔可夫链的有限维分布可通过式（6.50）得到：

$$p(A_n) = \alpha_{i_0} P_{i_0 i_1} P_{i_1 i_2} \cdots P_{i_{n-1} i_n}$$

$$p(X_{n+1} = q_{i_{n+1}} \mid A_n) = P_{i_n i_{n+1}} \qquad (6.50)$$

$$p(A_{n+1}) = p(A_n) P_{i_n i_{n+1}}$$

其中，$A_n = \{X_n = q_{i_n}, X_{n-1} = q_{i_{n-1}}, X_{n-2} = q_{i_{n-2}}, \cdots, X_0 = q_{i_0}\}$ 为马尔可夫链的每步取值，即样本轨道。

矩阵排列有限状态空间中所有状态的转移概率，则得到转移矩阵，如式（6.51）所示：

$$P = (P_{ij}) = (P_{i_n i_{n+1}}) = \begin{bmatrix} P_{00} & P_{01} & P_{02} & \cdots \\ P_{10} & P_{11} & P_{12} & \cdots \\ \vdots & \vdots & \vdots & \vdots \\ P_{n0} & P_{n1} & P_{n2} & \cdots \end{bmatrix} \tag{6.51}$$

其中，该转移矩阵具备以下两个性质：

① $0 \leqslant P_{ij} \leqslant 1(i, j = 1, 2, 3, \cdots, n)$；

② $\sum P_{ij} = 1(i, j = 1, 2, 3, \cdots, n)$。

本书将普惠金融发展指数划分为 N 种类型，这样可得到一个 $N \times N$ 的转移矩阵，定义普惠金融发展指数由状态 i 转移到状态 j 的转移概率为 P_{ij}，则转移矩阵 P 可表示为由 P_{ij} 所组成的 $N \times N$ 维矩阵，并通过计算相应类型的概率分布及其年际变化构建转移矩阵，来描述区域普惠金融发展的分布演进特征。设马尔可夫过程 $\{X(t), t \in T\}$ 的状态空间为 W，记 $P_{ij} = p\{X_{t+1} = j | X_t = i, i, j \in W\}$，则普惠金融发展指数由状态 i 转移到状态 j 的转移矩阵可表示为：

$$P = (P_{ij}) = \begin{bmatrix} P_{11} & P_{12} & \cdots & P_{1N} \\ P_{21} & P_{22} & \cdots & P_{2N} \\ \vdots & \vdots & \vdots & \vdots \\ P_{N1} & P_{N2} & \cdots & P_{NN} \end{bmatrix} \tag{6.52}$$

设 t 时期普惠金融发展指数的分布状态为 E_t，那么，$t+1$ 时期普惠金融发展指数的分布状态可表示为 $E_{t+1} = E_t P^{(1)}$；若马尔可夫链具有时间平稳性或同质性，$t+k$ 时期普惠金融发展指数的分布状态则可表示为 $E_{t+k} = E_t P^{(k)}$；若矩阵 P 是正规概率矩阵，则矩阵 P 的平稳状态 $\lim_{k \to \infty} P^{(k)} = \pi$ 满足：

① $\sum_{i \in W} \pi_i P_{ij} = \pi_j, \pi_j > 0$；

② $\sum_{i \in W} \pi_i = 1$。

本书这里采用极大似然估计计算普惠金融发展指数的转移概率，其

具体计算公式如下:

$$P_{ij} = \frac{n_{ij}}{n_i} \tag{6.53}$$

其中,n_{ij} 表示考察期内由 t 时期第 i 种类型在 t+1 时期转移为 j 种类型的地区数量,n_i 是考察期内第 i 种类型的地区数量之和。

为了便于理解,本书将区域普惠金融发展水平类型之间的转移表示为 4×4 的马尔可夫转移矩阵,如表 6-6 所示。

表 6-6   马尔可夫转移矩阵 (N=4)

t_i / t_{i+1}	1	2	3	4
1	P_{11}	P_{12}	P_{13}	P_{14}
2	P_{21}	P_{22}	P_{23}	P_{24}
3	P_{31}	P_{32}	P_{33}	P_{34}
4	P_{41}	P_{42}	P_{43}	P_{44}

(二) 空间马尔可夫链分析方法

鉴于上述的马尔可夫链分析方法没有考虑到空间效应,并将区域看作独立的个体且无任何相互关联。显然,这种假设存在很大的局限性,而空间马尔可夫链分析方法恰恰弥补了其不足,用于分析区域之间的空间关系对地区普惠金融发展差异收敛性的影响。空间马尔可夫转移概率矩阵以区域在初始年份的空间滞后类型为条件,将传统的 N×N 马尔可夫矩阵分解为 N 个 N×N 条件转移概率矩阵。对第 N 个条件矩阵而言,$P_{ij}(N)$ 表示以区域在 t 年份的空间滞后类型 N 为条件,在下一年份从类型 i 变为类型 j 的转移概率。空间马尔可夫转移概率矩阵可用于分析不同区域背景(空间滞后类型)下,一个地区向上或向下转移的可能性,如表 6-7 所示。

表 6-7　　　　　　　　空间马尔可夫转移矩阵（N=4）

空间滞后	t_i/t_{i+1}	1	2	3	4
1	1	$P_{11/1}$	$P_{12/1}$	$P_{13/1}$	$P_{14/1}$
	2	$P_{21/1}$	$P_{22/1}$	$P_{23/1}$	$P_{24/1}$
	3	$P_{31/1}$	$P_{32/1}$	$P_{33/1}$	$P_{34/1}$
	4	$P_{41/1}$	$P_{42/1}$	$P_{43/1}$	$P_{44/1}$
2	1	$P_{11/2}$	$P_{12/2}$	$P_{13/2}$	$P_{14/2}$
	2	$P_{21/2}$	$P_{22/2}$	$P_{23/2}$	$P_{24/2}$
	3	$P_{31/2}$	$P_{32/2}$	$P_{33/2}$	$P_{34/2}$
	4	$P_{41/2}$	$P_{42/2}$	$P_{43/2}$	$P_{44/2}$
3	1	$P_{11/3}$	$P_{12/3}$	$P_{13/3}$	$P_{14/3}$
	2	$P_{21/3}$	$P_{22/3}$	$P_{23/3}$	$P_{24/3}$
	3	$P_{31/3}$	$P_{32/3}$	$P_{33/3}$	$P_{34/3}$
	4	$P_{41/3}$	$P_{42/3}$	$P_{43/3}$	$P_{44/3}$
4	1	$P_{11/4}$	$P_{12/4}$	$P_{13/4}$	$P_{14/4}$
	2	$P_{21/4}$	$P_{22/4}$	$P_{23/4}$	$P_{24/4}$
	3	$P_{31/4}$	$P_{32/4}$	$P_{33/4}$	$P_{34/4}$
	4	$P_{41/4}$	$P_{42/4}$	$P_{43/4}$	$P_{44/4}$

二、检验结果

（一）传统马尔科夫链收敛检验

第一步：划分状态分类。本书以全样本普惠金融发展指数 25%、50%、75% 的分位数为临界点，将区域普惠金融发展水平划分为以下 4 种类型。

类型 1：普惠金融发展处于低水平，区间为 [0, 0.0585]；[1]

---

[1]　资料来源：依据测算结果计算得到。

类型2：普惠金融发展处于中低水平，区间为（0.0585，0.0803］；①

类型3：普惠金融发展处于中高水平，区间为（0.0803，0.1137］；②

类型4：普惠金融发展处于高水平，区间为（0.1137，1］。③

各省份2005~2017年普惠金融发展水平的类型如表6-8所示。

表6-8 2005~2017年中国省际普惠金融发展水平类型

地区	2005年	2006年	2007年	2008年	2009年	2010年	2011年	2012年	2013年	2014年	2015年	2016年	2017年
北京	4	4	4	4	4	4	4	4	4	4	4	4	4
天津	4	4	4	4	4	4	4	4	4	4	4	4	4
河北	1	1	1	1	2	2	2	2	2	3	3	3	4
山西	2	2	2	2	3	3	3	3	3	3	4	4	4
内蒙古	1	1	1	1	1	1	1	2	2	2	3	3	4
辽宁	3	2	3	3	3	3	3	3	3	4	4	4	4
吉林	2	1	1	1	2	2	1	2	2	2	3	3	3
黑龙江	1	1	1	1	1	1	1	1	2	2	3	3	3
上海	4	4	4	4	4	4	4	4	4	4	4	4	4
江苏	3	2	3	3	3	3	4	4	4	4	4	4	4
浙江	3	3	3	4	4	4	4	4	4	4	4	4	4
安徽	1	1	1	1	2	2	2	2	2	2	3	3	3
福建	1	1	1	2	2	2	2	3	3	3	3	3	3
江西	1	1	1	1	1	1	1	1	2	2	3	3	3
山东	2	2	2	2	2	2	3	3	3	3	3	3	4
河南	1	1	1	1	1	2	2	2	2	2	2	3	3
湖北	1	1	1	1	1	2	1	2	2	2	2	3	3
湖南	1	1	1	1	1	1	1	1	1	1	2	2	2
广东	3	3	3	3	3	3	3	4	4	4	4	4	4

①②③ 资料来源：依据测算结果计算得到。

续表

地区	2005年	2006年	2007年	2008年	2009年	2010年	2011年	2012年	2013年	2014年	2015年	2016年	2017年
广西	1	1	1	1	1	1	1	1	1	1	2	2	2
海南	1	1	1	1	2	3	3	3	3	3	4	4	4
重庆	2	2	2	2	3	3	3	3	3	4	4	4	4
四川	1	1	1	2	2	3	2	3	3	3	3	3	4
贵州	1	1	1	1	1	2	2	2	2	2	3	3	3
云南	1	1	1	1	1	2	2	2	2	2	3	3	3
西藏	1	1	1	1	2	3	3	3	3	4	4	4	4
陕西	2	2	2	2	2	2	2	2	3	3	3	3	4
甘肃	1	4	1	1	2	2	2	2	2	3	4	4	4
青海	1	1	1	1	2	2	2	3	3	4	4	4	4
宁夏	2	2	2	2	3	3	3	3	4	4	4	4	4
新疆	1	1	1	1	1	2	2	2	3	3	3	3	4

　　第二步：计算转移概率，构建转移矩阵。表 6 – 9 中，对角线上的元素表示区域普惠金融发展水平的类型在 t + 1 期没有发生变化的概率，非对角线上的元素表示不同普惠金融发展水平类型之间的转移概率。第一行数据表示：处于第 1 类状态（即低水平）的省份中，有 80. 20% 的省份普惠金融发展水平仍保持在低水平状态，有 18. 81% 的省份普惠金融发展水平上升至中低水平状态，有 0. 99% 的省份普惠金融发展水平上升至高水平状态，这表明普惠金融发展水平低的省份，其普惠金融发展水平仍存在提高趋势。第二行数据表示：处于第 2 类状态（即中低水平）的省份中，有 72. 28% 的省份普惠金融发展水平仍保持在中低水平状态，有 2. 97% 的省份普惠金融发展水平下降到低水平状态，有 24. 75% 的省份普惠金融发展水平上升至中高水平状态，这表明普惠金融发展水平中低的省份，其普惠金融发展水平仍然存在提高的趋势。第三行数据表明：处于第 3 类状态（即中高水平）的省份中，有 79. 21% 的省份普

惠金融发展水平仍保持在中高水平状态，有 2.97% 的省份普惠金融发展水平下降到中低水平状态，另外有 17.82% 省份普惠金融发展水平上升到高水平状态，这表明普惠金融发展水平中高的省份，其普惠金融发展水平在逐渐向高水平转移。第四行数据表明：处于第 4 类状态（即高水平）的省份中，有 99.00% 的省份普惠金融发展水平仍保持在高水平状态，有 1.00% 的省份普惠金融发展水平下降到低水平状态，这表明普惠金融发展水平高的省份，其普惠金融发展水平基本保持不变。

表 6 - 9   2005 ~ 2017 年中国普惠金融发展的马尔可夫转移矩阵

t_i/t_{i+1}	类型 1（低）	类型 2（中低）	类型 3（中高）	类型 4（高）
类型 1（低）	0.8020	0.1881	0.0000	0.0099
类型 2（中低）	0.0297	0.7228	0.2475	0.0000
类型 3（中高）	0.0000	0.0297	0.7921	0.1782
类型 4（高）	0.0100	0.0000	0.0000	0.9900

资料来源：依据测算结果计算得到。

从表 6 - 9 可以看出，普惠金融发展水平的类型转移存在以下特点：

第一，中国省际普惠金融发展存在俱乐部趋同现象。所有处于主对角线上的元素转移概率均大于非对角线上的元素转移概率，这说明不同类型之间的普惠金融发展水平分布相对较稳定，组间转移较低，即普惠金融发展水平低、中低、中高以及高的省份仍然处于低、中低、中高以及高水平上的概率较大，中国普惠金融发展存在低水平、中低水平、中高水平和高水平 4 个趋同俱乐部。这可能是因为不同类型之间的普惠金融发展水平分布与经济基础、人才分布、政府扶持、金融资源以及市场化程度等因素相关，以至于各种类型间的资源流动较低。

第二，高水平趋同俱乐部的稳定性最大。处于第 4 类状态（即高水平）的省份中，有 99.00% 的省份普惠金融发展水平仍保持在高水平状态，而向下转移的可能性非常小，这说明处于高水平的省份具有较强的稳定性。相较而言，处于低、中低以及中高水平的省份中，分别有

80.20%、72.28%和79.21%的省份保持在原有状态，且向上转移的可能性较大。这可能是因为普惠金融发展水平与省份所具有的经济基础和金融资源呈正相关关系所致，处于高水平的省份，具有较为雄厚的经济实力和较为丰富的金融资源，能够有效地实现金融与人才发展的良性互动和金融服务格局的多样化，促进了金融业的繁荣和金融服务产品的丰富，扩大了金融服务的供给空间，保证了普惠金融连续稳定的发展。而随着经济发展，其余水平上省份的金融业也相继得到发展，进而带动该水平的普惠金融向上提升。

第三，高水平趋同俱乐部规模存在扩大趋势。比较不同类型之间转移的概率可以发现，高水平不存在向中高水平转移的可能性，而中高水平存在较大的向高水平转移的可能性；中高水平存在较小的向中低水平转移的可能性，而中低水平存在较大的向中高水平转移的可能性；中低水平存在较小的向低水平转移的可能性，而低水平存在较大的向中低水平转移的可能性。也就是说，不同类型之间转移概率排序呈现出"低→中低→中高→高"趋势，因而高水平趋同俱乐部规模存在扩大趋势。

（二）空间马尔科夫链收敛检验

第一步：检验中国省际普惠金融发展指数是否存在空间依赖性。本书使用莫兰指数来检验普惠金融发展指数的空间依赖性，其具体计算公式如下：

$$I = \frac{n \sum_{i=1}^{n} \sum_{j=1}^{n} w_{ij}(x_i - \bar{x})(x_j - \bar{x})}{\left(\sum_{i=1}^{n} \sum_{j=1}^{n} w_{ij}\right) \sum_{i=1}^{n} (x_i - \bar{x})^2} \tag{6.54}$$

其中，x_i，x_j 为观测值，w_{ij} 为地区 i 与地区 j 之间的空间权重。本书这里采用地理距离的倒数构建空间权重矩阵。

表6-10给出了莫兰指数检验结果，从中可以发现，2005~2017 年的莫兰指数均大于 0，且均通过显著性检验，这表明中国省际普惠金融发展存在显著的空间正相关性。为了更加直观地展现普惠金融发展的空

间依赖性，图6-9给出了2005年和2017年的莫兰散点图，可以发现，绝大部分省份位于低集聚板块，进一步验证了中国省际普惠金融发展的空间正相关性，因此，有必要考虑空间因素对马尔可夫链分析的影响。

表6-10　　　　　中国省际普惠金融发展的莫兰指数检验

年份	I	E (I)	sd (I)	z	p-value
2005	0.4980	-0.0330	0.1220	4.3620	0.0000 ***
2006	0.4650	-0.0330	0.1230	4.0400	0.0000 ***
2007	0.4650	-0.0330	0.1180	4.2240	0.0000 ***
2008	0.4150	-0.0330	0.1170	3.8420	0.0000 ***
2009	0.4850	-0.0330	0.1200	4.3210	0.0000 ***
2010	0.4460	-0.0330	0.1180	4.0450	0.0000 ***
2011	0.4270	-0.0330	0.1200	3.8400	0.0000 ***
2012	0.4350	-0.0330	0.1180	3.9850	0.0000 ***
2013	0.4030	-0.0330	0.1150	3.7750	0.0000 ***
2014	0.4090	-0.0330	0.1170	3.7750	0.0000 ***
2015	0.4140	-0.0330	0.1200	3.7400	0.0000 ***
2016	0.4050	-0.0330	0.1210	3.6340	0.0000 ***
2017	0.4070	-0.0330	0.1210	3.6490	0.0000 ***

资料来源：依据测算结果得到。

第二步：划分状态分类。按照前面传统马尔可夫链的数据划分方法，将各地区初始年份普惠金融发展的空间滞后项划分为4种类型。

类型1：普惠金融发展处于低水平，区间为 [0, 0.0585]；①

类型2：普惠金融发展处于中低水平，区间为 (0.0585, 0.0803]；②

类型3：普惠金融发展处于中高水平，区间为 (0.0803, 0.1137]；③

类型4：普惠金融发展处于高水平，区间为 (0.1137, 1]。④

①②③④　资料来源：依据测算结果计算得到。

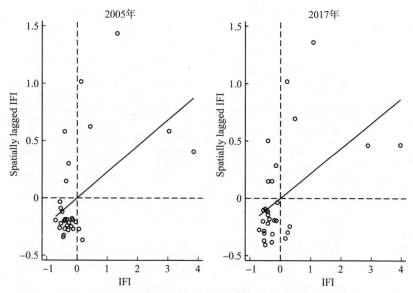

图 6 – 9　2005 年和 2017 年中国省际普惠金融的莫兰散点图

资料来源：依据测算结果绘制。

第三步：计算转移概率，构建转移矩阵。表 6 – 11 可以用来分析不同邻居类型的背景下，一个地区向上或向下转移的可能性。例如，表中空间滞后类型为 3 的条件矩阵可以用来考察中高水平的邻居对区域转移产生的影响，其中 $P_{12/3}$ 表示在周围邻居普惠金融发展处于中高水平的条件下，一个普惠金融发展处于低水平的地区向中低水平转移的可能性。此外，对比表 6 – 9 和表 6 – 11 还可以发现，一个地区向上或向下转移的可能性与周围邻居的关系。

表 6 – 11　　　2005 ~ 2017 年中国普惠金融发展的空间马尔可夫转移矩阵

空间滞后	t_i/t_{i+1}	类型 1（低）	类型 2（中低）	类型 3（中高）	类型 4（高）
类型 1 （低）	类型 1（低）	0.0000	0.0000	0.0000	0.0000
	类型 2（中低）	0.0000	0.0000	0.0000	0.0000
	类型 3（中高）	0.0000	0.0000	0.0000	0.0000
	类型 4（高）	0.0000	0.0000	0.0000	0.0000

空间滞后	t_i/t_{i+1}	类型1（低）	类型2（中低）	类型3（中高）	类型4（高）
类型2 （中低）	类型1（低）	0.7887	0.1972	0.0000	0.0141
	类型2（中低）	0.0161	0.7419	0.2419	0.0000
	类型3（中高）	0.0000	0.0175	0.8070	0.1754
	类型4（高）	0.0175	0.0000	0.0000	0.9825
类型3 （中高）	类型1（低）	0.8077	0.1923	0.0000	0.0000
	类型2（中低）	0.0588	0.7941	0.1471	0.0000
	类型3（中高）	0.0000	0.0488	0.7805	0.1707
	类型4（高）	0.0000	0.0000	0.0000	1.0000
类型4 （高）	类型1（低）	1.0000	0.0000	0.0000	0.0000
	类型2（中低）	0.0000	1.0000	0.0000	0.0000
	类型3（中高）	0.0000	0.0000	0.6667	0.3333
	类型4（高）	0.0000	0.0000	0.0000	1.0000

资料来源：依据测算结果计算得到。

从表6-11可以看出，普惠金融发展水平的类型转移存在以下特点：

第一，省份背景在普惠金融发展俱乐部趋同演变中起到了重要的作用。在不同的邻居类型下，普惠金融发展类型转移的可能性各不相同。例如，以中低水平的省份为邻时，低水平类型有78.87%的可能性保持不变，有19.72%的可能性会上升到中低水平，而以中高水平的省份为邻时，低水平类型有80.77%的可能性保持不变，有19.23%的可能性会上升到中低水平。

第二，不同省份背景在普惠金融发展类型转移中的作用各异。若以类型较高的省份为邻居，则其向上转移的可能性将会减少，向下转移的可能性将会增加，反之亦然。例如，以中低水平的省份为邻居，该省份有19.72%的可能性由低水平向中低水平转移，有24.19%的可能性由中低水平向中高水平转移，有17.54%的可能性由中高水平向高水平转移；而以中高水平的省份为邻居时，该省份有19.23%的可能性由低水平向中低水平转移，有 14.71% 的可能性由中低水平向中高水平转移，有 17.07% 的可能性由中高水平向高水平转移，可以发现，转移的可能性随着邻居类型的提高而有所下降。这可能是因为，与较高层级类型的省份为邻时，会存在抢占较低层级类型省份的金融资源的现象，进而不利于较低层级类型省份的普惠金融发展。

第三，普惠金融发展类型转移的可能性与省份和其邻居之间的差异程度不成比例。例如，处于低水平的省份，若以中高水平的省份为邻，其向上转移的可能性较与中低水平的省份为邻时下降了 0.49%，若以中高水平的省份为邻，下降得更明显。

第四，邻居类型层级越高，越有利于高水平趋同俱乐部的稳定。例如，与中低水平的省份为邻时，高水平省份有 98.25% 的可能性保持在高水平不变，而与中高水平的省份为邻时，高水平省份有 100.00% 的可能性保持在高水平不变，可见，保持稳定的可能性得到了明显的提升。

第五节 本 章 小 结

本章首先对新古典增长模型中收敛假说进行阐述，并在此基础上对模型进行扩展，引入普惠金融发展理念，从理论上探究普惠金融发展的收敛性。其次，利用中国 2005～2017 年 31 个省份的面板数据，利用 β 收敛、核密度以及马尔可夫链方法从静态和动态视角来检验我国普惠金融发展地区差异的演变特征。检验结果表明：

第一，从绝对 β 收敛来看，全国及区域间均不存在绝对 β 收敛，即不存在落后地区的普惠金融发展水平追赶发达地区的趋势，地区结构异质性突出。从条件 β 收敛来看，全国和东部地区的普惠金融发展水平存在条件 β 收敛，而中部和西部地区的普惠金融发展水平不存在条件 β 收敛，即全国和东部地区的普惠金融发展会收敛于各自的稳态水平，中部和西部地区的各省份间普惠金融发展存在不均衡的现象；北部沿海和东部沿海综合经济区均存在条件 β 收敛，而东北、南部沿海、黄河中游、长江中游、大西南和大西北综合经济区均不存在条件 β 收敛，即北部沿海和东部沿海综合经济区都会收敛于各自的稳定水平，其他综合经济区的各省份间普惠金融发展存在明显的地区差异。

第二，从核密度来看，在考察期内，全国、东中西三大区域以及八大综合经济区的普惠金融发展水平在逐渐提高；整体上各地区间普惠金融发展差距在扩大，而中部地区、东北综合经济区和南部沿海综合经济区的普惠金融发展差距经历了先减小后变大，黄河中游和大西北综合经济区经历了先变大后变小，大西北综合经济区经历了先变大后变小再变大；极化或收敛现象因地而异，其中，全国 31 个省份在 2017 年并未表现出极化现象，但出现了收敛现象，除中部地区、北部沿海综合经济区以及黄河中游综合经济区存在两级或多级分化现象外，其余地区或综合经济区均未表现出极化现象。

第三，从马尔可夫链来看，传统的马尔可夫链表明，中国省际普惠金融发展存在俱乐部趋同现象，不同类型之间的普惠金融发展水平分布相对较稳定，组间转移较低；高水平趋同俱乐部的稳定性最大，但高水平趋同俱乐部规模存在扩大趋势。空间的马尔可夫链表明，省份背景在普惠金融发展俱乐部趋同演变中起到了重要的作用，且不同省份背景在普惠金融发展类型转移中的作用各异；普惠金融发展类型转移的可能性与省份和邻居之间的差异程度不成比例，邻居类型层级越高，越有利于高水平趋同俱乐部的稳定。

第七章

中国普惠金融发展区域
差异影响因素分析

通过前面的分析可知，我国普惠金融发展地区差异明显，存在着显著的不协调、不均衡现象。如何弱化各地区普惠金融发展差异，以实现普惠金融的均衡和可持续发展，并有针对性地对普惠金融发展进行调整就成为新的思考议题。鉴于事物的发展与其外部影响因素是密不可分的，且普惠金融发展是一个多维度的概念，会受到诸多方面因素的影响，故探讨各因素对不同地区普惠金融发展的影响是非常有必要的。本章将重点讨论各外部因素对不同地区（包括东中西三大地区以及八大综合经济区）普惠金融发展的影响，并通过实证检验深入挖掘各影响因素对不同区域普惠金融发展的影响效应，以此来探寻弱化不同区域普惠金融发展差异的可行性路径，为普惠金融实现均衡化发展目标提供理论依据与实证支撑。

第一节　影响因素机理分析与研究假设

一、机理分析

普惠金融作为金融发展体系的重要组成部分，其发展也同样受到诸多因素的影响。本书在内生增长理论的框架下，借鉴兰齐洛蒂和萨温（Lanzillotti & Saving，1969）、董晓琳和徐虹（2012）的金融服务供给模型，构建如下理论模型。

假定各地区银行成本相同且银行仅提供定期存款服务，银行营业网点数均由当地金融服务需求决定，则均衡时的营业网点数代表了一个地区的金融服务最优水平。设第 i 个地区对银行存款服务的需求函数为：

$$T_i = \varphi(Income_i, People_i, r_i, r_{S_i}, c_i) \tag{7.1}$$

其中，$\varphi_{Income_i} > 0$，$\varphi_{People_i} > 0$，$\varphi_{r_i} < 0$，$\varphi_{r_{S_i}} > 0$，$\varphi_{c_i} < 0$。T 为平均存款余额，Income、People、r、r_S 以及 c 分别为人均收入、人口数、市场利率、定期存款利率以及获得定期存款的成本。

假设定期存款成本是人们距离最近银行网点的中值距离函数，且中值距离函数是人口集中度（K）和金融机构数（N）的函数，则：

$$c_i = h(d_i) \tag{7.2}$$

$$d_i = g(K_i, N_i) \tag{7.3}$$

其中，$h_{d_i} > 0$，$g_{K_i} < 0$，$g_{N_i} < 0$，$g_{K_i,N_i} > 0$。

由式（7.2）和式（7.3）可得：

$$c_i = h[g(K_i, N_i)] = H(K_i, N_i) \tag{7.4}$$

其中，$H_{K_i} < 0$，$H_{N_i} < 0$，$H_{K_i,N_i} > 0$。

均衡时，各地区的市场利率和定期存款利率保持一致，即 $r_i = r_j$，$r_{S_i} = r_{S_j}$。

将式（7.4）代入式（7.1）可以得到：

$$T_i = \varphi^*(Income_i, People_i, K_i, N_i) \tag{7.5}$$

其中，$\varphi^*_{Income_i} > 0$，$\varphi^*_{People_i} > 0$，$\varphi^*_{K_i,N_i} < 0$，则：

$$N_i = \eta(Income_i, People_i, K_i) \tag{7.6}$$

从式（7.6）可知，金融机构数受人均收入、人口数以及人口集中度的影响，这三个指标仅包含了经济和人口方面的影响，虽然在一定程度上阐释了影响金融机构的因素，但并不足够全面。且已有相关文献表明，一个地区的人口数量并不能充分体现金融排斥程度，而人口质量则是影响家庭与金融服务之间亲和度的主要原因。因此，在借鉴已有文献的基础上，结合中国的实际国情，笔者将经济、政策环境、教育、科技以及信用五个方面引入上述理论模型，将其调整为：

$$N_i = \eta(Economic_i, Society_i, Education_i, Science_i, Credit_i)$$

$$(7.7)$$

其中，Economic、Society、Education、Science 和 Credit 分别表示经济、政策环境、教育、科技以及信用方面的影响因素。

结合已有的文献，笔者从经济、政策环境、教育、科技、信用五个方面，选择经济发展水平、政府干预、市场化、教育水平、信息化以及企业信用这六个指标来具体阐述其对普惠金融发展的影响。具体说明如下：

第一，经济发展为普惠金融的发展打下了良好的基础，是影响普惠金融发展地区差异的重要因素。现代经济从本质上讲就是一种发达的货币信用经济，显然金融作为现代经济的核心，其与经济两者之间的关系是密不可分的。熊彼特（Schumpeter，1911）认为一国金融部门的发展对本国人均收入水平及增长率具有积极的促进效果，即金融发展对经济增长存在长期的促进作用。这点在麦金农（Mckinnon，1973）的"金融抑制"理论和肖（Shaw，1973）的"金融深化"理论中也都得到了很好的支撑。同时，在数据检验中也给予了有力实证支持，包括：戈德史密斯（Goldsmith，1969）选取 35 个国家（地区）1860~1963 年的数据作为研究样本，发现经济与金融发展之间存在着一种粗略的平行关系，即经济与金融发展存在促进作用；金和莱文（King & Levine，1993）选取 80 个国家（地区）1960~1989 年的数据作为研究样本，发现金融发展对经济增长不仅存在较大的推动效应，同时两者也存在相互的促进效应。金融发展可以通过促进储蓄总量的增加、资本形成速率和规模的提高、资本配置效率的提升等多面实现对经济发展的推动作用。反过来，经济发展又为金融成长提供相关的环境和政策支持，以此引致和促进金融发展，使两者形成一种相互依赖的关系。可见，金融发展和实体经济增长是互相推动的，呈现一种良性的互动关系（王曙光，2010）。虽然金融发展能够促进经济增长，但金融发展的内在质量的提升却只能由经济增长所引致（武志，2010）。也就是说，经济增长本身又使得经济体系对金融服务的需求增加，反过来也促进了金融的发展和不断的自由化。而普惠金融作为金融发展体系的重要组成部分，其发展也必然会受到地区经济发展水平的影响。当经济发展处于较低水平时，相应的金融服务需求较少，金融供给的数量和质量都得不到有效的提升，进而抑制了普惠金融的发展；当经济发展处于较高水平时，相应的金融服务需求增加，金融创新能力随之增强，供给产品种类也趋于丰富和多元化，以此来促进普惠金融的发展（陆凤芝等，2017）。可以说，经济发展水平越高，其所带来的发展红利也就越多，也就越有利于促进普惠金融的发展。但是值得注意的是，由经济发展水平提高带来的普惠金融发展红利，会拉大地区间普惠金融发展的差距，尤其是经济发达地区与经济落后地区之间的普惠金融发展差距，进而造成普惠金融发展地区异质性突出。

第二，政府为普惠金融发展提供了良好的生态环境，是影响普惠金融发展地区差异的重要因素。普惠金融的核心理念在于"共享"和"普惠"，基本原则是机会均等与可持续发展，体现着政策性金融与商业性金融相互融合的特点。在普惠金融政策实施的过程中，包括市场失灵和金融排斥等相关问题很难使其普惠功能得到充分发挥，而这时候要想获得良好的效果就必须依靠政府的主导作用来完成，政府在普惠金融发展的过程中扮演着顶层设计者、推动者、驱动者以及监管者的角色，通过有效的制度和行政手段来助推多元化金融体系的构建和完善，弥补金融服务领域出现的"空白地带"，为普惠金融的发展提供良好的生态环境。首先，政府在普惠金融发展中扮演着顶层设计的角色。政府通过制定明确的发展战略和实施计划，鼓励金融机构进行创新，降低金融服务壁垒，提高金融服务向低端客户的渗透性。其次，政府在普惠金融基础设施建设中扮演着推动者的角色。通过政府对普惠金融发展基础设施建设的引导和投资，促进普惠金融产品创新和金融服务覆盖面的扩大，以此来促进普惠金融政策目标的实现。再次，政府在普惠金融交易中扮演着驱动者的角色。政府推动普惠金融发展最直接、最有效的途径是转移支付（郭新明，2015），通过转移支付的援助模式扩大普惠金融的覆盖面和提高金融机构参与的积极性，降低低收入群体的金融风险，并能有效遏制财政寻租行为。最后，政府在普惠金融交易中扮演着监管者的角色，对普惠金融发展专项资金实施有效的监管，保证普惠金融政策的良性推进，坚决打击披着普惠金融"外衣"的非法金融活动。可以说，普惠金融的发展离不开政府的"有形之手"，政府能够通过有效的制度和行政手段来解决普惠金融的普惠性、包容性与金融机构的商业性、趋利性的天然冲突，化解普惠金融服务对象的分散化与金融机构追求规模化的目标冲突，打破普惠金融周期长、成本高与金融机构更关注短期效益的利益冲突，助推普惠金融的发展。在政府的政策倾斜和税收优惠等"有形之手"的帮扶和引导下，普惠金融发展的区域协调性得到明显提高，尽管发达地区和落后地区之间的普惠金融发展差异显著，但地区内部各省份的普惠金融发展差异被明显弱化，普惠金融越来越向均衡化发展演变。

第三，市场化是普惠金融发展的"双刃剑"，是影响普惠金融发展地区差异的重要因素。普惠金融并没有改变金融的本质属性，它的核心属性仍然是商业性而不是政策性，必须建立在商业化可持续发展基础之上，按照市场化原则来进行运营，同时坚持走保本微利的可持续发展道路（杜晓山，2017）。吕家进（2014）强调普惠金融发展要坚持运用市场化的机制和商业化的手段来完成，这样才能保证金融机构的商业可持续性。国务院在2015年出台的《推进普惠金融发展规划（2016—2020年)》中也明确提出普惠金融发展要坚持"政府引导、市场主导"的原则。同时，中国银行保险监督委员会在2018年撰写的《中国普惠金融发展情况报告》（简称"白皮书"）中也再次强调发挥市场主导作用是普惠金融发展的根本动力，发挥市场在金融资源配置中的决定性作用，并明确市场作为发展普惠金融的主体定位和主导作用。按照市场化原则引入竞争机制，积极推动银行、第三方支付和电信运营商三类机构共同参与移动金融业务，使金融服务的便利性、包容性以及普惠性得到进一步的增强，尤其是在支付服务供需矛盾较为突出的农村地区（白鹤祥，

2016)。普惠金融发展的可持续性必须要依托市场作用来完成,一个地方市场竞争越充分,资本的活跃程度越高,相应的金融服务渗透性也就越强,对该地区的普惠金融发展越有利。而事实上,我国市场化地区推进仍然是不均衡的,导致金融机构在不同程度的市场化地区做出利己的理性博弈。市场化程度较高的地区,即经济发达的区域,金融机构竞争白热化,将目标客户市场定位于大中型有实力的企业,以期获得高额的利润回报率。相应地,低收入群体、小微企业以及边缘地区等的金融需求就会被忽视掉,抑制了该地区普惠金融的发展,加大了该区域普惠金融发展的地区差异;市场化程度一般的地区,即经济欠发达的区域,金融机构为在此求生存和发展,就会不断挖掘潜在的贫困人口等弱势群体客户,为其提供有效的金融服务,促使金融服务的深度和广度向边缘地区、贫困区域延伸,以此来扩充自己的市场占有份额,促进该地区普惠金融的发展,也有利于缩小普惠金融发展的地区差异。因此,可以说市场化程度的高低直接影响着普惠金融发展的地区差异。

第四,金融知识匮乏所导致的金融排斥直接阻碍了普惠金融的发展,是影响普惠金融发展地区差异的重要因素。良好的金融素养有助于消费者做出适当的金融决策以及提高正规金融市场的参与度,并对普惠金融发展产生积极的影响(粟勤和孟娜娜,2018)。普惠金融旨在提供覆盖面更广的金融服务,其主要服务对象是以中低收入者、小微企业、老年人和残障人士等特殊人群为代表的弱势群体。而弱势群体的金融素养通常较低[1],存在金融相关知识匮乏的现象,尤其是在偏远农村地区表现得最为明显,故金融知识的薄弱性也就成为经济主体了解及使用金融产品的重要障碍,这也是造成普惠金融发展地区差异明显的原因之一。一般而言,金融素养的提升有助于促进金融服务产品渗透率的提高,弱化普惠金融发展的地区异质性。中国人民银行金融消费权益保护

---

① 根据中国人民银行发布的《消费者金融素养调查分析报告(2017)》,农村居民的金融素养低于城市居民,其中低净值人群、贫困人群和残疾人的金融素养更低,而他们正是普惠金融的重点服务对象。

局于 2017 年 6 月发布《消费者金融素养调查分析报告（2017）》，指出消费者的受教育程度是影响金融素养的重要因素，受教育程度越高，消费者金融素养水平越高。该报告还指出，金融消费者的受教育年限每提高 10%，金融素养指数得分可以提高 1.67%。由此可见，教育水平对金融素养提升的重要性。教育水平能够增强消费者对金融领域相关概念的理解能力，帮助消费者正确使用金融产品和服务。具体来讲，一个地区的人们受教育程度越高，相关的知识面就会越宽泛，包括对金融知识的接触机会和掌握程度会得到有效的提升，能较为容易理解普惠金融的发展理念和运行模式，以此来促进该地区普惠金融的发展；反之，该地区的受教育程度较低，则会因为存在较高的认知成本而拒绝接受新生事物，进而排斥普惠金融的相关文化理念，以此来阻碍该地区普惠金融的政策推进。张号栋和尹志超（2016）认为金融知识可显著降低家庭金融排斥的概率，一个家庭关注并学习金融知识可以有效释放家庭的金融需求，降低信息获得成本，促进金融资源的有效利用。同时，一个家庭获得足够的金融知识有利于降低金融市场信息不对称对家庭参与金融活动带来的阻碍，有利于拉近家庭与金融服务间的关系。因此，一个地区的受教育水平直接影响着该地区的金融知识存量，影响着该地区的家庭与金融服务之间的亲和度，进而影响该地区的普惠金融发展水平，以及与其他地区普惠金融发展的差异。因此，教育水平的欠缺极大地影响着家庭对现代金融知识的认识和理解，进而降低家庭在普惠金融市场中参与度（Rooij et al.，2011）。这点与尹志超和仇化（2019）得出金融知识对金融参与度具有显著正向影响的结论不谋而合。因此，金融知识掌握程度的不同也会造成普惠金融发展的差异。

第五，信息化为普惠金融发展提供了新机遇，是影响普惠金融发展地区差异的重要因素。"互联网 + 金融"的新业态模式颠覆了传统商业金融的经营范围，为资本市场搭建了更为广阔的直接融资平台，进一步促使金融结构向合理化回归，使金融功能得到更有效的发挥，推动金融创新和金融深化，提高金融资源的整体配置效率，以此实现金融的高质量发展（孙英杰和林春，2019）。信息技术通过改变原有的产业技术效率、组织形式、竞争力以及渗透性来促进相关产业劳动力和资本生产效率的提高，以此来促进产业的发展（Dosi & Grazzi，2006；蔡跃洲和张钧南，2015）。由此可见，信息化对我国第三产业的发展龙头——金融业是至关重要的，并从理论（王广林，2001；张立洲，2002）和实证（邵宇开等，2006；张文婷，2016）的角度也都得到了一致的肯定。随着信息化时代的到来，将信息科技手段应用于金融业的改革之中，使金融业的成长获得了飞跃式的发展，通过创新服务渠道、金融产品和经营模式等方法，不断降低金融服务的成本，使更多的金融服务需求者尤其是贫困落后地区的金融服务需求者，获得低成本高效率的金融服务，同时提升金融服务实体经济的能力，弱化金融服务的地区差异。而普惠金融作为金融发展体系的重要组成部分，与信息化的结合是大势所趋。具体表现为：信息化为普惠金融发展提供基础设施，包括拓宽金融服务渠道以及丰富金融产品等；信息化促进普惠金融可使用性的增加，包括增加金融服务的信息对称性、降低金融服务的使用成本以及扩大金融服务的使用人群等；信息化促进普惠金融发展可持续性能力的增强，包括增加金融机构的盈利性、降低金融信用风险以及推动金融组织的变革等。同时，互联网作为实现数字普惠金融的主要工具，具有"开放、平等、协作、分享"的特点，能有效促进普惠金融发展地区差异的弱化。借助互联网的开放性使得普惠金融的覆盖面不断扩大，弱化传统金融服务地域差异限制；借助互联网的平等性，为各阶层的群体提供金融服务，实现普惠金融的普惠性，弱化金融服务的阶层差异限制；借助互联网的协作性提高金融服务的效率，实现普惠金融的高效发展，弱化金融发展效率差异限制；借助互联网的分享性降低金融服务成本，提高金融资源的共享性，弱化金融资源差异限制。可以说，大数据以及云计算等先进信息技术在金融服务的跨时空补给中扮演着重要的角色，从而使普惠金融更加快速、便捷地为金融服务需求者提供相应的服务，弱化普惠金融发展的地区差异，促进普惠金融均衡和可持续发展。

第六，信用是普惠金融市场发展的重要基石，是影响普惠金融发展地区差异的重要因素。信用是经济健康发展的前提条件，良好的信用不但能够改善经济状况，还能够促进生产效率提高，改善区域差异发展格局。厉以宁（2003）认为信用是经济活动中对交易者自身合法权益的尊重和维护，它的特点就是能够反映经济活动与经济承诺的一致性和连贯性。余源培（2010）认为信用是一种十分重要的社会资本，它是金融机构赖以生存的基础，也是金融制度建设中最重要的环节。信用制度的建立是金融市场发展的基础，良好的社会信用是强化金融安全和促进金融可持续发展的必要条件，同时也是连接金融的本质、合规以及金融创新的"桥梁"。完善的社会信用体系建设能够通过有效地约束市场经济环境下经济人的"有限理性"来提高金融产品的普及度，进而弱化金融发展的地区差异。企业信用是银企信息不对称的"调和剂"，通过降低由信息不对称产生的交易成本和潜在风险来增加普惠金融服务实体经济的能力，以此来助推普惠金融政策实现度。银企双方一旦出现信用缺失，继续合作的机会就会变得难以维持，也就相应阻碍了普惠金融发展。企业信用是企业在长期生产经营过程中形成的社会公众对其实现承诺的稳定预期，是企业遵纪守法、诚实守信以及维护利益相关者利益的现实表现，也是银行的信贷配给机制实现的必要前提（何宁，2018）。通常来讲，如果一个企业信用良好，则在一定程度上表明该企业偿债能力较强，不存在或存在较小的违约可能性。在企业进行信贷申请时，从银行角度来讲，一方面，银行能够基于企业以往信息获得更多相对有效的信息，降低银行甄别企业信息的信息成本；另一方面，良好的企业信用还能降低银行因信息弱势地位而出现逆向选择的可能性，大大增加了企业获得银行信贷的可能。从企业角度来讲，一方面，良好的企业信用降低企业提供虚假信息掩盖企业真实情况的道德风险，进而减少企业信息的提供成本；另一方面，良好的企业信用能够降低银行提高融资价格以覆盖其可能性损失的概率，进而减轻中小企业融资的隐形价格负担。可以说，良好的企业信用能够大大提高中小企业获得银行信贷配给的可能性，进而有利于普惠金融的发展。若从企业上升到地区，一个地区信用良好的企业越多，则越有利于该地区的普惠金融发展，越有利于减弱该地区与其他地区普惠金融发展的差异。

二、研究假设

基于上述理论分析，提出以下假设：

假设 1：经济发展水平与普惠金融发展呈正相关关系，是影响普惠金融发展地区差异的重要因素，即一个地区的经济发展水平越高，其经济增长的可能性越大，其金融服务供给产品种类和相关金融机构数量就会越多，人们所获得的金融服务满足感就会越强，其普惠金融发展也就会越好，相应地与经济发展水平较低地区的普惠金融发展差异就越大；反之，则不利于该地区的普惠金融发展，相应地普惠金融发展地区差异就越小。

假设 2：政府干预与普惠金融发展呈正相关关系，是影响普惠金融发展地区差异的重要因素，即政府对经济干预越多，其越能通过"有形之手"干预银行的信贷决策行为，促使银行业务向小微企业等弱势群体倾斜、向落后偏远地区延伸，并通过一定的政策导向和财税优惠扶持小微企业和落后地区的发展，进而有利于普惠金融发展，弱化普惠金融发展的地区差异；反之，则不利于普惠金融协调均衡化发展。

假设 3：市场化对普惠金融发展来讲是一把"双刃剑"，是影响普惠金融发展地区差异的重要因素，即市场化既有可能带来潜在客户金融服务的增加，有利于普惠金融向弱势群体、边缘地区以及贫困区域发展，减弱普惠金融发展的地区差异，又可能导致某些弱势群体、边缘地区以及贫困区域的金融服务被忽视，不利于普惠金融发展，加大普惠金融发展的地区差异。

假设 4：教育水平与普惠金融发展呈正相关关系，是影响普惠金融发展地区差异的重要因素，即教育水平高的地区，其金融知识存量高，金融排斥性低，进而家庭与金融服务之间的亲和度就高，对金融服务需求的多样化和有效性的要求就越高，也越有利于普惠金融政策的推进和实施以及地区差异的弱化；反之，则不利于普惠金融发展和差异的弱化。

假设 5：信息化与普惠金融发展呈正相关关系，是影响普惠金融发展地区差异的重要因素，即信息化水平越高的地区，其先进技术在金融服务中的应用越广泛，越能扩大普惠金融的覆盖面、降低普惠金融成本以及提高普惠金融的服务效率，越能促进普惠金融发展，弱化差异；反之，则不利于普惠金融发展和差异的弱化。

假设6：企业信用与普惠金融发展呈正相关关系，是影响普惠金融发展地区差异的重要因素，即企业信用越好，说明企业的信誉、合约履行以及遵守法纪的情况越好，越能获得金融机构的青睐，越容易从金融机构获取金融服务，越有利于普惠金融的发展。若一个区域信用良好的企业越多，则该区域的普惠金融发展就越好，越有利于减弱该区域内普惠金融发展的地区差异；反之，则不利于普惠金融发展和差异的弱化。

第二节　模型构建

一、普通面板模型的构建

普惠金融是一个多维度的概念，其发展受到诸多因素的影响是不可回避的。本书选取中国 2005～2017 年 31 个省份的面板数据，对影响普惠金融发展区域差异的因素进行实证检验。具体设定模型如下：

$$IFI_{it} = F(Economic_{it}, Government_{it}, Market_{it}, Edu_{it}, IDI_{it}, NPL_{it})$$
$$= (Economic_{it})^{\gamma_1}(Government_{it})^{\gamma_2}(Market_{it})^{\gamma_3}(Edu_{it})^{\gamma_4}$$
$$(IDI_{it})^{\gamma_5}(NPL_{it})^{\gamma_6}e^{\varphi_{it}} \tag{7.8}$$

将式（7.8）取对数可得：

$$\ln IFI_{it} = \alpha_0 + \gamma_1\ln Economic_{it} + \gamma_2\ln Government_{it} + \gamma_3\ln Market_{it}$$
$$+ \gamma_4\ln Edu_{it} + \gamma_5\ln IDI_{it} + \gamma_6\ln NPL_{it} + \varepsilon_{it} \tag{7.9}$$

其中，IFI 为普惠金融发展，Economic 为经济发展水平，Government 为政府干预，Market 为市场化，Edu 为教育水平，IDI 为信息化，NPL 为企业信用，i 与 t 分别为省级地区和时间变量，ε 为满足独立同分布且具有有限方差的随机扰动项。

鉴于相关文献中张宇和赵敏（2017）及杜强和潘怡（2016）等大部分学者采用固定效应模型来检验普惠金融的影响因素，并得出一些有价值的结论，因此本书这里也同样采用固定效应模型来进行相关检验。

二、空间面板模型的构建

从第六章空间马尔科夫链收敛检验中可知，中国省际普惠金融发展存在显著的空间正相关性，且普惠金融发展存在俱乐部趋同现象，这说明我国省际普惠金融发展存在空间依赖性和地理空间集群效应。因此，有必要将空间因素考虑到影响因素的模型构建中，在空间效应的基础上进一步探讨各影响因素对普惠金融发展区域差异的影响。

空间计量学的模型种类有很多，其中，空间面板模型主要有三种形式，即空间滞后模型（SLM）、空间误差模型（SEM）和空间杜宾模型（SDM）。空间杜宾模型（SDM）是在空间滞后模型（SLM）和空间误差模型（SEM）的基础上引入解释变量的空间滞后项，在一定程度上优化了上述两种模型（王建康等，2016）。对于本部分而言，基于空间视角研究各影响因素对普惠金融发展地区差异的影响，不仅需要考察本地区的普惠金融发展对周边地区普惠金融发展的影响，即本地区普惠金融发展的空间溢出效应，还需要考察本地区各影响因素对本地及周边地区普惠金融发展的影响，即本地区各影响因素的空间溢出效应。此外，空间杜宾模型（SDM）还将各影响因素对普惠金融发展的空间溢出效应分解为直接效应、间接效应和总效应，直接效应考察各影响因素对本地区普惠金融发展造成的平均影响，间接效应考察各影响因素对周边地区普惠金融发展造成的平均影响，总效应考察各影响因素对所有地区普惠金融发展造成的平均影响。因此，本部分主要采用空间杜宾模型（SDM）来进行有效检验。具体设定模型如下：

$$\ln IFI_{it} = \rho \sum_{j=1}^{n} w_{ij} \ln IFI_{it} + \beta \ln X_{it} + \delta \sum_{j=1}^{n} w_{ij} \ln X_{it} + \varepsilon_{it} \quad (7.10)$$

其中，ρ代表普惠金融发展的空间自回归系数，若ρ>0，则表示普惠金融发展存在正向空间溢出效应；若ρ<0，则表示普惠金融发展存在负向空间溢出效应。X代表影响普惠金融发展的因素，包括经济发展水平、政府干预、市场化、教育水平、信息化和企业信用。δ代表影响因素的空间自回归系数，若δ>0，则表示本地区影响因素对周边地区普惠金融发展存在正向溢出效应；若δ<0，则表示本地区影响因素对周边地区普惠金融发展存在负向溢出效应。

第三节　变量选取与数据来源

一、变量选取

经济发展水平（Economic）。对于经济发展的衡量，学者们主要采用人均收入、人均GDP和全要素生产率来衡量（郭田勇和丁潇，2015；董晓林和徐虹，2012；夏勇，2016；赵彦云和刘思明，2011；白俊红和吕晓红，2017）。人均收入和人均GDP只能反映经济增长数量的情况，且不能消除数据间的量纲和量级的差异；而全要素生产率主要反映要素的使用效率，其侧重点是经济发展方式的转变。鉴于经济发展水平的最优反映是经济增长的质量，且考虑到结果的可靠性，这里采用各地人均可支配收入与全国人均可支配收入比值来衡量。

政府干预（Government）。关于政府干预指标的衡量，学者们通常从以下两个层面来衡量：企业层面，通常采用政府持有国有上市公司股权性质或者企业最终控制人来衡量（唐雪松等，2010；刘行，2016）；宏观层面，通常采用政府干预指数、地方财政预算收支来衡量（王珏等，2015；陆铭和欧海军，2011）。鉴于本部分所研究的是地方政府对经济行为的干预，且考虑到数据的可得性，这里采用各地区财政一般预算支出与该地区GDP的比值来衡量。

市场化（Market）。市场化是由市场经济体制形成的市场运行机制和市场体系，是一个多维层面的概念。王小鲁等（2017）测算的市场化指数从政府和市场、非国有经济发展、产品市场的发育程度、要素市场的发育程度以及市场中介组织发育和法律制度环境五个方面诠释市场化指数，能够全面科学地体现一个地区的市场化程度。因此，这里采用市场化指数来衡量市场化程度，市场化指数由 5 个层面和 18 个具体指标构成，并通过算术平均法对其进行计算。针对文中缺失 2005~2007 年和 2015~2017 年两个区间段市场化指数数据，这里基于已有市场化指数得分数据运用外插值回归方法进行补齐。具体的指标体系构建如表 7-1 所示。

表 7-1　　　　　　　市场化指数指标体系构成

方面指数	指标数	分项指标	二级分项指标
政府与市场的关系	1	市场分配经济资源的比重	—
	2	减少政府对企业的干预	—
	3	缩小政府规模	—
非国有经济的发展	4	非国有经济在工业企业主营业务收入中所占比重	
	5	非国有经济在全社会固定资产总投资中所占比重	
	6	非国有经济就业人数占城镇总就业人数的比重	
产品市场的发育程度	7	价格由市场决定的程度	—
	8	减少商品市场上的地方保护	
要素市场的发育程度	9	金融业的市场化	金融业的竞争
	10		信贷资金分配的市场化
	11	人力资源供应条件	技术人员供应情况
	12		管理人员供应情况
	13		熟练工人供应情况
	14	技术成果市场化	—

续表

方面指数	指标数	分项指标	二级分项指标
市场中介组织的发育程度和法律制度环境	15	市场中介组织的发育	律师、会计师等市场中介组织服务条件
	16		行业协会对企业的帮助程度
	17	维护市场的法制环境	—
	18	知识产权保护	—

资料来源：王小鲁、樊纲、余静文：《中国分省份市场化指数报告》，社会科学文献出版社 2017 年版，第 52 页。

教育水平（Edu）。目前，联合国教科文组织（UNESCO）、经合组织（OECD）、亚洲开发银行（ADB）等广泛地使用平均受教育年限来衡量人口的受教育水平，这里也同样采用平均受教育年限来衡量。具体计算公式为 $Labor = P_1 \times 6 + P_2 \times 9 + P_3 \times 12 + P_4 \times 16$，其中 P_1、P_2、P_3 和 P_4 分别为小学、初中、高中中专和大专及以上教育程度居民占地区 6 岁及以上人口的比重。

信息化（IDI）。信息化发展指数从"基础设施、使用、知识、环境与效果和信息消费"五个方面诠释信息化的总体水平，能够全面科学地体现一个地区的信息化水平，因此，这里采用信息化发展指数来衡量信息化水平。信息化发展总指数由 5 个分类指数和 10 个具体指标构成，并通过对这 10 个具体指标的标准化来进行加权平均，计算出各分类指数值，再加权计算出总指数，各分类指数的权重分别为 25%、25%、20%、20% 和 10%（国家统计局统计科学研究所"信息化统计评价"研究组，2013）[1]。具体的指标体系构建如表 7-2 所示。

---

① 国家统计局统计科学研究所"信息化统计评价"研究组 . 2012 年中国信息化发展指数（Ⅱ）国际比较研究［J］. 调研世界，2013（1）：4-9.

表 7 - 2　　　　　　　　　信息化发展指数指标体系构成

分类指数		指标	单位	分类权重
基础设施指数	1	电视机拥有率	台/百人	25
	2	固定电话拥有率	部/百人	
	3	移动电话拥有率	部/百人	
	4	计算机拥有率	台/百人	
使用指数	5	每百人互联网用户数	户/百人	25
知识指数	6	教育指数（国外：成人识字率×2/3 + 综合入学率×1/3 国内：成人识字率×2/3 + 平均受教育年限×1/3）	%	20
环境与效果指数	7	信息产业增加值占国内生产总值（GDP）比重	%	20
	8	信息产业研究与开发经费占国内生产总值（GDP）比重	%	
	9	人均 GDP	元/人	
信息消费指数	10	信息消费系数	%	10

注：（1）信息产业增加值占国内生产总值（GDP）比重用第三产业增加值占国内生产总值（GDP）比重代替；

（2）信息产业研究与开发经费占国内生产总值（GDP）比重用全部研究与开发经费占国内生产总值（GDP）比重代替。

企业信用（NPL）。关于企业信用的衡量，现有文献研究通常从以下两个层面来衡量：微观层面，通常采用财务指标来衡量（张新民等，2012；满向昱等，2018）；宏观层面，通常采用商业银行不良贷款率来衡量（谭燕芝和张运东，2009；罗能生和吴枭宇，2016）。企业信用是企业在长期生产经营过程中形成的履行自身承诺的标识，也是银行提供信贷服务的前提。企业信贷服务的获得，能有效反映企业自身的信用状况，而银行用来测度企业信用的不良贷款率，也在一定程度上体现了企业信用合约的遵守情况。商业银行不良贷款率是企业信用的反向指标，不良贷款率越低，说明企业信用越好；反之，则说明企业信用越差。因此，这里采用"1 - 商业银行不良贷款率"来衡量企业信用。

各影响因素的具体变量定义说明如表7 - 3所示。

表7 - 3　　　　　　　　　　　　　变量定义

层面	变量名称	变量代号	计算方法	预期方向
经济	经济发展水平	Economic	各地人均可支配收入/全国人均可支配收入	正
政策环境	政府干预	Government	各地区财政支出/GDP	正
	市场化	Market	市场化指数	不确定
教育	教育水平	Edu	平均受教育年限	正
科技	信息化	IDI	信息化发展指数	正
信用	企业信用	NPL	1 - 商业银行不良贷款率	正

二、数据来源与描述性统计

本书使用中国2005 ~ 2017年31个省份的面板数据，其主要来源于历年的《中国区域金融运行报告》《中国金融年鉴》《中国财政年鉴》《中国人口和就业统计年鉴》《中国电子信息产业统计年鉴》《中国银行业监督管理委员会年报》，以及国家统计局和中国银行保险监督管理委员会网站等。各变量的描述性统计如表7 - 4所示。

表7 - 4　　　　　　　　　　各变量描述性统计

变量	Obs	Mean	Std. Dev.	Min	Max
IFI	403	0. 1104	0. 0999	0. 0268	0. 6292
Economic	403	1. 0287	0. 3433	0. 5579	2. 4218
Government	403	0. 2500	0. 2010	0. 0624	1. 6430
Market	403	5. 7568	2. 3587	- 0. 3000	12. 7047
Edu	403	8. 6063	1. 2167	3. 7384	12. 5025

变量	Obs	Mean	Std. Dev.	Min	Max
IDI	403	0.6678	0.1259	0.3973	1.1050
NPL	403	0.9632	0.0476	0.7526	0.9977

资料来源：笔者计算得到。

第四节　实证检验

一、基于普通面板模型的实证检验

（一）基准回归分析

1. 全国层面回归分析

从表7-5中的全国样本回归结果可知，影响因素表现为正向显著的包括政府干预、市场化和教育水平，其回归系数分别为0.2789、0.1851和2.2973，并均在1%水平上显著，这说明政府干预、市场化和教育水平对普惠金融发展存在显著的正向促进作用。显然，政府干预和市场化是反向指标，但均对普惠金融发展产生了显著的正向影响，这可能是因为普惠金融的发展存在着普惠性和商业性的天然冲突、分散化和规模化的需求矛盾、长期性和短期性的目标摩擦，故离不开政府"有形之手"的助力。而金融机构的发展离不开市场，市场化程度越高，其竞争越激烈，越能促进金融资源的有效配置、产品和管理的创新以及客户的开发，进而有利于为客户提供更为有效、便捷的服务，这在一定程度上也促进了普惠金融的发展。现阶段，我国普惠金融发展还处于相对较低的水平，应该进一步实施适度宽松的财政政策，稳步扩大市场化程度，并继续提升全民教育质量，这样才能够为我国普惠金融的发展提供良好的外在成长环境，使普惠金融政策得到有效的实施，从根本上满足弱势群体的金融服务需求，实现全民共享普惠金融果实。影响因素表现为不显著的包括经济发展水平、信息化和企业信用，其回归系数分别为0.0125、 −0.2095和0.0057，这表明经济发展水平、信息化和企业信用对普惠金融发展的影响不显著。这里信息化对普惠金融发展表现出一定的负向影响，这可能是因为，近些年信息化潮流势不可挡，极大地促进了传统金融业经营模式的升级和转型，为我们提供了更加方便、快捷的金融服务，但对于接触信息技术较少的偏远地区的人们和一些弱势群体来讲，信息化的金融服务产品并不能够让他们在短时间内接受和理解，相反会使其产生怀疑和排斥心理，进而在一定程度上弱化其对普惠金融发展的正向作用。综上所述，全国层面的政府干预、市场化和教育水平对普惠金融的发展具有重要影响。

表 7−5　　　　　　　　　　　　　基准回归分析

变量	全国	2005~2012 年	2013~2017 年
lnEconomic	0.0125 (0.18)	−0.2284 (−0.92)	0.0985 (1.27)
lnGovernment	0.2789 *** (4.79)	0.0512 (1.34)	0.5832 *** (5.38)
lnMarket	0.1851 *** (4.57)	−0.0995 *** (−3.37)	0.1727 * (1.68)
lnEdu	2.2973 *** (10.22)	−0.9507 *** (−3.70)	0.9452 *** (3.34)
lnIDI	−0.2095 (−1.46)	1.9673 *** (7.59)	0.9243 (0.81)
lnNPL	0.0057 (0.46)	0.0058 (0.36)	0.0780 (0.21)
C	−7.1378 *** (−13.43)	0.4879 (0.77)	−3.3803 *** (−6.06)

续表

变量	全国	2005~2012 年	2013~2017 年
R²	0.6890	0.6729	0.7617
Hausman test	0.0000	0.0000	0.1542
模型选择	FE	FE	RE

注：括号内为 t 或 z 统计量；*、**、***分别代表10%、5%、1%的显著水平。表7-6~表7-8、表7-10~表7-17同。

资料来源：笔者回归得到。

2. 时序层面回归分析

2013 年，党的十八届三中全会首次提出"发展普惠金融"，这是"普惠金融"第一次正式写入党的决议。这也意味着在今后的现代化金融体系建设中，金融服务的广度和深度、覆盖面和渗透率以及可获得性和可接触性均需要进一步提升，以实现全民共享平等的金融服务。因此，笔者以 2013 年为时间节点，将样本数据划分为 2005~2012 年和 2013~2017 年两个考察区间进行时序异质性分析。具体的回归结果如表 7-5 所示。

在 2005~2012 年考察区间，影响因素表现为正向显著的包括信息化，其回归系数为 1.9673，并在 1% 水平上显著，这说明信息化对普惠金融发展存在显著的正向促进作用。信息化的发展，不断推动互联网等信息技术在金融服务中的应用，这大大降低了金融服务成本、提高了金融服务效率、平等化了金融服务机会，有利于金融机构为各阶层的群体提供普惠金融服务。影响因素表现为负向显著的包括市场化和教育水平，其回归系数分别为 -0.0995 和 -0.9507，并均在 1% 水平上显著，这说明市场化和教育水平对普惠金融发展存在显著的反向抑制作用。这可能是因为在 2005~2012 年考察区间内，我国整体的市场化水平较低，市场化进程的推进为我国金融发展带来了新的机遇和挑战，也促使我国金融机构将服务对象更多地定位于高端客户或者海外客户，而忽视低端的弱势群体客户，进而阻碍普惠金融发展。此外，在 2005~2012 年考察区间内，我国的教育资源分布并不均衡，这导致受到良好教育的人会继续选择留在教育资源充沛的发达地区。同时，居民受教育水平的提高还会加速人口向发达地区流动，从而造成各地区人口规模、密度以及集中度等的差异，影响各地区金融机构的设立以及金融服务的提供，进而带动金融产业向发达地区倾斜，导致处于金融弱势地位的欠发达地区金融服务供给不足，居民或企业的金融服务可获得性较低，进而阻碍了普惠金融发展。影响因素表现为不显著的包括经济发展水平、政府干预和企业信用，其回归系数分别为 -0.2284、0.0512 和 0.0058，这说明经济发展水平、政府干预和企业信用对普惠金融发展的影响不显著。这里经济发展水平对普惠金融发展表现出一定的负向影响，这可能是因为经济发展水平提高会促使更多的金融资源向投资报酬高的产业部门倾斜，而那些投资时间长、回报慢的弱势产业企业有可能得不到信贷支持，导致普惠性和商业性的矛盾加剧，进而在一定程度上弱化经济发展水平的正向作用。

在 2013~2017 年考察区间，影响因素表现为正向显著的包括政府干预、市场化和教育水平，其回归系数分别为 0.5832、0.1727 和 0.9452，并分别在 1%、10% 和 1% 水平上显著，这说明政府干预、市场化和教育水平对普惠金融发展存在显著的正向促进作用。政府对经济发展的介入，可能会通过干预银行的信贷配给来助力政府扶持产业或弱势产业的发展，进而在一定程度上缓解弱势产业融资难的问题，推动银行等金融机构服务壁垒的降低。同时，随着市场化进程的推进，金融机构间尤其是银行间的竞争加剧，原有的客户定位已不能满足现阶段发展的需要，促使金融机构不断寻求潜在客户或者是低端客户，进而有助于金融机构服务范围的扩大。此外，与 2005~2012 年相比，2013~2017 年的教育资源分配更加均衡，相关法律法规更加完善，居民的整体教育水平较高。加之近年来的"人才返乡"战略和"人才争夺战"等，促使欠发达地区为吸引人才而开出更加优厚的待遇，这些大大增加了人才向欠发达地区或中小微企业流动的可能性，带来人才分布的相对均衡化和金融排斥性的降低，进而有利于普惠金融发展。影响因素表现为不显著的包括经济发展水平、信息化和企业信用，其回归系数分别为 0.0985、0.9243

和 0.0780，这说明经济发展水平、信息化和企业信用对普惠金融发展的影响不显著。这里经济发展水平、信息化和企业信用均对普惠金融发展表现出一定的正向影响，因此应进一步提升我国的综合经济实力，加强信息化和企业信用建设，以期强化不显著因素对普惠金融发展的正向作用。

综上所述，各影响因素对普惠金融发展的影响存在时序异质性。在 2005～2012 年考察区间，市场化、教育水平和信息化对普惠金融发展具有重要的影响；在 2013～2017 年考察区间，政府干预、市场化以及教育水平对普惠金融发展具有重要的影响。

（二）东中西三大区域回归分析

从表 7-6 中的东部地区回归结果可知，影响因素表现为正向显著的包括经济发展水平、政府干预、教育水平、信息化和企业信用，其回归系数分别为 0.2805、0.5880、1.2617、0.6612 和 0.0297，并分别在 1%、1%、1%、1% 和 10% 水平上显著，这说明经济发展水平、政府干预、教育水平、信息化和企业信用对东部地区的普惠金融发展存在显著的正向促进作用。东部地区作为中国改革开放最早的前沿阵地，其经济实力雄厚是有目共睹的，很多金融机构选择在这里"安营扎寨"，大批人才也被吸引到这里就业生活，实现了金融与人才发展的良性互动模式，促进了该地区的金融业繁荣，丰富了该地区的金融服务产品，包括普惠金融和互联网金融等，并通过大数据和云计算等信息技术在金融产品中的应用，扩大了金融服务的供给空间，满足了现阶段人们对于多样化、快捷的微型金融服务产品的需求。同时，该地区的财政支持力度也是较大的，给予了优厚的金融政策扶持，打造多样化的金融服务格局。影响因素表现为不显著的包括市场化，其回归系数为 0.1337，但不显著，这表明市场化对东部地区的普惠金融发展影响不显著。这里市场化对普惠金融发展表现出一定的正向影响，这可能是因为从全国整体来看，东部地区的市场化程度较高，其金融市场化的程度也相对较高，这不仅带来了金融机构融资渠道的拓宽，还有助于金融体系的重塑和完善，进而在一定程度上促进了普惠金融发展。但是，较高的市场化程度会加剧金融机构竞争，促使金融机构行为更加趋利化，导致金融服务供给的差别化和歧视化，这在一定程度上弱化了市场化的促进作用，进而导致其对普惠金融发展的影响不显著。

表7－6　　东部、中部、西部三大区域普惠金融发展影响因素回归结果

变量	东部	中部	西部
lnEconomic	0. 2805 *** (2. 67)	0. 1540 (1. 02)	－ 0. 1552 (－ 1. 39)
lnGovernment	0. 5880 *** (4. 83)	0. 0549 (0. 94)	1. 1774 *** (7. 22)
lnMarket	0. 1337 (1. 53)	0. 6476 *** (5. 15)	0. 1221 ** (2. 43)
lnEdu	1. 2617 *** (2. 97)	1. 2298 ** (2. 20)	1. 2869 *** (3. 81)
lnIDI	0. 6612 *** (2. 97)	0. 5051 (1. 52)	－ 0. 4575 ** (－ 2. 18)
lnNPL	0. 0297 * (1. 96)	0. 0729 *** (3. 11)	0. 0378 (1. 55)
C	－ 3. 8480 *** (－ 3. 80)	－ 6. 2528 *** (－ 5. 08)	－ 4. 3027 *** (－ 5. 24)
R^2	0. 8546	0. 7463	0. 7095
Hausman test	0. 0000	0. 9995	0. 0017
模型选择	FE	RE	FE

资料来源：笔者回归得到。

　　从表7－6中的中部地区回归结果可知，影响因素表现为正向显著的包括市场化、教育水平和企业信用，其回归系数分别为0. 6476、1. 2298和0. 0729，并分别在1%、5%和1%水平上显著，这说明市场化、教育

水平和企业信用对中部地区的普惠金融发展存在显著的正向促进作用。中部地区是我国先进的制造业中心和现代农业发展核心区，地方实体经济多表现为中小微企业，这就促使金融机构通过不断挖掘潜在客户和提高金融服务质量来增加自身的综合竞争力，而市场化程度的提高，正是金融机构争夺包括小微企业等弱势群体在内的金融市场份额的催化剂，这大大助力了普惠金融的发展。另外，企业的融资竞争也促使企业特别是小微企业通过不断提高企业信用来解决其融资约束，以获得金融机构的信贷支持。而企业对人才的需求，也会促使该地区整体居民教育和素质得到提高，进而带动当地金融知识存量的提升，降低人们的金融排斥性，有利于增加家庭与金融服务之间亲和度，进而扩大了普惠金融市场的参与度。影响因素表现为不显著的包括经济发展水平、政府干预和信息化，其回归系数为 0.1540、0.0549 和 0.5051，这表明经济发展水平、政府干预和信息化对中部地区的普惠金融发展影响不显著。这里经济发展水平、政府干预和信息化对普惠金融发展均表现出一定的正向影响，因此应进一步提升中部地区的综合经济实力，拓宽政府的公共支出范围和增强财政帮扶力度，全面完善信息化建设，以期强化该地区不显著因素对普惠金融发展的正向作用。

从表 7-6 中的西部地区回归结果可知，影响因素表现为正向显著的包括政府干预、市场化和教育水平，其回归系数分别为 1.1774、0.1221 和 1.2869，并分别在 1%、5% 和 1% 水平上显著，这说明政府干预、市场化和教育水平对西部地区的普惠金融发展存在显著的正向促进作用。西部地区地广人稀，经济发展也较为落后，地方政府意识到了金融服务供给受其位置限制的客观性，通过相关的政策引导和财政支持来刺激金融机构为其广大弱势群体提供金融服务，促进普惠金融的发展。同时，市场化的推进要求金融机构不能单靠发展有实力的大中型企业客户，也要不断挖掘农村和小微企业等弱势群体的潜在客户，这样才能够提高自身的综合实力。而居民受教育水平的提高，将有利于当地金融排斥的降低，提高居民的金融认识度和接触度，进而增加普惠金融的参与度。影响因素表现为负向显著的包括信息化，其回归系数为 -0.4575，并在 5% 水平上显著，这说明信息化对西部地区的普惠金融发展存在显著的反向抑制作用。西部地区的城乡二元结构问题突出，企业融资结构单一，居民收入和受教育程度偏低，公共基础设施建设尤其是金融基础设施建设较为落后。而信息化的推进，要建立在相关基础设施之上，这就可能导致用于地区生产和发展的资金被挤占。加之西部地区居民受教育程度偏低，其对于信息化金融产品的认知和接受仍然具有一定的滞后性，甚至从心理产生排斥或质疑，从而阻碍该地区普惠金融的发展。影响因素表现为不显著的包括经济发展水平和企业信用，其回归系数分别为 −0.1552 和 0.0378，这说明经济发展水平和企业信用对西部地区的普惠金融发展的影响不显著。这里经济发展水平对普惠金融发展表现出一定的负向影响，这可能是因为西部地区经济相较贫瘠，经济发展总量有限，而随着经济发展水平的提高，一些企业特别是大中企业的生产规模也相应扩大，导致比较稀缺要素资源特别是金融资源的投入也相对增多，这就可能挤占小微企业信贷资源的获得空间，不利于小微企业金融服务的获得，在一定程度上弱化了经济发展的正向作用。

综上所述，东部地区的经济发展水平、政府干预、教育水平、信息化和企业信用对该地区的普惠金融发展具有重要影响；中部地区的市场化、教育水平和企业信用对该地区的普惠金融发展具有重要影响；西部地区的政府干预、市场化、教育水平和信息化对该地区的普惠金融发展具有重要影响。

（三）八大综合经济区回归分析

从表 7-7 中的东北综合经济区回归结果可知，影响因素表现为正向显著的包括经济发展水平、政府干预、信息化和企业信用，其回归系数分别为 1.8735、0.8676、3.3665 和 0.1839，并均在 1% 水平上显著，这说明经济发展水平、政府干预、信息化和企业信用对东北综合经济区的普惠金融发展存在显著的正向促进作用。东北综合经济区是我国原材料及重型制造业的生产基地，长期的国家计划和政府政策运行促使该地区企业产生"盯住政府"的习惯，进而导致该地区金融机构的信贷决策和资金投向具有一定的政府特色，有利于弱化金融机构的趋利性行为，助推普惠金融发展。这种"政府型"金融机构和企业的良性互动发展，有利于金融机构更加精准地获知企业的融资诉求，并通过互联网等信息技术的运用，为企业提供更加便利的金融服务。影响因素表现为不显著的包括市场化和教育水平，其回归系数分别为 −0.1650 和 1.0231，这说明市场化和教育水平对东北综合经济区的普惠金融发展的影响不显著。这里市场化对普惠金融发展表现出一定的负向影响，这可能是因为东北综合经济区的重化工业大部分都属于投资回报慢的产业，且民营经济基础较薄弱，随着市场化进程的推进，金融机构的竞争日益激烈，而那些重化工产业和基础薄弱的民营企业往往由于投资回报慢、风险高被排除在金融服务体系外，这在一定程度上不利于金融机构普惠金融业务的开展，弱化其对普惠金融发展的正向作用。

表 7 - 7 　八大综合经济区的普惠金融发展影响因素回归结果（1）

变量	东北	北部沿海	东部沿海	南部沿海
lnEconomic	1.8735 *** (4.57)	0.4738 *** (2.81)	0.5804 *** (3.79)	0.3758 *** (2.65)
lnGovernment	0.8676 *** (3.32)	0.2782 (1.53)	−0.1258 (−0.47)	0.3735 *** (3.65)
lnMarket	−0.1650 (−0.72)	0.0183 (0.20)	0.3167 (1.69)	0.3214 ** (2.20)
lnEdu	1.0231 (0.65)	2.4826 *** (3.05)	−0.0963 (−0.17)	1.7043 *** (2.87)
lnIDI	3.3665 *** (6.24)	1.1895 *** (4.78)	1.5169 *** (3.21)	0.8550 ** (2.35)
lnNPL	0.1839 *** (4.21)	0.0583 * (1.84)	−0.0064 (−0.18)	0.0680 *** (2.82)
C	−1.7753 (−0.45)	−6.8650 *** (−3.17)	−2.2899 * (−1.76)	−5.7648 *** (−3.83)

变量	东北	北部沿海	东部沿海	南部沿海
R^2	0.8022	0.8238	0.9335	0.9144
Hausman test	0.1407	0.5819	0.0000	0.5586
模型选择	RE	RE	FE	RE

资料来源：笔者回归得到。

从表 7 - 7 中的北部沿海综合经济区回归结果可知，影响因素表现为正向显著的包括经济发展水平、教育水平、信息化和企业信用，其回归系数分别为 0.4738、2.4826、1.1895 和 0.0583，并分别在 1%、1%、1% 和 10% 水平上显著，这说明经济发展水平、教育水平、信息化和企业信用对北部沿海综合经济区的普惠金融发展存在显著的正向促进作用。北部沿海综合经济区是技术研发和制造业中心，有着明显的区位优势、优越的资源条件以及良好的产业基础和区域特色支撑，吸引了大批人才和企业来此"生根发芽"，并带动相关金融产品和服务的繁荣和创新，扩大了金融供给空间和服务范围，满足了现阶段人们对于多样化、快捷的微型金融服务产品的需求。影响因素表现为不显著的包括政府干预和市场化，其回归系数分别为 0.2782 和 0.0183，这说明政府干预和市场化对北部沿海综合经济区的普惠金融发展的影响不显著。这里政府干预和市场化对普惠金融发展均表现出一定的正向影响，故应不断推进市场化进程，并通过政府"有形之手"来化解普惠金融和商业金融的天然冲突和矛盾，以期强化该综合经济区不显著因素对普惠金融发展的正向作用。

从表 7 - 7 中的东部沿海综合经济区回归结果可知，影响因素表现为正向显著的包括经济发展水平和信息化，其回归系数分别为 0.5804 和 1.5169，并均在 1% 水平上显著，这说明经济发展水平和信息化对东部沿海综合经济区的普惠金融发展存在显著的正向促进作用。东部沿海综合经济区现代化起步较早、经济实力雄厚且开放程度较高，有利于吸引大批企业和人才在这里"安营扎寨"，也促使国际上的资金、人才等创新要素在区域内自由流动，有利于金融创新的推进。同时，为了推动金融创新，东部沿海综合经济区还积极运用现代化的信息技术，并出台了一系列支持互联网金融的配套政策，有利于普惠金融发展的探索和辐射作用的有效推广。影响因素表现为不显著的包括政府干预、市场化、教育水平和企业信用，其回归系数分别为 −0.1258、0.3167、−0.0963 和 −0.0064，这说明政府干预、市场化、教育水平和企业信用对东部沿海综合经济区的普惠金融发展的影响不显著。这里除了市场化表现为正向影响外，其余均表现出了负向影响，这可能是因为东部沿海综合经济区的开放度较高，政府对其发展的过度干预会损害其市场经济体制，不利于资源的优化配置，尤其是金融资源。同时，东部沿海综合经济区的"人才争夺战"较为激烈，一些高尖端人才成为各大企业竞相争夺的对象，而金融机构作为企业联动的助力团，势必也会将大量的金融资源提供给高尖端人才，进而弱化其受教育水平相对较低的弱势群体的金融服务。而相对于小微企业来说，大中企业的信用较好且信用提升较快，一些金融机构为了降低信贷风险和完成指标业绩，往往会盯住大中型客户，从而在一定程度上忽视了小微企业的信贷诉求。

从表 7-7 中的南部沿海综合经济区回归结果可知，影响因素表现为正向显著的包括经济发展水平、政府干预、市场化、教育水平、信息化和企业信用，其回归系数分别为 0.3758、0.3735、0.3214、1.7043、0.8550 和 0.0680，并分别在 1%、1%、5%、1%、5% 和 1% 水平上显著，这说明经济发展水平、政府干预、市场化、教育水平、信息化和企业信用对南部沿海综合经济区的普惠金融发展存在显著的正向促进作用。南部沿海综合经济区是外向型经济发展基地，"两头在外"出口贸易企业较多，省际经济联系不明显，因此，受外界因素影响较大，上述六个影响因素均对南部沿海综合经济区具有显著影响也验证了这一点。同时，南部沿海综合经济区还具有较好的区位优势和丰富的海外资源，财政支持力度较大、税收优惠政策颇多，有利于外向型金融服务的发展和金融新理念的吸纳，并通过云服务、互联网金融等信息技术的应用，实现快捷、多样的金融服务供给，以满足不同客户的金融服务需求。此外，受教育年限的增加还会带来家庭与金融服务亲和度的增加，有利于金融机构实施普惠金融业务的开展，而企业信用提升则会降低银企之间的信贷成本和风险，有利于小微企业实现金融可得性的提高。

从表7-8中的黄河中游综合经济区回归结果可知，影响因素表现为正向显著的包括市场化、教育水平和企业信用，其回归系数分别为0.2377、4.6128和0.1064，并分别在5%、1%和10%水平上显著，这说明市场化、教育水平和企业信用对黄河中游综合经济区的普惠金融发展存在显著的正向促进作用。黄河中游综合经济区是我国重要的农牧业生产基地和能源生产基地，自然资源特别是矿产资源较为丰富，但经济基础薄弱，市场化程度、教育水平和企业信用整体上相对偏低。市场化程度的提高能够促使金融机构和企业的优胜劣汰，一方面有利于金融机构增加对小微企业等弱势群体客户的重视程度，并通过不断提升其服务质量来获得竞争优势；另一方面还有利于企业通过自身调整来实现帕累托最优，为争夺金融资源提供条件。此外，教育水平的提升降低了家庭对金融服务的排斥度，有利于金融服务的展开和推广。而企业信用特别是小微企业信用的提升，为金融机构提供了一个企业履行信贷合约的保障，有利于降低企业特别是小微企业获得信贷合约的门槛，这些都在一定程度上促进了该综合经济区的普惠金融发展。影响因素表现为不显著的包括经济发展水平、政府干预和信息化，其回归系数分别为 -0.1215、-0.0132 和 0.5919，这说明经济发展水平、政府干预和信息化对黄河中游综合经济区的普惠金融发展的影响不显著。这里经济发展水平和政府干预对普惠金融发展表现出一定的负向影响，这可能是因为黄河中游综合经济区经济基础较为薄弱，经济发展水平提升带来的利益驱动并不能完全抵销企业的相关成本，故此导致企业"按部就班"行事，甚至是拒绝金融机构提供新的金融服务。而政府的财政支持会在一定程度上固化企业墨守成规的行为，不利于金融机构金融服务的开展和创新。

表7-8　　八大综合经济区的普惠金融发展影响因素回归结果（2）

变量	黄河中游	长江中游	大西南	大西北
lnEconomic	-0.1215 (-0.50)	0.4103 *** (2.94)	0.4233 ** (2.61)	-0.2507 (-1.28)
lnGovernment	-0.0132 (-0.17)	0.2315 *** (2.70)	0.4179 * (1.83)	0.7545 *** (5.32)
lnMarket	0.2377 ** (2.04)	0.7136 *** (6.35)	0.2693 ** (2.11)	0.1566 ** (2.20)
lnEdu	4.6128 *** (7.36)	-0.9324 *** (-2.64)	0.4445 (0.95)	1.2231 *** (3.65)
lnIDI	0.5919 (1.26)	1.3567 *** (4.45)	1.4308 *** (4.49)	-0.8844 ** (-2.43)
lnNPL	0.1064 * (1.94)	0.1335 *** (4.77)	0.0628 * (1.68)	-0.0606 (-1.54)
C	-12.8951 *** (-8.82)	-1.1447 (-1.22)	-2.7411 ** (-2.56)	-4.9527 *** (-6.66)
R^2	0.7766	0.8742	0.8447	0.7237
Hausman test	0.0000	0.9093	0.0000	0.0000
模型选择	FE	RE	FE	FE

资料来源：笔者回归得到。

　　从表7-8中的长江中游综合经济区回归结果可知，影响因素表现为正向显著的包括经济发展水平、政府干预、市场化、信息化和企业信用，其回归系数分别为0.4103、0.2315、0.7136、1.3567和0.1335，并均在1%水平上显著，这说明经济发展水平、政府干预、市场化、信息化和企业信用对长江中游综合经济区的普惠金融发展存在显著的正向促进作用。长江中游综合经济区依托长江"黄金水道"，有着优越的交通网络、丰富的资源和较强的工业基础。随着经济发展水平的不断提升，市场化和"互联网+产业"的推进，长江中游综合经济区的制造业等产业不断创新发展模式，形成了雄厚的产业基础和良好的产业信用，进而吸引了一大批金融机构的信贷投向。此外，政府的财政支持和政策导向，也在不断引导金融机构降低服务壁垒和门槛，助推金融服务向小微企业等弱势群体客户渗透。影响因素表现为负向显著的包括教育水平，其回归系数为 −0.9324，并在 1% 水平上显著，这说明教育水平对长江中游综合经济区的普惠金融发展存在显著的反向抑制作用。这可能是因为长江中游综合经济区以农业发展为主，受自然因素影响较大，居民收入水平和受教育程度整体上偏低，导致该综合经济区的人口外流比较严重，因此很多地方达不到金融机构设立网点的条件，出现了无金融机构提供服务的"空白地带"，这样会使一些小微企业和农户等弱势群体对金融服务的需求很难得到满足，甚至被排斥在金融服务体系之外。而受教育水平的提高则会刺激人口的外流，加剧上述情况，进而抑制了普惠金融发展。

从表 7−8 中的大西南综合经济区回归结果可知，影响因素表现为正向显著的包括经济发展水平、政府干预、市场化、信息化和企业信用，其回归系数分别为 0.4233、0.4179、0.2693、1.4308 和 0.0628，并分别在 5%、10%、5%、1% 和 10% 水平上显著，这说明经济发展水平、政府干预、市场化、信息化和企业信用对大西南综合经济区的普惠金融发展存在显著的正向促进作用。大西南综合经济区的经济基础较为薄弱，贫困人口较多，其金融服务覆盖度也较低。随着经济发展向好和市场化的推进，一方面提高了当地企业的发展能力和竞争意识，促使企业不断提升自身信用和产品质量，降低企业获得金融信贷资源的难度；另一方面促使金融机构将客户群定位更加广泛，并通过互联网等信息技术的应用，为企业等客户提供更加高效、便捷的金融服务。此外，由于金融服务覆盖度较低，政府对金融基础设施建设的引导和投资则必不可少，并通过转移支付等援助模式扩大普惠金融的覆盖面和提高金融机构参与的积极性，增强了弱势群体获得金融服务的能力。影响因素表现为不显著的包括教育水平，其回归系数为 0.4445，这说明教育水平对大西南综合经济区的普惠金融发展影响不显著。这里教育水平对普惠金融发展表现出一定的正向影响，因此应进一步提升大西南综合经济区的教育水平，以期强化该综合经济区教育水平对普惠金融发展的正向作用。

从表 7 - 8 中的大西北综合经济区回归结果可知，影响因素表现为正向显著的包括政府干预、市场化和教育水平，其回归系数分别为0.7545、0.1566 和 1.2231，并分别在 1%、5% 和 1% 水平上显著，这说明政府干预、市场化和教育水平对大西北综合经济区的普惠金融发展存在显著的正向促进作用。大西北综合经济区地广人稀、市场狭小，这就导致了金融机构的现有客户源是相对有限的。加之当地居民的金融排斥性较高和金融基础设施薄弱，进一步限制了当地的金融发展。因此，需要政府对金融建设进行引导和投资，并通过提升居民整体教育水平来降低金融排斥，通过推进市场化来优化资源和要素组合，以实现普惠金融的可持续发展。影响因素表现为负向显著的包括信息化，其回归系数为 - 0.8844，并在 5% 水平上显著，这说明信息化对大西北综合经济区的普惠金融发展存在显著的反向抑制作用。大西北综合经济区贫困人口相对较多，基础设施建设较为落后，虽然近年来互联网等信息技术应用的普及度逐年升高，但其对金融产品的认识和接受仍存在较高的金融排斥性，进而阻碍了普惠金融发展。影响因素表现为不显著的包括经济发展水平和企业信用，其回归系数分别为 - 0.2507 和 - 0.0606，这说明经济发展水平和企业信用对大西北综合经济区的普惠金融发展的影响不显著。这里企业信用对普惠金融发展表现出一定的正向影响，因此应进一步通过法律法规等手段提升大西北综合经济区的企业信用，以期强化该综合经济区企业信用对普惠金融发展的正向作用。

综上所述，东北综合经济区的经济发展水平、政府干预、信息化和企业信用对该综合经济区的普惠金融发展具有重要影响；北部沿海综合经济区的经济发展水平、教育水平、信息化和企业信用对该综合经济区的普惠金融发展具有重要影响；东部沿海综合经济区的经济发展水平和信息化对该综合经济区的普惠金融发展具有重要影响；南部沿海综合经济区的经济发展水平、政府干预、市场化、教育水平、信息化和企业信用对该综合经济区的普惠金融发展具有重要影响；黄河中游综合经济区的市场化、教育水平和企业信用对该综合经济区的普惠金融发展具有重要影响；长江中游综合经济区的经济发展水平、政府干预、市场化、教育水平、信息化和企业信用对该综合经济区的普惠金融发展具有重要影响；大西南综合经济区的经济发展水平、政府干预、市场化、信息化和企业信用对该综合经济区的普惠金融发展具有重要影响；大西北综合经济区的政府干预、市场化、教育水平和信息化对该综合经济区的普惠金融发展具有重要影响。

二、基于空间面板模型的实证检验

（一）空间权重矩阵设置

空间权重矩阵的设置是进行空间计量分析的前提。记空间序列为 $\{x_i\}_{i=1}^{n}$，表示来自 n 个地区的空间数据。记 w_{ij} 为地区 i 和地区 j 之间的距离，则"空间权重矩阵"可表示为：

$$W = \begin{pmatrix} w_{11} & w_{12} & \cdots & w_{1n} \\ w_{21} & w_{22} & \cdots & w_{2n} \\ \vdots & \vdots & \vdots & \vdots \\ w_{n1} & w_{n2} & \cdots & w_{nn} \end{pmatrix} \tag{7.11}$$

其中，主对角线上的 $w_{11} = w_{22} = \cdots = w_{nn} = 0$，表示同一个地区的距离为 0。则上述矩阵可表示为：

$$W = \begin{pmatrix} 0 & w_{12} & \cdots & w_{1n} \\ w_{21} & 0 & \cdots & w_{2n} \\ \vdots & \vdots & \vdots & \vdots \\ w_{n1} & w_{n2} & \cdots & 0 \end{pmatrix} \tag{7.12}$$

目前，空间权重矩阵大多采用地理距离或经济距离进行设置。考虑到省际普惠金融发展的空间溢出效应在一定程度上取决于地理距离远近，即两个省份之间普惠金融发展的空间溢出效应随着距离的拉近而增强,随着距离的疏远而减弱,这不单单是相邻省份的相互作用,还包括不相邻省份的相互作用。而地理距离权重矩阵设置能够有效体现各地区之间的空间相关关系,且简单易行,由此,本书基于地理距离倒数,从地理距离角度对空间权重矩阵进行设置。具体设置如下:

$$w_{ij} = \begin{cases} \dfrac{1}{d_{ij}}, & i \neq j \\ 0, & i = j \end{cases} \tag{7.13}$$

其中,d_{ij}为地区 i 和地区 j 的空间距离,根据经纬度计算得到。

(二) 空间自相关性检验

1. 全局空间自相关检验

全局莫兰指数考察的是整个空间序列 $\{x_i\}_{i=1}^n$ 的空间集聚情况,它可以检验整个区域中各变量的空间依赖性、空间集群和关联模式,其具体的计算公式为:

$$I = \frac{n \sum\limits_{i=1}^{n} \sum\limits_{j=1}^{n} w_{ij}(x_i - \bar{x})(x_j - \bar{x})}{\left(\sum\limits_{i=1}^{n} \sum\limits_{j=1}^{n} w_{ij}\right) \sum\limits_{i=1}^{n} (x_i - \bar{x})^2} \tag{7.14}$$

其中,x_i,x_j 为观测值,w_{ij} 为地区 i 与地区 j 之间的空间权重。本书这里采用地理距离的倒数和相邻关系分别构建空间权重矩阵。莫兰指数 I 一般介于 -1 到 1 之间,当 $I > 0$ 时,表示存在正自相关性,即高值与高值相邻、低值与低值相邻;当 $I < 0$ 时,表示存在负自相关,即高值与低值相邻;当 I 接近 0 时,表示不存在空间自相关。

表 7 - 9 给出了 lnIFI 的全局莫兰指数检验结果,从中可以发现,观测期内 lnIFI 的全局莫兰指数均在 0.5 以上,且均在 1% 的水平上显著,这说明我国省际普惠金融发展存在显著的空间正相关关系,即存在高高集聚和低低集聚。为了更好地体现空间集聚性,本书绘制了 2005 年及 2017 年 lnIFI 的莫兰散点图。从图 7 - 1 来看,绝大部分地区位于第三象限和第一象限,进一步验证了中国省际普惠金融发展的空间正相关性。

表 7 - 9   lnIFI 的全局莫兰指数检验

年份	I	E (I)	sd (I)	z	p - value
2005	0. 644	− 0. 033	0. 135	5. 023	0. 000 ***
2006	0. 597	− 0. 033	0. 137	4. 610	0. 000 ***
2007	0. 668	− 0. 033	0. 135	5. 210	0. 000 ***
2008	0. 643	− 0. 033	0. 135	5. 021	0. 000 ***
2009	0. 677	− 0. 033	0. 134	5. 290	0. 000 ***
2010	0. 656	− 0. 033	0. 134	5. 139	0. 000 ***
2011	0. 669	− 0. 033	0. 133	5. 267	0. 000 ***
2012	0. 636	− 0. 033	0. 135	4. 963	0. 000 ***
2013	0. 614	− 0. 033	0. 135	4. 804	0. 000 ***
2014	0. 608	− 0. 033	0. 135	4. 750	0. 000 ***
2015	0. 595	− 0. 033	0. 135	4. 646	0. 000 ***
2016	0. 561	− 0. 033	0. 136	4. 383	0. 000 ***
2017	0. 576	− 0. 033	0. 135	4. 498	0. 000 ***

资料来源：笔者回归得到。

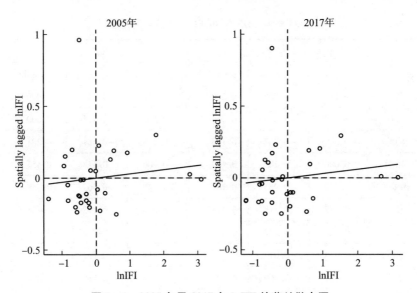

图 7 - 1　2005 年及 2017 年 lnIFI 的莫兰散点图

资料来源：笔者依据测算结果绘制。

2. 局部空间自相关检验

局部莫兰指数考察的是因空间位置变化而可能带来的空间关联模式的差异，以此用来检验空间局部的平稳性，其具体的计算公式为：

$$I_i = \sum w_{ij} z_i z_j \qquad (7.15)$$

其中，z_i、z_j 和 w_{ij} 分别是标准化后的观测值和空间权重矩阵元素。局部莫兰指数的含义与全局莫兰指数的含义相似，当 $I_i > 0$ 且 $z_i > 0$ 时，表示地区 i 的高值被周围的高值所包围，属于高高集聚；当 $I_i > 0$ 且 $z_i < 0$ 时，表示地区 i 的低值被周围的低值所包围，属于低低集聚；当 $I_i < 0$ 且 $z_i > 0$ 时，表示地区 i 的高值被周围的低值所包围，属于高低集聚；当 $I_i < 0$ 且 $z_i < 0$ 时，表示地区 i 的低值被周围的高值所包围，属于低高集聚。

表 7 - 10 给出了 lnIFI 的局部莫兰指数检验结果，从中可以发现，对于某些地区，可以强烈拒绝"无空间自相关"的原假设，这与全局空间自相关的检验结果相一致。

表 7 - 10　　　　　　2005 年及 2017 年 lnIFI 的局部莫兰检验

省份	2005 年			2017 年		
	Ii	z	p - value	Ii	z	p - value
北京	3.120	5.265	0.000 ***	2.517	4.244	0.000 ***
天津	3.267	5.475	0.000 ***	2.665	4.461	0.000 ***
河北	-0.309	-0.867	0.193	-0.218	-0.581	0.281
山西	0.000	0.100	0.460	0.006	0.118	0.453
内蒙古	-0.263	-0.965	0.167	-0.120	-0.362	0.359
辽宁	0.077	0.318	0.375	0.006	0.112	0.456
吉林	0.024	0.123	0.451	0.004	0.079	0.469
黑龙江	-0.074	-0.073	0.471	0.111	0.262	0.397
上海	1.385	3.069	0.001 ***	1.412	3.118	0.001 ***
江苏	-0.017	0.037	0.485	0.034	0.152	0.440

省份	2005 年			2017 年		
	Ii	z	p – value	Ii	z	p – value
浙江	1.215	2.979	0.001 ***	1.241	3.031	0.001 ***
安徽	-0.368	-0.770	0.221	-0.248	-0.493	0.311
福建	-0.062	-0.139	0.445	-0.022	0.053	0.479
江西	0.140	0.656	0.256	0.216	0.941	0.173
山东	0.043	0.329	0.371	-0.151	-0.508	0.306
河南	-0.033	0.000	0.500	0.021	0.306	0.380
湖北	0.140	0.686	0.246	0.252	1.128	0.130
湖南	0.212	0.969	0.166	0.379	1.626	0.052 *
广东	-0.224	-0.929	0.176	-0.193	-0.775	0.219
广西	0.217	0.905	0.183	0.187	0.792	0.214
海南	0.087	0.365	0.358	-0.027	0.020	0.492
重庆	-0.037	-0.014	0.494	0.070	0.353	0.362
四川	0.050	0.260	0.398	0.105	0.434	0.332
贵州	0.173	0.883	0.189	0.252	1.221	0.111
云南	0.198	0.962	0.168	0.282	1.311	0.095 *
西藏	0.039	0.549	0.291	-0.143	-0.840	0.201
陕西	-0.004	0.19	0.425	0.063	0.620	0.268
甘肃	0.037	0.159	0.437	0.000	0.074	0.471
青海	0.049	0.161	0.436	-0.002	0.061	0.476
宁夏	-0.028	0.022	0.491	0.001	0.149	0.441
新疆	0.021	0.452	0.320	-0.008	0.210	0.417

资料来源：笔者回归得到。

（三）空间面板模型的实证检验

1. 基准回归分析

（1）全国层面的空间面板回归结果。从表7－11中的全国样本回归结果可知,省际普惠金融发展的空间自回归系数 ρ 大于 0,且在 1% 的水平上显著,这说明省际普惠金融发展之间存在正向空间溢出效应,即本地区普惠金融发展对周边地区普惠金融发展存在显著的正向空间溢出效应。这可能是由于地区间的经济、财政政策、文化、产业和基础设施等关联度提高以及劳动力跨区域流动所导致的。

表 7 – 11　　　　　全国层面空间杜宾模型回归结果及其分解

变量	全国	直接效应	间接效应	总效应
lnEconomic	-0.0750 (-0.85)	-0.0636 (-0.73)	0.0971 (0.58)	0.0334 (0.19)
lnGovernment	0.1058 *** (3.03)	0.1227 *** (3.08)	0.2190 (1.23)	0.3418 * (1.68)
lnMarket	0.0410 (1.39)	0.0455 (1.60)	0.0204 (0.18)	0.0660 (0.55)
lnEdu	0.3638 ** (2.21)	0.5891 *** (3.35)	2.6864 *** (5.40)	3.2756 *** (5.45)
lnIDI	0.1274 (1.19)	0.1321 (1.22)	0.0568 (0.16)	0.1890 (0.46)
lnNPL	-0.0757 *** (-6.14)	-0.0662 *** (-5.52)	0.1050 *** (3.60)	0.0388 (1.22)
W × lnEconomic	0.0877 (0.90)			
W × lnGovernment	0.0005 (0.01)			
W × lnMarket	-0.0216 (-0.48)			
W × lnEdu	0.6792 *** (4.61)			
W × lnIDI	-0.0688 (-0.50)			

续表

变量	全国	直接效应	间接效应	总效应
W × lnNPL	0.0890 *** (5.87)			
ρ	0.6914 *** (20.74)			
R^2	0.7625			
对数似然值	243.4245			
Hausman test	0.0000			
模型选择	FE			

资料来源：笔者回归得到。

从具体的影响因素来看，政府干预的回归系数显著为正，但其空间滞后项的回归系数不显著，表明政府干预对本地区普惠金融发展具有促进作用，但对周边地区的溢出效应不显著。这可能是因为，政府干预主要通过财政支出带来的基础设施和经济建设的衍生作用影响普惠金融发展，这些财政支出项目种类很多，且每个项目对不同地区普惠金融发展的空间溢出效应差异较大，这就削弱了政府干预对其他周边地区普惠金融发展的影响。教育水平的回归系数和空间滞后项的回归系数均显著为正，表明教育水平对本地区普惠金融发展具有促进作用，同样也对周边地区普惠金融发展起到促进作用。这可能是因为教育水平的提高有助于劳动力知识存量尤其是金融知识存量的增加，进而有助于增加家庭与普惠金融发展之间的亲和度。同时，教育水平的提高也会促使高水平的劳动力向收入丰厚的地区流动，进而带动其他地区的发展。企业信用的回归系数显著为负，但其空间滞后项的回归系数显著为正，表明企业信用对本地区普惠金融发展具有抑制作用，但对周边地区普惠金融发展具有促进作用。这可能是因为一方面，企业信用是企业在长期生产经营过程中形成的，具有一定的稳定性，若企业信用突然提高，可能存在企业提供虚假信息掩盖企业真实情况的现象。对于本地金融机构来讲，可能会

对突然提高信用的企业进行信息甄别，以降低其金融风险；而对于周边
金融机构来说，主要以企业近期信息为基础进行信贷甄别，从而使本地
企业获得周边地区金融机构信贷资金的概率增加，进而促进周边地区普
惠金融的发展。另一方面，本地某些企业信用的提高在一定程度上会挤
占另一些企业信用未变或降低的企业的信贷资源，增加这些企业的隐形
价格负担，进而不利于本地普惠金融的发展。经济发展水平、市场化和
信息化的回归系数和空间滞后项的回归系数均不显著，表明经济发展水
平、市场化和信息化对本地区及周边地区的普惠金融发展均未产生显著
的影响。

综上所述，全国层面的政府干预、教育水平和企业信用对本地区普
惠金融发展具有重要影响，教育水平和企业信用对周边地区的普惠金融
发展具有重要影响。

（2）全国层面空间溢出效应的分解。单纯依靠空间滞后项的回归
系数并不能直接反映各影响因素对本地及周边地区普惠金融发展的空间
溢出效应的大小，因此，本书借鉴勒萨热和帕斯（Lesage & Pace,
2010）的方法，将各影响因素对普惠金融发展的空间溢出效应分解为直
接效应、间接效应以及总效应。其中，直接效应考察各影响因素对本地
区普惠金融发展造成的平均影响，间接效应考察各影响因素通过空间交
互作用对周边地区普惠金融发展造成的平均影响，总效应考察各影响因
素对所有地区普惠金融发展造成的平均影响。具体结果如表 7 - 11 所
示。结果显示，政府干预的直接效应和总效应显著为正，但间接效应不
显著，表明政府干预对本地区普惠金融发展具有显著的促进作用，而对
周边地区普惠金融发展的影响不显著，这也体现政府干预并没有打破地
理上的束缚，本地区和周边地区并没有形成协同集聚效应而共同促进普
惠金融发展。教育水平的直接效应、间接效应和总效应均显著为正，且
间接效应的回归系数大于直接效应，表明教育水平对本地区及周边地区
普惠金融发展具有显著的促进作用，且在周边地区的正向溢出效应明显
高于对本地区普惠金融发展的促进作用，这也体现教育水平提高带来的
学习和模仿效应以及溢出效应能够有效促进本地区和周边地区普惠金融

的协同发展。企业信用的直接效应显著为负，间接效应显著为正，但总效应不显著，表明企业信用对本地区普惠金融发展具有抑制作用，但对周边地区普惠金融发展具有显著的促进作用。经济发展水平、市场化和信息化的直接效应、间接效应和总效应均不显著，表明经济发展水平、市场化和信息化对本地区及周边地区的普惠金融发展均未产生显著的影响。

2. 东中西三大区域回归分析

（1）东中西三大区域的空间面板回归结果。从表 7 - 12 中的东部地区回归结果可知，东部地区普惠金融发展的空间自回归系数 ρ 大于 0，且在 1% 的水平上显著，这说明东部地区普惠金融发展之间存在正向空间溢出效应。从具体的影响因素来看，经济发展水平和企业信用的回归系数均不显著，但其空间滞后项的回归系数均显著为正，表明东部地区的经济发展水平和企业信用对本地区普惠金融发展的作用不显著，但对周边地区普惠金融发展具有促进作用。这可能是因为东部地区的经济发展水平和企业信用相对处于较高水平，企业治理和内控制度较为完善，经济基础较好，家庭与普惠金融服务之间的亲和度较高，进而导致经济发展水平和企业信用提高带来的边际效益并不明显。而对于周边地区来说，本地区经济发展水平和企业信用的提高均会促进周边地区发展，带动周边地区企业进行模仿和学习，进而有利于周边地区普惠金融的发展。政府干预和教育水平的回归系数均显著为正，但其空间滞后项的回归系数均不显著，表明东部地区的政府干预和教育水平对本地区普惠金融发展具有促进作用，但对周边地区的溢出效应不显著。这可能是因为各地区间的政府财政支出方向、规模和教育基础、质量均存在较大差异，导致适合东部地区的政府干预政策和教育水平并不一定适合周边地区普惠金融的发展，这就削弱了政府干预和教育水平对其他周边地区普惠金融发展的影响。市场化的回归系数显著为负，但其空间滞后项的回归系数显著为正，表明东部地区的市场化对本地区普惠金融发展具有抑制作用，但对周边地区普惠金融发展具有促进作用。这可能是因为东部地区市场化程度较高，其金融机构竞争较为激励，这就导致金融机构更倾向于大中型企业客户，而忽视低收入群体和小微企业的金融需求，抑制了该地区普惠金融的发展。而对于周边地区来说，那些被忽视的低收入群体和小微企业正好成为其金融机构生存和发展的潜在客户群体，进而扩大了金融服务的覆盖面，促进了周边地区普惠金融的发展。信息化的回归系数和空间滞后项的回归系数均不显著，表明东部地区的信息化对本地区及周边地区的普惠金融发展均未产生显著的影响。

表 7 – 12　　　东部、中部、西部地区的空间杜宾模型回归结果

变量	东部	中部	西部
lnEconomic	– 0. 1618 (– 1. 26)	0. 2061 (0. 73)	– 0. 0781 (– 0. 42)
lnGovernment	0. 1648 * (1. 84)	0. 0472 (1. 38)	0. 3650 *** (2. 89)
lnMarket	– 0. 1899 ** (– 2. 19)	– 0. 3858 * (– 1. 87)	– 0. 0220 (– 0. 62)
lnEdu	0. 6199 * (1. 70)	0. 3303 (0. 78)	– 0. 3540 (– 1. 30)
lnIDI	0. 2827 (1. 55)	– 0. 0134 (– 0. 05)	– 0. 2729 (– 1. 63)
lnNPL	– 0. 0195 (– 0. 98)	0. 0746 * (1. 75)	– 0. 0657 *** (– 2. 83)
W × lnEconomic	0. 3883 ** (2. 38)	– 0. 0208 (– 0. 07)	0. 3030 (1. 39)
W × lnGovernment	0. 1896 (1. 36)	– 0. 0215 (– 0. 35)	0. 5926 ** (2. 52)
W × lnMarket	0. 2767 ** (2. 40)	0. 6049 *** (2. 76)	– 0. 0055 (– 0. 07)
W × lnEdu	– 0. 1573 (– 0. 35)	– 0. 2274 (– 0. 41)	1. 3125 *** (3. 18)

续表

变量	东部	中部	西部
W × lnIDI	0.2299 (0.89)	0.5225 (1.53)	0.3679 (1.36)
W × lnNPL	0.0643*** (2.58)	−0.0399 (−0.89)	0.2056*** (4.98)
ρ	0.4748*** (6.03)	0.6307*** (11.50)	0.5337*** (8.08)
R^2	0.9098	0.7987	0.8647
对数似然值	133.7310	86.9807	99.7808
Hausman test	0.0000	0.8595	0.0014
模型选择	FE	RE	FE

注：随机效应模型的常数项未在表中列示，下表同。
资料来源：笔者回归得到。

从表 7 - 12 中的中部地区回归结果可知，中部地区普惠金融发展的空间自回归系数 ρ 大于 0，且在 1% 的水平上显著，这说明中部地区普惠金融发展之间存在正向空间溢出效应。从具体的影响因素来看，市场化的回归系数显著为负，但其空间滞后项的回归系数显著为正，表明中部地区的市场化对本地区普惠金融发展具有抑制作用，但对周边地区普惠金融发展具有促进作用。这可能是因为市场化进程的不断推进会带来企业竞争的白热化，在本地区竞争资源有限的情况下，一些企业可能会将周边地区的资源纳入目标客户群或产业链，从而带动周边地区相关产业链的发展，实现产业和资金的跨地区流动，进而带动周边地区普惠金融的发展。同时，本地区企业竞争的白热化会恶化地区内那些经营相对较差企业的生存境况，从而加剧这些企业面临融资难及融资贵的窘态，降低了普惠金融的覆盖面。企业信用的回归系数显著为正，但其空间滞后项的回归系数不显著，表明中部地区的企业信用对本地区普惠金融发展具有促进作用，但对周边地区的溢出效应不显著。这可能是因为中部地区的实体经济多为中小微企业，这些企业特别是小微企业普遍存在着管理水平低、产品结构单一、营运成本高以及技术落后等一系列问题，而这些企业信用的提高，则反映了该企业经营能力的增强和偿债能力的提升，这在一定程度上体现了企业在履行信贷合约时不存在或存在较小的违约可能性，增加了金融机构对其发放信贷资金的信心，从而有利于本地普惠金融的发展。对于周边地区来说，其金融机构和本地区企业间存在较高的信息不对称性，即使本地区企业的相关信用得到提高，但其金融机构的信息甄别成本和信贷风险却相对较高，这就削弱了企业信用对其他周边地区普惠金融发展的影响。经济发展水平、政府干预、教育水平和信息化的回归系数和空间滞后项的回归系数均不显著，表明中部地区的经济发展水平、政府干预、教育水平和信息化对本地区及周边地区的普惠金融发展均未产生显著的影响。

从表7-12中的西部地区回归结果可知，西部地区普惠金融发展的空间自回归系数 ρ 大于0，且在1%的水平上显著，这说明西部地区普惠金融发展之间存在正向空间溢出效应。从具体的影响因素来看，政府干预的回归系数和空间滞后项的回归系数均显著为正，表明西部地区的政府干预对本地区及周边地区的普惠金融发展均具有促进作用。这可能是因为西部地区资源较为贫瘠，地方政府为了促进地区经济发展，会通过相关的政策引导、税收优惠、财政支持以及招商引资等方法来刺激当地发展，从而带动本地及周边地区金融服务范围的扩大，促进普惠金融发展。教育水平的回归系数不显著，但其空间滞后项的回归系数显著为正，表明西部地区的教育水平对本地区普惠金融发展影响不显著，但对周边地区普惠金融发展具有促进作用。这可能是因为西部地区教育水平较为落后，即使教育水平得到提高，短时期内也并不能改善当地居民的金融知识存量，更不用说降低其金融排斥度了，从而导致其对本地区普惠金融发展的影响不显著。同时，教育水平的提高可能会加剧人才外流，导致劳动力为获得较高收入而迁入其他地区，从而带动周边地区普惠金融的发展。企业信用的回归系数显著为负，但其空间滞后项的回归系数显著为正，表明西部地区的企业信用对本地区普惠金融发展具有抑制作用，但对周边地区普惠金融发展具有促进作用。这可能是因为西部地区的金融机构对本地区的企业信用状况较为了解，而企业信用的提高会促使本地金融机构的信贷决策更加谨慎，从而不利于本地区普惠金融的发展。而本地企业和周边地区金融机构的信息不对称性决定了周边地区金融机构会为信用良好的企业提供更加宽松的信贷资源，从而有利于本地企业获得更多的信贷机会，助推周边地区普惠金融的发展。经济发展水平、市场化和信息化的回归系数和空间滞后项的回归系数均不显著，表明西部地区的经济发展水平、市场化和信息化对本地区及周边地区的普惠金融发展均未产生显著的影响。

综上所述，东部地区的政府干预、市场化和教育水平对本地区的普惠金融发展具有重要影响，经济发展水平、市场化和企业信用对周边地区的普惠金融发展具有重要影响；中部地区的市场化和企业信用对本地区的普惠金融发展具有重要影响，市场化对周边地区的普惠金融发展具有重要影响；西部地区的政府干预和企业信用对本地区的普惠金融发展具有重要影响，政府干预、教育水平和企业信用对周边地区的普惠金融发展具有重要影响。

（2）东中西三大区域空间溢出效应的分解。为了更加直观反映东中西部地区各影响因素对本地及周边地区普惠金融发展的空间溢出效应的大小，本书将各影响因素对普惠金融发展的空间溢出效应分解为直接效应、间接效应以及总效应，具体结果如表 7－13 所示。

表 7－13　　东部、中部、西部地区的空间杜宾模型分解结果

	变量	东部	中部	西部
直接效应	lnEconomic	−0.0990 (−0.82)	0.2604 (1.03)	−0.0322 (−0.17)
	lnGovernment	0.2141 ** (2.22)	0.0505 (0.95)	0.4828 *** (3.75)
	lnMarket	−0.1471 * (−1.89)	−0.2138 (−1.22)	−0.0219 (−0.66)

	变量	东部	中部	西部
直接效应	lnEdu	0.6368 * (1.79)	0.3206 (0.70)	-0.1710 (-0.62)
	lnIDI	0.3533 ** (2.00)	0.2121 (0.82)	-0.2388 (-1.48)
	lnNPL	-0.0077 (-0.42)	0.0794 ** (2.12)	-0.0389 * (-1.75)
间接效应	lnEconomic	0.5218 ** (2.54)	0.2314 (0.62)	0.5026 (1.60)
	lnGovernment	0.4701 ** (2.02)	0.0253 (0.16)	1.5700 *** (3.87)
	lnMarket	0.3160 ** (2.00)	0.8152 *** (3.24)	-0.0377 (-0.26)
	lnEdu	0.2466 (0.36)	-0.0488 (-0.04)	2.2412 *** (2.82)
	lnIDI	0.6161 (1.59)	1.1545 * (1.69)	0.4353 (0.83)
	lnNPL	0.0933 *** (3.01)	0.0140 (0.30)	0.3364 *** (4.90)
总效应	lnEconomic	0.4228 ** (2.21)	0.4919 (1.42)	0.4704 (1.47)
	lnGovernment	0.6843 ** (2.35)	0.0759 (0.38)	2.0529 *** (4.36)
	lnMarket	0.1688 (1.05)	0.6013 *** (2.57)	-0.0596 (-0.39)
	lnEdu	0.8835 (1.09)	0.2717 (0.20)	2.0701 ** (2.30)
	lnIDI	0.9695 ** (2.26)	1.3666 * (1.68)	0.1964 (0.35)
	lnNPL	0.0855 *** (2.95)	0.0935 ** (2.12)	0.2975 *** (4.05)

资料来源：笔者回归得到。

　　东部地区的空间杜宾模型分解结果显示，经济发展水平和企业信用的间接效应和总效应显著为正，但直接效应不显著，表明东部地区的经济发展水平和企业信用对周边地区普惠金融发展具有显著的促进作用，但对本地区影响不显著，这也体现了单纯依靠提高经济发展水平和企业信用来助推本地区普惠金融发展的做法并不可取。政府干预的直接效应、间接效应和总效应显著为正，且间接效应的回归系数大于直接效应，表明东部地区的政府干预对本地区及其周边地区的普惠金融发展具有显著的促进作用，且在周边地区的正向溢出效应明显高于对本地区普惠金融发展的促进作用，这也体现政府财政支出的增加会通过空间交互作用有效促进本地区和周边地区普惠金融的发展。市场化的直接效应显著为负，但间接效应显著为正，总效应不显著，表明东部地区的市场化对本地区普惠金融发展具有抑制作用，但对周边地区具有促进作用。教育水平和信息化的直接效应显著为正，但间接效应和总效应不显著，表明东部地区的教育水平和信息化对本地区普惠金融发展具有促进作用，但对周边地区影响不显著。值得注意的是，前面空间杜宾模型回归结果显示，政府干预对周边地区影响不显著，分解结果却显示间接效应显著，而信息化对本地区普惠金融发展影响不显著，分解结果却显示直接效应显著，因此，应对前面东部地区影响普惠金融发展的因素进行补充，将政府干预对周边地区普惠金融发展的影响以及信息化对本地区普惠金融发展的影响考虑在内。

　　中部地区的空间杜宾模型分解结果显示，市场化和信息化的间接效应和总效应均显著为正，但直接效应不显著，表明中部地区的市场化和信息化对本地区普惠金融发展影响不显著，但对周边地区具有促进作用。企业信用的直接效应和总效应显著为正，但间接效应不显著，表明中部地区的企业信用对本地区普惠金融发展具有显著的促进作用，而对周边地区普惠金融发展的影响不显著，这也体现企业信用并没有打破信息不对称的束缚，本地区和周边地区并没有形成协同发展促普惠的格局。经济发展水平、政府干预和教育水平的直接效应、间接效应和总效应均不显著，表明中部地区的经济发展水平、政府干预和教育水平对本地区及周边地区的普惠金融发展均未产生显著的影响。值得注意的是，前述空间杜宾模型回归结果显示，市场化对本地区普惠金融发展存在显著的抑制作用，分解结果却显示直接效应不显著，而信息化对本地区及周边地区的普惠金融发展均未产生显著的影响，而分解结果却显示间接效应和总效应显著，因此，应对前面中部地区影响普惠金融发展的因素进行补充和调整，将信息化对周边地区普惠金融发展的影响考虑在内，同时弱化市场化对本地区普惠金融发展的影响。

西部地区的空间杜宾模型分解结果显示，政府干预的直接效应、间接效应和总效应均显著为正，且间接效应的回归系数大于直接效应，表明西部地区的政府干预对本地区及周边地区的普惠金融发展具有显著的促进作用，且在周边地区的正向溢出效应明显高于对本地区普惠金融发展的促进作用，这也体现了政府财政支出增加带来导向作用，并且溢出效应能够有效促进本地区和周边地区普惠金融的协同发展。教育水平的间接效应和总效应显著为正，但直接效应不显著，表明西部地区的教育水平对周边地区的普惠金融发展具有显著的促进作用，但对本地区影响不显著，这也体现了在经济欠发达的西部地区，单纯依靠教育水平的提高来拉动本地普惠金融发展的方法并不可取。企业信用的直接效应显著为负，间接效应和总效应显著为正，表明西部地区的企业信用对本地区普惠金融发展具有抑制作用，但对周边地区普惠金融发展具有显著的促进作用。经济发展水平、市场化和信息化的直接效应、间接效应和总效应均不显著，表明西部地区的经济发展水平、市场化和信息化对本地区及周边地区的普惠金融发展均未产生显著的影响。

将上述空间杜宾模型回归结果和空间杜宾分解结果相结合可以得到以下结论：东部地区的政府干预、市场化、教育水平和信息化对本地区的普惠金融发展具有重要影响，经济发展水平、政府干预、市场化和企业信用对周边地区的普惠金融发展具有重要影响；中部地区的企业信用对本地区的普惠金融发展具有重要影响，市场化和信息化对周边地区的普惠金融发展具有重要影响；西部地区的政府干预和企业信用对本地区的普惠金融发展具有重要影响，政府干预、教育水平和企业信用对周边地区的普惠金融发展具有重要影响。

　　3. 八大综合经济区回归分析

　　（1）八大综合经济区的空间面板回归结果。从表7－14中的东北综合经济区回归结果可知，东北综合经济区的普惠金融发展空间自回归系数 ρ 大于0，且在1%的水平上显著，这说明东北综合经济区普惠金融发展之间存在正向空间溢出效应。从具体的影响因素来看，经济发展水平的回归系数显著为正，但其空间滞后项的回归系数显著为负，表明东北综合经济区的经济发展水平对本地区普惠金融发展具有促进作用，但对周边地区普惠金融发展具有抑制作用。这可能是因为随着东北综合经济区的经济发展水平的提高，会由于发展速度的拉动而对周边地区的资金、人才等资源产生吸引力，进而将周边地区的优势资源吸引过来，减缓周边地区的普惠金融发展。政府干预、教育水平和信息化的回归系数显著为正，但其空间滞后项的回归系数不显著，表明东北综合经济区的政府干预、教育水平和信息化对本地区普惠金融发展具有促进作用，但对周边地区普惠金融发展影响不显著。这可能是因为东北综合经济区长期以来形成的企业"盯住政府"的习惯，导致该综合经济区的金融机构具有一定的政府特色，政府导向成为本地区普惠金融发展的主要助力，而对于周边地区来说，政府每个项目的地理异质性较大，这就削弱了政府干预对周边地区普惠金融发展的影响。对于教育水平和信息化来说，不同区域间的教育基础、教育质量、知识存量、基础设施数量和消费数量以及社会环境等均存在异质性，导致适合东北综合经济区的教育水平并不一定适合周边地区普惠金融的发展，这就削弱了教育水平对周边地区普惠金融发展的影响。市场化的回归系数不显著，但其空间滞后项的回归系数显著为负，表明东北综合经济区的市场化对本地区普惠金融发展影响不显著，但对周边地区普惠金融发展具有抑制作用。这可能是因为东北综合经济区的产业大多是投资回报较慢的重化工业产业，且民营经济基础薄弱，随着市场化进程的推进，金融机构逐渐形成跨地区金融服务，那些重化工业产业和基础薄弱的民营企业也成为周边金融机构服务的主要客户群，但是由于这些重化工业产业及民营企业存在投资回报慢、资金流不足等问题，导致其违约风险相对较高，这在一定程度上降低了周边金融机构业务开展的积极性，进而阻碍了周边地区普惠金融的发展。同时，本地金融机构对周边地区提供金融业务，也在一定程度上挤占了周边地区金融机构普惠金融业务的发展空间。企业信用的回归系数显著为负，但其空间滞后项的回归系数显著为正，表明东北综合经济区的企业信用对本地区普惠金融发展具有抑制作用，但对周边地区普惠金融发展具有促进作用。这可能是因为对于本地金融机构来说，企业信用的提高可能存在企业提供虚假信息掩盖企业真实情况的现象，进而增加本地金融机构的信息成本和信贷风险；而对于周边金融机构来说，本地企业信用的提高会增加本地企业获得周边地区金融机构信贷资金的机会，进而有利于周边地区普惠金融业务的开展。

表 7 - 14　　　　八大综合经济区的空间杜宾模型回归结果（一）

变量	东北	北部沿海	东部沿海	南部沿海
lnEconomic	1.9394 *** (5.98)	-0.1351 (-0.75)	0.2640 (0.95)	0.8064 *** (3.99)
lnGovernment	0.9628 *** (4.65)	0.4908 *** (2.74)	-0.5647 *** (-3.33)	-0.0644 (-0.54)
lnMarket	0.2368 (1.28)	0.2590 (1.63)	-0.1983 (-0.96)	-0.1155 (-0.38)
lnEdu	2.6751 ** (2.16)	-2.0285 ** (-2.16)	0.2115 (0.64)	0.1900 (0.42)
lnIDI	1.7786 *** (4.14)	0.0194 (0.06)	0.9466 *** (3.01)	0.9418 *** (3.80)
lnNPL	-0.1157 * (-1.76)	0.0362 (1.16)	0.0045 (0.16)	-0.0041 (-0.23)
W × lnEconomic	-1.1447 ** (-2.44)	0.8175 *** (3.13)	0.1650 (0.55)	-0.4422 * (-1.87)
W × lnGovernment	0.1191 (0.34)	-0.3619 * (-1.71)	0.8215 *** (3.73)	0.5365 *** (4.06)

续表

变量	东北	北部沿海	东部沿海	南部沿海
W × lnMarket	-0.4716 ** (-2.17)	-0.3240 (-1.53)	0.1566 (0.72)	0.1975 (0.63)
W × lnEdu	-1.8721 (-1.25)	2.9518 *** (3.03)	0.0427 (0.12)	-0.5289 (-0.99)
W × lnIDI	-0.5561 (-0.85)	1.2226 *** (2.76)	0.0266 (0.06)	-0.0016 (0.15)
W × lnNPL	0.2210 *** (3.37)	-0.0229 (-0.66)	-0.0759 ** (-2.33)	0.0712 *** (2.83)
ρ	0.3988 *** (3.14)	0.3354 *** (2.93)	0.3198 ** (2.36)	0.5245 *** (5.81)
R^2	0.9020	0.9161	0.9811	0.9623
对数似然值	41.9338	68.1225	77.4920	66.4290
Hausman test	0.0513	0.0000	0.0000	0.0153
模型选择	RE	FE	FE	FE

资料来源：笔者回归得到。

从表7-14中的北部沿海综合经济区回归结果可知，北部沿海综合经济区的普惠金融发展空间自回归系数ρ大于0，且在1%的水平上显著，这说明北部沿海综合经济区普惠金融发展之间存在正向空间溢出效应。从具体的影响因素来看，经济发展水平的回归系数不显著，但其空间滞后项的回归系数显著为正，表明北部沿海综合经济区的经济发展水平对本地区普惠金融发展影响不显著，但对周边地区普惠金融发展具有促进作用。这可能是因为北部沿海综合经济区具有明显的区位优势、优越的资源条件以及良好的产业基础，会对周边地区形成涓流效应，并随着经济发展水平的提高，带动周边地区的基础设施、人才、资本等条件的改善，从而有利于周边地区普惠金融的发展。政府干预的回归系数显著为正，但其空间滞后项的回归系数显著为负，表明北部沿海综合经济区的政府干预对本地区普惠金融发展具有促进作用，但对周边地区普惠金融发展具有抑制作用。这可能是因为政府对北部沿海综合经济区的政策倾斜或政策优惠带来的虹吸效应会将周边地区的投资吸引过来，从而促进本地区普惠金融发展，减缓周边地区普惠金融发展。教育水平的回归系数显著为负，但其空间滞后项的回归系数显著为正，表明北部沿海综合经济区的教育水平对本地区普惠金融发展具有抑制作用，但对周边地区普惠金融发展具有促进作用。这可能是因为北部沿海综合经济区的教育水平整体较高，而教育水平的进一步提高会抬高人才的职业规划和预期，加速企业人才的流动和溢出，并可能形成一定的结构性失业，不利于本地区的普惠金融发展。而人才对周边地区的溢出会有效带动周边地区企业的发展，形成资本—人才跨区域联动机制，进而有利于金融资源的跨区域流动和配置，带动周边地区普惠金融的发展。信息化的回归系数不显著，但其空间滞后项的回归系数显著为正，表明北部沿海综合经济区的信息化对本地区普惠金融发展影响不显著，但对周边地区普惠金融发展具有促进作用。这可能是因为北部沿海综合经济区作为信息中心的优势地位会带来扩散效应，促进周边地区基础设施、互联网等条件的改善，并带动周边金融机构相关信息技术的应用和金融产品的创新，增加了周边地区金融供给空间和服务范围。市场化和企业信用的回归系数和空间滞后项的回归系数均不显著，表明北部沿海综合经济区的市场化和企业信用对本地区及周边地区的普惠金融发展均未产生显著的影响。

　　从表 7 – 14 中的东部沿海综合经济区回归结果可知，东部沿海综合经济区的普惠金融发展空间自回归系数 ρ 大于 0，且在 5% 的水平上显著，这说明东部沿海综合经济区普惠金融发展之间存在正向空间溢出效应。从具体的影响因素来看，政府干预的回归系数显著为负，但其空间滞后项的回归系数显著为正，表明东部沿海综合经济区的政府干预对本地区普惠金融发展具有抑制作用，但对周边地区普惠金融发展具有促进作用。这可能是因为东部沿海综合经济区的开放程度较高，具有良好的境内外贸易联动优势，而过多的政府干预会在一定程度上损害银企关系，导致腐败滋生和权钱交易，不利于金融资源的优化配置，进而不利于本地区的普惠金融发展。而对于周边地区来说，政府干预的增加可能会对周边地区带来一定的政策红利，从而有利于周边地区的经济发展，进而带动周边地区普惠金融的发展。信息化的回归系数显著为正，但其空间滞后项的回归系数不显著，表明东部沿海综合经济区的信息化对本地区普惠金融发展具有促进作用，但对周边地区普惠金融发展影响不显著。这可能是因为东部沿海综合经济区经济实力雄厚，地域性资源集聚效应明显，并依托便利的信息网络和技术，通过区域内中小企业的集群效应来实现营销、技术、信息的共享以及资金和产品的流通，从而维持中小企业灵活、创新的能力，为普惠金融的发展提供优良的服务客户群。企业信用的回归系数不显著，但其空间滞后项的回归系数显著为负，表明东部沿海综合经济区的企业信用对本地区普惠金融发展未产生显著的影响，但对周边地区普惠金融发展具有抑制作用。这可能是因为东部沿海综合经济区企业信用的提高带来的虹吸效应会将周边地区的资金吸引过来，从而阻碍周边地区普惠金融发展。经济发展水平、教育水平和市场化的回归系数和空间滞后项的回归系数均不显著，表明东部沿海综合经济区的经济发展水平、教育水平和市场化对本地区及周边地区的普惠金融发展均未产生显著的影响。

从表7-14中的南部沿海综合经济区回归结果可知，南部沿海综合经济区的普惠金融发展空间自回归系数 ρ 大于0，且在1%的水平上显著，这说明南部沿海综合经济区普惠金融发展之间存在正向空间溢出效应。从具体的影响因素来看，经济发展水平的回归系数显著为正，但其空间滞后项的回归系数显著为负，表明南部沿海综合经济区的经济发展水平对本地区普惠金融发展具有促进作用，但对周边地区普惠金融发展具有抑制作用。这可能是因为南部沿海综合经济区具有较好的区位优势和丰富的海外资源，随着经济发展水平的提高，会对周边地区的人才、资金、技术以及投资等产生"虹吸效应"，从而为本地区普惠金融的发展带来更大范围的客户群和更好的机遇，以此减缓周边地区的普惠金融发展。政府干预和企业信用的回归系数不显著，但其空间滞后项的回归系数显著为正，表明南部沿海综合经济区的政府干预和企业信用对本地区普惠金融发展影响不显著，但对周边地区普惠金融发展具有促进作用。这可能是因为政府财政支出的增加所产生的风向标作用能够对周边地区的企业产生一定的导向作用，进而有利于周边地区普惠金融业务的开展。而企业信用的提高，能够增加本地区企业获得周边地区信贷资源的可能性，进而有利于周边地区普惠金融的发展。信息化的回归系数显著为正，但其空间滞后项的回归系数不显著，表明南部沿海综合经济区的信息化对本地区普惠金融发展具有促进作用，但对周边地区普惠金融发展影响不显著。这可能是因为南部沿海综合经济区是外向型经济发展基地，出口贸易企业较多，信息化水平的提高有利于外向型金融服务的发展，并通过云服务、互联网金融等信息技术的应用，实现快捷、多样化的金融服务供给，以满足不同客户的金融服务需求。市场化和教育水平的回归系数和空间滞后项的回归系数均不显著，表明南部沿海综合经济区的市场化和教育水平对本地区及周边地区的普惠金融发展均未产生显著的影响。

从表7-15中的黄河中游综合经济区回归结果可知，黄河中游综合经济区的普惠金融发展空间自回归系数 ρ 大于 0，且在 1% 的水平上显著，这说明黄河中游综合经济区普惠金融发展之间存在正向空间溢出效应。从具体的影响因素来看，市场化的回归系数显著为负，但其空间滞后项的回归系数显著为正，表明黄河中游综合经济区的市场化对本地区普惠金融发展具有抑制作用，但对周边地区普惠金融发展具有促进作用。这可能是因为黄河中游综合经济区的经济基础薄弱，大中型企业数量有限，市场化程度的提高加剧了企业的优胜劣汰和银行等金融机构对本地大中型客户的竞争，从而激化了本地区小微企业或经营状况不佳企业的融资问题，限制了本地区金融机构的服务范围。同时企业优胜劣汰的加剧，也会带来一定的正向溢出效应，促进周边地区相关产业链发展，进而带动周边地区普惠金融的发展。教育水平的回归系数显著为正，但其空间滞后项的回归系数不显著，表明黄河中游综合经济区的教育水平对本地区普惠金融发展具有促进作用，但对周边地区普惠金融发展影响不显著。这可能是因为教育水平的提高能够在一定程度上提高黄河中游综合经济区的金融知识存量，降低家庭的金融排斥度，有利于本地区金融服务的展开和推广。企业信用的回归系数显著为正，但其空间滞后项的回归系数显著为负，表明黄河中游综合经济区的企业信用对本地区普惠金融发展具有促进作用，但对周边地区普惠金融发展具有抑制作用。这可能是因为企业信用的提高，有利于减少银企合约的违约风险，降低本地金融机构提供信贷服务的门槛，同时本地区企业信用的提高对周边地区还存在一定程度的"虹吸效应"，从而将周边地区的优势金融资源一"吸"而空。经济发展水平、政府干预和信息化的回归系数和空间滞后项的回归系数均不显著，表明黄河中游综合经济区的经济发展水平、政府干预和信息化对本地区及周边地区的普惠金融发展均未产生显著的影响。

表 7 - 15　　　　八大综合经济区的空间杜宾模型回归结果（二）

变量	黄河中游	长江中游	大西南	大西北
lnEconomic	- 0.1752 （ - 0.73）	- 0.0958 （ - 0.35）	- 0.0367 （ - 0.18）	0.0040 （0.01）
lnGovernment	- 0.0141 （ - 0.52）	0.2383 *** （5.24）	0.4609 *** （2.80）	0.8935 *** （3.23）
lnMarket	- 0.3563 *** （ - 3.52）	- 0.5267 ** （ - 2.20）	0.2357 ** （2.15）	- 0.0356 （ - 0.88）
lnEdu	1.1369 ** （2.15）	- 0.7393 ** （ - 2.49）	- 0.9389 ** （ - 2.22）	- 0.4313 （ - 1.01）
lnIDI	- 0.1586 （ - 0.71）	0.2273 （1.00）	0.7395 *** （3.32）	- 0.7387 （ - 1.63）
lnNPL	0.1097 *** （3.39）	0.1439 *** （2.67）	0.0122 （0.27）	- 0.0588 （ - 1.54）
W × lnEconomic	0.0190 （0.08）	0.2164 （0.77）	0.3404 （1.48）	0.1845 （0.41）
W × lnGovernment	- 0.0652 （ - 1.30）	- 0.0147 （ - 0.12）	0.4342 （1.46）	0.6649 ** （2.08）

续表

变量	黄河中游	长江中游	大西南	大西北
W × lnMarket	0.3839 *** (3.20)	0.6797 *** (2.82)	− 0.2497 * (−1.89)	− 0.0274 (−0.24)
W × lnEdu	0.7662 (1.12)	0.4149 (1.18)	0.9824 * (1.89)	1.2313 * (1.86)
W × lnIDI	− 0.1689 (−0.58)	0.1267 (0.44)	− 0.2389 (−0.84)	0.2515 (0.46)
W × lnNPL	− 0.1319 *** (−3.61)	− 0.0915 (−1.62)	0.1228 ** (2.09)	0.2432 *** (3.83)
ρ	0.6806 *** (10.76)	0.7018 *** (11.32)	0.6336 *** (8.69)	0.3340 *** (3.75)
R^2	0.8508	0.9148	0.8904	0.8613
对数似然值	57.9185	74.4689	67.0001	42.4126
Hausman test	0.8412	0.9003	0.8138	0.0005
模型选择	RE	RE	RE	FE

资料来源：笔者回归得到。

从表 7 - 15 中的长江中游综合经济区回归结果可知，长江中游综合经济区的普惠金融发展空间自回归系数 ρ 大于 0，且在 1% 的水平上显著，这说明长江中游综合经济区普惠金融发展之间存在正向空间溢出效应。从具体的影响因素来看，政府干预和企业信用的回归系数显著为正，但其空间滞后项的回归系数不显著，表明长江中游综合经济区的政府干预和企业信用对本地区普惠金融发展具有促进作用，但对周边地区普惠金融发展影响不显著。这可能是因为长江中游综合经济区的制造业具有雄厚的产业基础和良好的企业信用，进而带来了一定的"虹吸效应"，吸引了一大批本地及周边地区金融机构的信贷投向。同时，政府的财政支持和政策导向，也在不断引导金融机构降低服务壁垒和门槛，助推本地区普惠金融的发展。市场化的回归系数显著为负，但其空间滞后项的回归系数显著为正，表明长江中游综合经济区的市场化对本地区普惠金融发展具有抑制作用，但对周边地区普惠金融发展具有促进作用。这可能是因为市场化进程的推进会激化金融机构的利己博弈，从而促使本地金融机构将目标客户市场定位于大中型有实力的企业，相应地减少低收入群体和小微企业的金融服务供给，进而抑制了本地区的普惠金融发展。而对于周边地区来说，那些被忽视或者金融服务供给不足的客户则成为周边地区金融机构服务的主力军，从而有利于周边地区金融服务覆盖面的扩大。教育水平的回归系数显著为负，但其空间滞后项的回归系数不显著，表明长江中游综合经济区的教育水平对本地区普惠金融发展具有抑制作用，但对周边地区普惠金融发展影响不显著。这可能是因为长江中游综合经济区的居民收入水平和受教育程度整体上偏低，导致其劳动力外流严重，因此很多地方因达不到金融机构设立网点的条件而出现了无金融机构提供服务的"空白地带"。而受教育水平的提高则会刺激本地区的劳动力外流，加剧上述情况。对于周边地区来说，由于流入的劳动力受教育水平普遍偏低，其金融排斥度仍然较高，从而导致流入的劳动力与金融活动或服务间的疏离度较高。经济发展水平和信息化的回归系数和空间滞后项的回归系数均不显著，表明长江中游综合经济区的经济发展水平和信息化对本地区及周边地区的普惠金融发展均未产生显著的影响。

从表 7-15 中的大西南综合经济区回归结果可知，大西南综合经济区的普惠金融发展空间自回归系数 ρ 大于 0，且在 1% 的水平上显著，这说明大西南综合经济区普惠金融发展之间存在正向空间溢出效应。从具体的影响因素来看，政府干预和信息化的回归系数显著为正，但其空间滞后项的回归系数不显著，表明大西南综合经济区的政府干预和信息化对本地区普惠金融发展具有促进作用，但对周边地区普惠金融发展影响不显著。这可能是因为大西南综合经济区的金融服务基础相对薄弱，政府主要通过对金融基础设施建设进行引导和投资以及经济建设带来的衍生作用影响普惠金融发展，政府的这些行为均具有明显的地区异质性且空间溢出效应差异较大，这就削弱了政府干预对其他周边地区普惠金融发展的影响。同时，大西南综合经济区的信息基础设施相对薄弱，其信息化水平的提高可以有效增加金融机构及客户群体互联网等信息技术的应用，从而有利于为客户提供更加高效、便捷的金融服务。而对于周边地区来说，其信息化水平的提高并不能满足周边地区发展的需要或与周边地区所需技术水平存在一定的差距，从而对周边地区影响不大。市场化的回归系数显著为正，但其空间滞后项的回归系数显著为负，表明大西南综合经济区的市场化对本地区普惠金融发展具有促进作用，但对周边地区普惠金融发展具有抑制作用。这可能是因为市场化进程的推进弱化了地区间的竞争边界，同时也加剧了地区间的竞争。市场化水平的提高促使大西南综合经济区将周边城市、中小城市和小城镇的资源要素特别是金融资源吸引过来，从而不利于周边地区普惠金融的发展。教育水平的回归系数显著为负，但其空间滞后项的回归系数显著为正，表明大西南综合经济区的教育水平对本地区普惠金融发展具有抑制作用，但对周边地区普惠金融发展具有促进作用。这可能是因为劳动力市场分割带来的人才错配和劳动力流动抑制了教育水平提高带来的增长效应，从而导致短时期内教育水平提高并不能改善当地居民的金融参与度，甚至还会因为劳动力流失而造成金融服务范围的缩小，从而不利于本地普惠金融的发展。而对于周边地区来说，劳动力流动却带来了教育的空间溢出和集聚，从而形成教育、人才的辐射影响，以其带动周边地区普惠金融的发展。企业信用的回归系数不显著，但其空间滞后项的回归系数显著为正，表明大西南综合经济区的企业信用对本地区普惠金融发展影响不显著，但对周边地区普惠金融发展具有促进作用。这可能是因为企业信用提高产生的正向溢出效应有利于本地区企业获得周边地区金融机构的信贷资源，增加周边地区金融服务的覆盖面，从而有利于周边地区普惠金融的发展。经济发展水平回归系数和空间滞后项的回归系数均不显著，表明大西南综合经济区的经济发展水平对本地区及周边地区的普惠金融发展均未产生显著的影响。

从表 7－15 中的大西北综合经济区回归结果可知，大西北综合经济区的普惠金融发展空间自回归系数 ρ 大于 0，且在 1% 的水平上显著，这说明大西北综合经济区普惠金融发展之间存在正向空间溢出效应。从具体的影响因素来看，政府干预的回归系数和空间滞后项的回归系数均显著为正，表明大西北综合经济区的政府干预对本地区及周边地区普惠金融发展均具有促进作用。这可能是因为虽然大西北综合经济区的经济发展相对落后，但国家西部大开发战略的实施为其带来了更多的机遇。在国家相关政策倾斜包括税收优惠以及财政支持等帮扶下，大西北综合经济区的资源和要素组合得到优化，相应资源配置效应得到提高，进而加速工业化进程的推进和城市化建设，并通过关联效应和溢出效应带动本地区和周边地区金融业的发展，实现"金融＋产业联动"发展模式。教育水平和企业信用的回归系数不显著，但其空间滞后项的回归系数显著为正，表明大西北综合经济区的教育水平和企业信用对本地区普惠金融发展影响不显著，但对周边地区普惠金融发展具有促进作用。这可能是因为大西北综合经济区的教育水平较为落后，即使教育水平得到提高，短时期内也并不能改善当地居民的金融参与度。同时，教育水平的提高可能会加剧人才外流，导致劳动力为获得较高收入而迁入其他地区，从而带动周边地区普惠金融的发展。此外，由于企业和金融机构间信息不对称的存在，导致周边地区金融机构会为企业信用较高的公司提供更加宽松的信贷资源，从而有利于本地企业获得更多的信贷机会，助推周边地区普惠金融的发展。而本地金融机构则会对企业信用提高的公司提供更加谨慎的信贷决策，以降低其金融风险。经济发展水平、市场化和信息化回归系数和空间滞后项的回归系数均不显著，表明大西北综合经济区的经济发展水平、市场化和信息化对本地区及周边地区的普惠金融发展均未产生显著的影响。

综上所述，东北综合经济区的经济发展水平、政府干预、教育水平、信息化和企业信用对本地区的普惠金融发展具有重要影响，经济发展水平、市场化和企业信用对周边地区的普惠金融发展具有重要影响；北部沿海综合经济区的政府干预和教育水平对本地区的普惠金融发展具有重要影响，经济发展水平、政府干预、教育水平和信息化对周边地区的普惠金融发展具有重要影响；东部沿海综合经济区的政府干预和信息化对本地区的普惠金融发展具有重要影响，政府干预和企业信用对周边地区的普惠金融发展具有重要影响；南部沿海综合经济区的经济发展水平和信息化对本地区的普惠金融发展具有重要影响，经济发展水平、政府干预和企业信用对周边地区的普惠金融发展具有重要影响；黄河中游综合经济区的市场化、教育水平和企业信用对本地区的普惠金融发展具有重要影响，市场化和企业信用对周边地区的普惠金融发展具有重要影响；长江中游综合经济区的政府干预、市场化、教育水平和企业信用对本地区的普惠金融发展具有重要影响，市场化对周边地区的普惠金融发展具有重要影响；大西南综合经济区的政府干预、市场化、教育水平和信息化对本地区的普惠金融发展具有重要影响，市场化、教育水平和企业信用对周边地区的普惠金融发展具有重要影响；大西北综合经济区的政府干预对本地区的普惠金融发展具有重要影响，政府干预、教育水平和企业信用对周边地区的普惠金融发展具有重要影响。

（2）八大综合经济区空间溢出效应的分解。为了更加直观地反映八大综合经济区各影响因素对本地及周边地区普惠金融发展的空间溢出效应的大小，本书将各影响因素对普惠金融发展的空间溢出效应分解为直接效应、间接效应以及总效应，具体结果如表7－16、表7－17所示。

表7－16　　　八大综合经济区的空间杜宾模型分解结果（一）

	变量	东北	北部沿海	东部沿海	南部沿海
直接效应	lnEconomic	1.8334 *** (5.57)	0.0077 (0.04)	0.3225 (1.29)	0.8048 *** (4.01)
	lnGovernment	1.1019 *** (4.81)	0.4451 ** (2.47)	－0.4417 *** (－2.73)	0.1536 (1.03)
	lnMarket	0.1445 (0.88)	0.2314 * (1.65)	－0.1605 (－0.89)	－0.0323 (－0.13)
	lnEdu	2.4383 ** (1.99)	－1.6589 * (－1.89)	0.2179 (0.68)	－0.0271 (－0.06)
	lnIDI	1.8026 *** (3.93)	0.2467 (0.75)	1.0185 *** (3.02)	1.1752 *** (3.13)

续表

	变量	东北	北部沿海	东部沿海	南部沿海
直接效应	lnNPL	-0.0622 (-1.07)	0.0360 (1.27)	-0.0077 (-0.28)	0.0293 * (1.71)
间接效应	lnEconomic	-0.5503 (-1.03)	1.0411 *** (3.31)	0.3032 (1.16)	-0.0296 (-0.11)
	lnGovernment	0.6858 * (1.90)	-0.2855 (-1.01)	0.8030 *** (3.33)	0.8101 *** (3.64)
	lnMarket	-0.5184 ** (-2.04)	-0.3016 (-1.26)	0.1157 (0.56)	0.2233 (0.82)
	lnEdu	-1.0394 (-0.56)	3.0109 *** (3.03)	0.1648 (0.41)	-0.6788 (-0.95)
	lnIDI	0.1874 (0.22)	1.6430 *** (2.89)	0.4008 (0.86)	0.8170 (1.05)
	lnNPL	0.2357 *** (4.02)	-0.0106 (0.29)	-0.0907 ** (-2.55)	0.1145 *** (3.73)
总效应	lnEconomic	1.2830 ** (1.96)	1.0488 *** (2.63)	0.6258 *** (3.90)	0.7751 ** (2.27)
	lnGovernment	1.7877 *** (3.56)	0.1595 (0.42)	0.3613 (1.28)	0.9637 *** (2.76)
	lnMarket	-0.3739 (-1.25)	-0.0701 (-0.32)	-0.0447 (-0.26)	0.1909 (0.96)
	lnEdu	1.3988 (0.62)	1.3519 (1.35)	0.3827 (0.71)	-0.7060 (-0.74)
	lnIDI	1.9900 * (1.78)	1.8897 ** (2.50)	1.4194 ** (2.31)	1.9922 * (1.81)
	lnNPL	0.1735 *** (3.54)	0.0253 (0.71)	-0.0984 ** (-2.31)	0.1439 *** (3.79)

资料来源：笔者回归得到。

表7-17　　　八大综合经济区的空间杜宾模型分解结果（二）

	变量	黄河中游	长江中游	大西南	大西北
直接效应	lnEconomic	-0.2261 (-1.04)	0.0047 (0.02)	0.0976 (0.48)	0.0444 (0.10)
	lnGovernment	-0.0591 (-1.08)	0.3343*** (3.24)	0.7613*** (2.79)	1.0215*** (3.93)
	lnMarket	-0.2623** (-2.52)	-0.3151 (-1.59)	0.2029** (1.99)	-0.0361 (-0.91)
	lnEdu	2.0480*** (3.84)	-0.7992** (-2.19)	-0.7929* (-1.91)	-0.2627 (-0.64)
	lnIDI	-0.3067 (-1.05)	0.4136* (1.71)	0.8320*** (3.07)	-0.7397* (-1.77)
	lnNPL	0.0783** (2.30)	0.1520*** (3.41)	0.0684 (1.34)	-0.0261 (-0.71)
间接效应	lnEconomic	-0.2532 (-0.82)	0.3872 (1.27)	0.7234** (1.98)	0.2507 (0.55)
	lnGovernment	-0.1848 (-1.21)	0.4176 (1.29)	1.7356** (2.10)	1.2958*** (3.44)
	lnMarket	0.3607 (1.53)	0.8321*** (3.34)	-0.2433 (-1.06)	-0.0416 (-0.28)
	lnEdu	3.8505*** (3.13)	-0.2659 (-0.32)	0.9057 (0.93)	1.4992* (1.79)
	lnIDI	-0.6764 (-0.96)	0.7598 (1.25)	0.5170 (0.75)	0.0281 (0.04)
	lnNPL	-0.1443** (-2.17)	0.0224 (0.40)	0.3052** (2.44)	0.3048*** (3.77)
总效应	lnEconomic	-0.4793 (-1.44)	0.3920 (1.44)	0.8211* (1.91)	0.2952 (0.67)
	lnGovernment	-0.2439 (-1.20)	0.7520* (1.79)	2.4969** (2.32)	2.3174*** (4.89)

续表

	变量	黄河中游	长江中游	大西南	大西北
总效应	lnMarket	0.0984 (0.34)	0.5170** (2.36)	−0.0404 (−0.15)	−0.0778 (−0.48)
	lnEdu	5.8986*** (3.98)	−1.0651 (−0.97)	0.1127 (0.10)	1.2365 (1.35)
	lnIDI	−0.9831 (−1.07)	1.1734 (1.55)	1.3491 (1.52)	−0.7116 (−1.02)
	lnNPL	−0.0659 (−0.78)	0.1745*** (3.62)	0.3736** (2.40)	0.2786*** (3.14)

资料来源：笔者回归得到。

从表 7 – 16 中的东北综合经济区的空间杜宾模型分解结果可以看出，经济发展水平的直接效应和总效应显著为正，但间接效应不显著，表明东北综合经济区的经济发展水平对本地区普惠金融发展具有显著的促进作用，但对周边地区影响不显著，这也体现了经济发展水平的提高并不会带来正的空间溢出效应以实现地区间普惠金融的协同发展。政府干预的直接效应、间接效应和总效应显著为正，且直接效应的回归系数大于间接效应，表明东北综合经济区的政府干预对本地区及其周边地区的普惠金融发展具有显著的促进作用，且在本地区的促进作用明显高于对周边地区普惠金融发展的正向溢出效应，这也体现政府财政支出的增加所带来的衍生功能能够有效地通过溢出作用促进本地区和周边地区普惠金融的发展。市场化的间接效应显著为负，但直接效应和总效应均不显著，表明东北综合经济区的市场化对周边地区普惠金融发展具有抑制作用，但对本地区影响不显著，这也体现了提高市场化程度来促进东北综合经济区的普惠金融发展是不可取的。教育水平的直接效应显著为正，但间接效应和总效应不显著，表明东北综合经济区的教育水平对本地区普惠金融发展具有促进作用，但对周边地区影响不显著。信息化的直接效应和总效应显著为正，但间接效应不显著，表明东北综合经济区的信息化对本地区普惠金融发展具有促进作用，但对周边地区影响不显著。上述结论也体现了通过完善基础设施建设、增加教育水平和加大信息化建设等能够有效促进东北综合经济区的普惠金融发展。企业信用的间接效应和总效应显著为正，但直接效应不显著，表明东北综合经济区的企业信用对本地区普惠金融发展影响不显著，但对周边地区具有促进作用。值得注意的是，前面空间杜宾模型回归结果显示，经济发展水平对周边地区普惠金融发展具有抑制作用，分解结果却显示间接效应不显著；政府干预对周边地区普惠金融发展影响不显著，分解结果却显示间接效应显著为正；而企业信用对本地区普惠金融发展具有抑制作用，分解结果却显示直接效应不显著，因此，应对前面东北综合经济区影响普惠金融发展的因素进行调整，将政府干预对周边地区普惠金融发展的影响考虑在内，同时弱化经济发展水平对周边地区、企业信用对本地区普惠金融发展的影响。

从表7-16中的北部沿海综合经济区的空间杜宾模型分解结果可以看出，经济发展水平的间接效应和总效应显著为正，但直接效应不显著，表明北部沿海综合经济区的经济发展水平对本地区普惠金融发展影响不显著，但对周边地区具有促进作用，这也体现了单纯依靠经济发展水平的提高来促进本地区普惠金融发展的做法是不可行的。政府干预和市场化的直接效应显著为正，但间接效应和总效应不显著，表明北部沿海综合经济区的政府干预和市场化对本地区普惠金融发展具有促进作用，但对周边地区影响不显著，这也体现了政府干预和市场化的空间溢出效应不强，不能有效促进区域间普惠金融的协同发展。教育水平的直接效应显著为负，间接效应显著为正，但总效应不显著，表明北部沿海综合经济区的教育水平对本地区普惠金融发展具有抑制作用，但对周边地区具有促进作用。信息化的间接效应和总效应显著为正，但直接效应不显著，表明北部沿海综合经济区的信息化对本地区普惠金融发展影响不显著，但对周边地区具有促进作用。企业信用的直接效应、间接效应和总效应均不显著，表明北部沿海综合经济区的企业信用对本地区及周边地区的普惠金融发展影响不显著。值得注意的是，前面空间杜宾模型回归结果显示，政府干预对周边地区普惠金融发展具有抑制作用，分解结果却显示间接效应不显著；市场化对本地区普惠金融发展影响不显著，分解结果却显示直接效应显著为正，因此，应对前面北部沿海综合经济区影响普惠金融发展的因素进行调整，将市场化对本地区普惠金融发展的影响考虑在内，同时弱化政府干预对周边地区普惠金融发展的影响。

从表7－16中的东部沿海综合经济区的空间杜宾模型分解结果可以看出，经济发展水平的总效应显著为正，但直接效应和间接效应不显著，表明东部沿海综合经济区的经济发展水平对所有地区普惠金融发展具有促进作用。政府干预的直接效应显著为负，间接效应显著为正，但总效应不显著，表明东部沿海综合经济区的政府干预对本地区普惠金融发展具有抑制作用，但对周边地区具有促进作用，这也体现了单纯依靠政府的"有形之手"来助推本地区普惠金融发展可能会带来负效应，因此政府应掌握好介入金融资源配置的"度"。信息化的直接效应和总效应显著为正，但间接效应不显著，表明东部沿海综合经济区的信息化对本地区普惠金融发展具有促进作用，但对周边地区影响不显著，这也体现了信息化的空间溢出效应不强，不能有效促进区域间普惠金融的协同发展。企业信用的间接效应和总效应显著为负，但直接效应不显著，表明东部沿海综合经济区的企业信用对本地区普惠金融发展影响不显著，但对周边地区具有抑制作用，这也体现了地区间"虹吸效应"的存在，会将更多金融资源吸引到具有优势明显的地区。市场化和教育水平的直接效应、间接效应和总效应均不显著，表明东部沿海综合经济区的市场化和教育水平对本地区及周边地区的普惠金融发展影响不显著。

从表7－16中的南部沿海综合经济区的空间杜宾模型分解结果可以看出，经济发展水平和信息化的直接效应和总效应显著为正，但间接效应不显著，表明南部沿海综合经济区的经济发展水平和信息化对本地区普惠金融发展具有促进作用，但对周边地区影响不显著。政府干预的间接效应和总效应显著为正，但直接效应不显著，表明南部沿海综合经济区的政府干预对本地区普惠金融发展影响不显著，但对周边地区具有促进作用，这也体现了政府财政支出规模的增加具有一定的正向空间溢出效应。企业信用直接效应、间接效应和总效应均显著为正，表明南部沿海综合经济区的企业信用对本地区及周边地区普惠金融发展具有促进作用，这也体现了企业信用在促进地区间普惠金融发展的协同集聚效应。市场化和教育水平的直接效应、间接效应和总效应均不显著，表明南部沿海综合经济区的市场化和教育水平对本地区及周边地区的普惠金融发展影响不显著。值得注意的是，前面空间杜宾模型回归结果显示，经济发展水平对周边地区普惠金融发展具有抑制作用，分解结果却显示间接效应不显著；企业信用对本地区普惠金融发展影响不显著，分解结果却显示直接效应显著为正，因此，应对前面南部沿海综合经济区影响普惠金融发展的因素进行调整，将企业信用对本地区普惠金融发展的影响考虑在内，同时弱化经济发展水平对周边地区普惠金融发展的影响。

从表7-17中的黄河中游综合经济区的空间杜宾模型分解结果可以看出，市场化的直接效应显著为负，但间接效应和总效应不显著，表明黄河中游综合经济区的市场化对本地区普惠金融发展具有抑制作用，但对周边地区影响不显著，也表明盲目扩大市场化程度会阻碍普惠金融政策的推进。教育水平的直接效应、间接效应和总效应均显著为正，表明黄河中游综合经济区的教育水平对本地区及周边地区普惠金融发展具有促进作用，这也体现了教育水平提高所带来的学习和模仿效应以及溢出效应能够形成协同集聚效应而共同促进区域间普惠金融的发展。企业信用的直接效应显著为正，间接效应显著为负，但总效应不显著，表明黄河中游综合经济区的企业信用对本地区普惠金融发展具有促进作用，但对周边地区具有抑制作用，这也体现了企业信用在影响地区间普惠金融发展时存在"虹吸效应"。经济发展水平、政府干预和信息化的直接效应、间接效应和总效应均不显著，表明黄河中游综合经济区的经济发展水平、政府干预和信息化对本地区及周边地区的普惠金融发展影响不显著。值得注意的是，前面空间杜宾模型回归结果显示，市场化对周边地区普惠金融发展具有促进作用，分解结果却显示间接效应不显著；教育水平对周边地区普惠金融发展影响不显著，分解结果却显示间接效应显著为正，因此，应对前面黄河中游综合经济区影响普惠金融发展的因素进行调整，将教育水平对周边地区普惠金融发展的影响考虑在内，同时弱化市场化对周边地区普惠金融发展的影响。

从表7-17中的长江中游综合经济区的空间杜宾模型分解结果可以看出，政府干预和企业信用的直接效应和总效应显著为正，但间接效应不显著，表明长江中游综合经济区的政府干预和企业信用对本地区普惠金融发展具有促进作用，但对周边地区影响不显著，这也体现了政府财政支出的增加和企业信用的提高均具有一定的地域限制。市场化的间接效应和总效应显著为正，但直接效应不显著，表明长江中游综合经济区的市场化对本地区普惠金融发展不显著，但对周边地区具有促进作用，这也体现了市场化具有正向的空间溢出效应。教育水平的直接效应显著为负，但间接效应和总效应不显著，表明长江中游综合经济区的教育水平对本地区普惠金融发展具有抑制作用，但对周边地区影响不显著，这也体现了依靠教育水平的提高并不能促进本地区和区域间普惠金融的发展。信息化直接效应显著为正，但间接效应和总效应不显著，表明长江中游综合经济区的信息化对本地区普惠金融发展具有促进作用，但对周边地区影响不显著。经济发展水平的直接效应、间接效应和总效应均不显著，表明长江中游综合经济区的经济发展水平对本地区及周边地区的普惠金融发展影响不显著。值得注意的是，前面空间杜宾模型回归结果显示，市场化对本地区普惠金融发展具有抑制作用，分解结果却显示直接效应不显著；信息化对本地区普惠金融发展影响不显著，分解结果却显示直接效应显著为正，因此，应对前面长江中游综合经济区影响普惠金融发展的因素进行调整，将信息化对本地区普惠金融发展的影响考虑在内，同时弱化市场化对本地区普惠金融发展的影响。

从表7-17中的大西南综合经济区的空间杜宾模型分解结果可以看出，经济发展水平和企业信用的间接效应和总效应显著为正，但直接效应不显著，表明大西南综合经济区的经济发展水平和企业信用对本地区普惠金融发展影响不显著，但对周边地区具有促进作用，这也体现了经济发展水平和企业信用的正向空间溢出效应。政府干预的直接效应、间接效应和总效应显著为正，且间接效应大于直接效应，表明大西南综合经济区的政府干预对本地区及周边地区普惠金融发展具有促进作用，且对周边地区的溢出效应明显高于对本地区的促进作用，这也体现政府财政支出的增加所带来的衍生功能能够有效地通过溢出作用促进本地区和周边地区普惠金融的发展。市场化和信息化的直接效应显著为正，但间接效应和总效应不显著，表明大西南综合经济区的市场化和信息化对本地区普惠金融发展具有促进作用，但对周边地区影响不显著，这也体现了市场化和信息化存在一定的"虹吸效应"。教育水平的直接效应显著为负，但间接效应和总效应不显著，表明大西南综合经济区的教育水平对本地区普惠金融发展具有抑制作用，但对周边地区影响不显著，这也体现了依靠教育水平的提高并不能促进本地区和区域间普惠金融的发展。值得注意的是，前面空间杜宾模型估计结果显示，经济发展水平和政府干预对周边地区普惠金融发展影响不显著，分解结果却显示间接效应显著为正；市场化对周边地区普惠金融发展具有抑制作用，分解结果却显示间接效应不显著；教育水平对周边地区普惠金融发展具有促进作用，分解结果却显示间接效应不显著，因此，应对前面大西南综合经济区影响普惠金融发展的因素进行调整，将经济发展水平和政府干预对周边地区普惠金融发展的影响考虑在内，同时弱化市场化和教育水平对周边地区普惠金融发展的影响。

从表 7 - 17 中的大西北综合经济区的空间杜宾模型分解结果可以看出，政府干预的直接效应、间接效应和总效应显著为正，且间接效应大于直接效应，表明大西北综合经济区的政府干预对本地区及周边地区普惠金融发展具有促进作用，且对周边地区的溢出效应明显高于对本地区的促进作用，这也体现政府财政支出的增加所带来的衍生功能能够有效地通过溢出作用促进本地区和周边地区普惠金融的发展。教育水平的间接效应显著为正，但直接效应和总效应不显著，表明大西北综合经济区的教育水平对周边地区普惠金融发展具有促进作用，但对本地区影响不显著。信息化的直接效应显著为负，但间接效应和总效应不显著，表明大西北综合经济区的信息化对本地区普惠金融发展具有抑制作用，但对周边地区影响不显著。企业信用的间接效应和总效应显著为正，但直接效应不显著，表明大西北综合经济区的企业信用对周边地区普惠金融发展具有促进作用，但对本地区影响不显著，这也体现了依靠企业信用的提高并不能有效促进本地区普惠金融的发展。值得注意的是，前面空间杜宾模型回归结果显示，信息化对本地区普惠金融发展影响不显著，分解结果却显示直接效应显著为负。因此，应对前面大西北综合经济区影响普惠金融发展的因素进行调整，将信息化对本地区普惠金融发展的影响考虑在内。

将上述空间杜宾模型回归结果和空间杜宾分解结果相结合可以得到以下结论：东北综合经济区的经济发展水平、政府干预、教育水平和信息化对本地区的普惠金融发展具有重要影响，政府干预、市场化和企业信用对周边地区的普惠金融发展具有重要影响；北部沿海综合经济区的政府干预、市场化和教育水平对本地区的普惠金融发展具有重要影响，经济发展水平、教育水平和信息化对周边地区的普惠金融发展具有重要影响；东部沿海综合经济区的政府干预和信息化对本地区的普惠金融发展具有重要影响，政府干预和企业信用对周边地区的普惠金融发展具有重要影响；南部沿海综合经济区的经济发展水平、信息化和企业信用对本地区的普惠金融发展具有重要影响，政府干预和企业信用对周边地区的普惠金融发展具有重要影响；黄河中游综合经济区的市场化、教育水平和企业信用对本地区的普惠金融发展具有重要影响，教育水平和企业信用对周边地区的普惠金融发展具有重要影响；长江中游综合经济区的政府干预、教育水平、信息化和企业信用对本地区的普惠金融发展具有重要影响，市场化对周边地区的普惠金融发展具有重要影响；大西南综合经济区的政府干预、市场化、教育水平和信息化对本地区的普惠金融发展具有重要影响，经济发展水平、政府干预和企业信用对周边地区的普惠金融发展具有重要影响；大西北综合经济区的政府干预和信息化对本地区的普惠金融发展具有重要影响，政府干预、教育水平和企业信用对周边地区的普惠金融发展具有重要影响。

第五节　本章小结

本章首先从理论上分析了各因素对普惠金融发展区域差异的影响，并提出研究假设。其次采用中国 2005～2017 年 31 个省份的面板数据，通过普通面板模型、空间面板模型进行了相应的实证检验。最后得出结论具体如下：

第一，从普通面板模型来看，在基准回归分析中，全国层面的政府干预、市场化和教育水平对普惠金融发展具有重要影响，且各因素对普惠金融发展的影响存在时序异质性。其中，在 2005～2012 年考察区间，市场化、教育水平和信息化对普惠金融发展具有重要的影响；在 2013～2017 年考察区间，政府干预、市场化以及教育水平对普惠金融发展具有重要的影响。东部、中部、西部三大区域回归分析中，东部地区的经济发展水平、政府干预、教育水平、信息化和企业信用对该地区的普惠金融发展具有重要影响；中部地区的市场化、教育水平和企业信用对该地区的普惠金融发展具有重要影响；西部地区的政府干预、市场化、教育水平和信息化对该地区的普惠金融发展具有重要影响。在八大综合经济区回归分析中，东北综合经济区的经济发展水平、政府干预、信息化和企业信用对该综合经济区的普惠金融发展具有重要影响；北部沿海综合经济区的经济发展水平、教育水平、信息化和企业信用对该综合经济区的普惠金融发展具有重要影响；东部沿海综合经济区的经济发展水平和信息化对该综合经济区的普惠金融发展具有重要影响；南部沿海综合经济区的经济发展水平、政府干预、市场化、教育水平、信息化和企业信用对该综合经济区的普惠金融发展具有重要影响；黄河中游综合经济区的市场化、教育水平和企业信用对该综合经济区的普惠金融发展具有重要影响；长江中游综合经济区的经济发展水平、政府干预、市场化、教育水平、信息化和企业信用对该综合经济区的普惠金融发展具有重要影响；大西南综合经济区的经济发展水平、政府干预、市场化、信息化和企业信用对该综合经济区的普惠金融发展具有重要影响；大西北综合经济区的政府干预、市场化、教育水平和信息化对该综合经济区的普惠金融发展具有重要影响。

第二，从空间面板模型来看，在基准回归分析中，全国层面的政府干预、教育水平和企业信用对本地区的普惠金融发展具有重要影响，教育水平和企业信用对周边地区的普惠金融发展具有重要影响。东部、中部、西部三大区域回归分析中，东部地区的政府干预、市场化、教育水平和信息化对本地区的普惠金融发展具有重要影响，经济发展水平、政府干预、市场化和企业信用对周边地区的普惠金融发展具有重要影响；中部地区的企业信用对本地区的普惠金融发展具有重要影响，市场化和信息化对周边地区的普惠金融发展具有重要影响；西部地区的政府干预和企业信用对本地区的普惠金融发展具有重要影响，政府干预、教育水平和企业信用对周边地区的普惠金融发展具有重要影响。在八大综合经济区回归分析中，东北综合经济区的经济发展水平、政府干预、教育水平和信息化对本地区的普惠金融发展具有重要影响，政府干预、市场化和企业信用对周边地区的普惠金融发展具有重要影响；北部沿海综合经济区的政府干预、市场化和教育水平对本地区的普惠金融发展具有重要影响，经济发展水平、教育水平和信息化对周边地区的普惠金融发展具有重要影响；东部沿海综合经济区的政府干预和信息化对本地区的普惠金融发展具有重要影响，政府干预和企业信用对周边地区的普惠金融发展具有重要影响；南部沿海综合经济区的经济发展水平、信息化和企业信用对本地区的普惠金融发展具有重要影响，政府干预和企业信用对周边地区的普惠金融发展具有重要影响；黄河中游综合经济区的市场化、教育水平和企业信用对本地区的普惠金融发展具有重要影响，教育水平和企业信用对周边地区的普惠金融发展具有重要影响；长江中游综合经济区的政府干预、教育水平、信息化和企业信用对本地区的普惠金融发展具有重要影响，市场化对周边地区的普惠金融发展具有重要影响；大西南综合经济区的政府干预、市场化、教育水平和信息化对本地区的普惠金融发展具有重要影响，经济发展水平、政府干预和企业信用对周边地区的普惠金融发展具有重要影响；大西北综合经济区的政府干预和信息化对本地区的普惠金融发展具有重要影响，政府干预、教育水平和企业信用对周边地区的普惠金融发展具有重要影响。

第八章

研究结论与政策建议

第一节 研究结论

"普惠金融"自 2006 年引入中国以来，深受我国政府的重视，并在实践中取得了良好的成效。从党的十八届三中全会正式提出"发展普惠金融"以来，"普惠金融"一直是政府工作报告和金融工作会议的重点提及对象，并成为新时代背景下金融供给侧改革的重要抓手。由此可见，发展普惠金融对当前中国实现高质量发展目标是至关重要的。在此背景下，本书采用理论与实证相结合的方式深入挖掘中国普惠金融发展区域差异的综合状况、收敛性及影响因素，并得到以下结论：

第一，普惠金融发展区域测算方面，从整体上来看，虽然普惠金融政策实施以来，逐渐受到各地区的关注与重视，各地区普惠金融发展水平也呈逐年上升趋势，但我国普惠金融发展水平仍处于较低阶段，各地区普惠金融发展存在明显的地区异质性，地区间普惠金融发展仍存在不协调不均衡现象。从东部、中部、西部三大区域来看，东部地区普惠金融发展水平最高，而中西部地区普惠金融发展水平较低，中西部地区普惠金融发展水平较低是造成我国普惠金融发展水平整体偏低的重要原因。从八大综合经济区来看，八大综合经济区的普惠金融发展存在明显的地区异质性。突出表现在东北和长江中游综合经济区普惠金融发展具有较高的增长潜力，而黄河中游综合经济区普惠金融发展却增长乏力。从各省份来看，虽然各省份间普惠金融发展仍存在不平衡现象，但各省份间普惠金融发展的差距正在逐渐缩小，且普惠金融发展较为落后的地区在普惠金融发展方面更具有成长的潜力性，各省份的普惠金融成长潜力与普惠金融发展水平呈现出反向相关关系。

第二，普惠金融发展区域差异综合评价方面，我国普惠金融发展表现出明显的地区异质性。东部地区的普惠金融发展的地区差异程度较高，中部和西部地区普惠金融发展的地区差异程度相对较低且相近；东部地区普惠金融发展的地区差异是造成我国普惠金融发展地区异质性的主要原因；三大区域普惠金融发展的地区差异主要体现在组间差异上，即东部、中部和西部地区之间的差异是导致我国普惠金融发展地区异质性明显的主要原因。从八大综合经济区来看，现阶段东北、南部沿海和大西北综合经济区普惠金融发展的地区差异程度有所增强，而北部沿海、东部沿海、黄河中游、长江中游和大西南综合经济区的普惠金融发展地区差异程度有所减弱；北部沿海和东部沿海综合经济区普惠金融发展的地区差异程度最高，是造成我国普惠金融发展地区异质性的主要原因；八大综合经济区之间的组间差异是导致我国普惠金融发展地区异质性突出的主要原因。

第三，普惠金融发展区域差异收敛性检验方面，从 β 收敛来看，全国及地区间均不存在绝对 β 收敛；全国和东部地区的普惠金融发展水平存在条件 β 收敛，北部沿海和东部沿海综合经济区存在条件 β 收敛，其他地区（中部和西部）或综合经济区（东北、南部沿海、黄河中游、长江中游、大西南和大西北）均不存在条件 β 收敛。从核密度来看，全国，东部、中部、西部三大区域以及八大综合经济区的普惠金融发展水平在逐渐提高，但整体上各地区间普惠金融发展水平的差距在扩大。从马尔可夫链来看，传统的马尔可夫链表明，中国省际普惠金融发展存在俱乐部趋同现象，不同类型之间的普惠金融发展水平分布相对较稳定，组间转移较低；高水平趋同俱乐部的稳定性最大，且高水平趋同俱乐部规模存在扩大趋势；空间的马尔可夫链表明，省份背景在普惠金融发展俱乐部趋同演变中起到了重要的作用，且不同省份背景在普惠金融发展类型转移中的作用各异，即在不同的邻居类型下，普惠金融发展类型转移的可能性及转移程度各不相同。同时，还发现普惠金融发展类型转移的可能性与省份和邻居之间的差异程度不成比例，邻居类型层级越高，越有利于高水平趋同俱乐部的稳定。

第四，普惠金融发展区域差异影响因素分析方面，从全国来看，政府干预和教育水平对我国普惠金融发展具有重要的影响，且均表现为正向促进作用。同时，还发现各影响因素对普惠金融发展的影响存在地区异质性。具体表现为：就东部、中部、西部三大区域而言，政府干预、教育水平和信息化对东部地区普惠金融发展具有重要影响，且表现出正向促进作用；企业信用对中部地区普惠金融发展具有重要影响，且表现出正向促进作用；政府干预对西部地区的普惠金融发展具有重要影响，且表现出正向促进作用。就八大综合经济区而言，经济发展水平、政府干预和信息化对东北综合经济区的普惠金融发展具有重要影响，且表现出正向促进作用；教育水平对北部沿海综合经济区的普惠金融发展具有重要影响，但作用方向不确定[1]；信息化对东部沿海综合经济区的普惠金融发展具有重要影响，且表现出正向促进作用；经济发展水平、信息化和企业信用对南部沿海综合经济区的普惠金融发展具有重要影响，且表现出正向促进作用；市场化、教育水平和企业信用对黄河中游综合经济区的普惠金融发展具有重要影响，且市场化表现作用方向不确定[2]，教育水平和企业信用表现出正向促进作用；政府干预、教育水平、信息化和企业信用对长江中游综合经济区的普惠金融发展具有重要影响，且政府干预、信息化和企业信用表现出正向促进作用，而教育水平则表现出反向抑制作用；政府干

---

[1]　教育水平指标：相关面板模型检验结果为正，而空间面板模型检验结果为负。
[2]　市场化指标：相关面板模型检验结果为正，而空间面板模型检验结果为负。

预、市场化和信息化对大西南综合经济区的普惠金融发展具有重要影响，且表现为正向促进作用；政府干预和信息化对大西北综合经济区的普惠金融发展具有重要影响，且政府干预表现出正向促进作用，而信息化则表现出反向抑制作用。

第五，从空间溢出效应分解来看，省际普惠金融发展之间存在正向空间溢出效应，即本地区普惠金融发展对周边地区普惠金融发展存在显著的正向空间溢出效应。从具体的影响因素来看，各影响因素对普惠金融发展存在空间溢出效应的异质性。就全国而言，教育水平和企业信用对我国普惠金融发展表现出正向的空间溢出效应。就东部、中部、西部三大区域而言，经济发展水平、政府干预、市场化和企业信用对东部地区普惠金融发展表现出正向的空间溢出效应；市场化和信息化对中部地区普惠金融发展表现出正向的空间溢出效应；政府干预、教育水平和企业信用对西部地区普惠金融发展表现出正向的空间溢出效应。就八大综合经济区而言，政府干预和企业信用对东北综合经济区的普惠金融发展表现出正向的空间溢出效应，而市场化却表现出负向的空间溢出效应；经济发展水平、教育水平和信息化对北部沿海综合经济区的普惠金融发展表现出正向的空间溢出效应；政府干预对东部沿海综合经济区的普惠金融发展表现出正向的空间溢出效应，而企业信用却表现出负向的空间溢出效应；政府干预和企业信用对南部沿海综合经济区的普惠金融发展表现出正向的空间溢出效应；教育水平对黄河中游综合经济区的普惠金融发展表现出正向的空间溢出效应，而企业信用却表现出负向的空间溢出效应；市场化对长江中游综合经济区的普惠金融发展表现出正向的空间溢出效应；经济发展水平、政府干预和企业信用对大西南综合经济区的普惠金融发展表现出正向的空间溢出效应；政府干预、教育水平和企业信用对大西北综合经济区的普惠金融发展表现出正向的空间溢出效应。

第二节 政策建议

一、加强普惠金融的顶层设计

（一）发挥中国特色社会主义制度优势

中国特色社会主义制度的最大优势是中国共产党的领导。在普惠金融发展的过程中，离不开党的领导。在党的领导下，普惠金融发展上升到国家战略高度，并通过政治优势来引领和推动金融改革，调动金融机构、政府、企业以及大众等各方面的积极性，推动普惠金融发展的不断完善。针对金融领域来讲，一直以来存在着金融机构的商业性、趋利性与普惠性、包容性的天然冲突，这就导致大量的小微企业等弱势群体存在融资贵、融资难等问题，而普惠金融的发展恰恰成为化解这一问题的良药。早在党的十八届三中全会上首次将"发展普惠金融"这一战略构想写进决议以来，"普惠金融"已成为政府工作报告、金融工作会议乃至国务院规划中的重要"常客"。可见，党中央已经将发展普惠金融提高到国家战略高度，并明确了发展普惠金融的战略使命和目标，制定和提出了更加系统、有效、详尽的推进普惠金融发展的"时间表"和"路线图"。此外，还需要注重发挥基层党组织在普惠金融发展中的先天优势，利用基层党组织对本地经济、金融情况以及居民收入等信息的掌握，及时获得普惠金融发展过程中的不足，并与金融机构、民生部门等进行对接，改善因信息不对称而造成普惠金融业务覆盖率不足的问题。同时，将目标导向和问题导向相结合，着眼于金融服务的"空白地带"和"灰色地区"，统筹、规划、协调、组织和解决金融资源在融资、信贷、保险等不同领域的配置以及可能存在的问题，引导市场资源向普惠金融发展较为落后的地区倾斜，推动金融服务延伸、扩大金融服务覆盖面，以实现普惠金融发展的帕累托最优。

（二）政府要当好"总设计师"

政府作为普惠金融发展的顶层设计者、推动者、驱动者以及监管者，在普惠金融发展过程中扮演着不可或缺的"总设计师"角色，这就要求政府在普惠金融发展的过程中，准确定位政府和市场的关系、强化差异化政策协同配合以及实施有效监管。一是准确定位政府和市场的关系。这就要求政府在普惠金融发展的过程中，既不能替代市场，也不能被市场替代，而应在给予金融机构一定的经济自主权的基础上，通过政策引导、基础设施完善以及财政援助等方式弥补普惠金融服务领域出现的"空白地带"，并在出现市场失灵和金融风险等问题时及时介入、干预和调节，以维护普惠金融市场的有效竞争。二是强化差异化政策协同配合。这就要求政府应将货币政策和财税政策进行有机结合，并通过优化政策传导机制、完善政策评估机制和协调政策配合机制，提升政策的精准度和统筹度。例如，实施差异化存款准备金制度以降低那些低风险、优服务和精发展的金融部门的存款准备金率，以增加普惠金融发展的信贷资金；实施农业贷款补贴政策，以保障普惠金融客户群体信贷资金的充分获得等。三是实施有效监管，这就要求政府应对普惠金融发展进行实时、全面且有差别的监管。对普惠金融的实时监管，要求政府应强制规定各金融机构上报普惠金融业务发展情况的时间，以确保信息的时效性，并通过建立普惠金融发展情况评价组等专门队伍对其进行实时监管。对普惠金融的全面监管，要求政府应对普惠金融机构的审批、业务办理流程的合理性以及普惠金融专项资金运用等方面进行有效管控，并通过各金融监管部门的定期或不定期交流协作，实现协调监管。对普惠金融的差别监管，要求政府在制定监督管理体制时应充分考虑到地区的差异性和特殊性，实行具体问题具体分析，因地制宜地设计监管标准和方案。

（三）完善普惠金融发展指标体系构建

目前，针对普惠金融发展指标体系的构建，学界和业界仍然没有达

成一致的认知，因此没有统一的国家标准口径。外加普惠金融发展指标
体系涉及的数据大多分散于不同部门，缺乏有效的数据整合和专项统
计，使得普惠金融发展指标体系的精准构建仍然面临较大的障碍。为了
更好地衡量普惠金融发展程度，首先应制定一套统一但有差别的普惠金
融发展指标体系构建标准，并对普惠金融发展指标体系进行定期的动态
追踪和优化完善，使普惠金融发展指标体系构建能够体现每一时期的普
惠金融发展特征，并随着金融改革的推进不断增设新的指标。同时，对
于部分地区存在难以量化计入普惠金融发展指标体系的，应根据该地区
普惠金融发展的特点建立特殊普惠金融发展指标，并将由统一标准构建
的普惠金融发展指标一同呈现给社会公众。其次应建立标准化普惠金融
数据库。对于普惠金融数据的收集和整合，需要多个部门共同完成，而
事实上各部门间缺少数据分享合作机制，从而导致数据可获得性较差。
因此，这就需要建立一套各部门间的数据分享合作机制和普惠金融相关
数据统计机制来定期录入标准化普惠金融数据库，并随着普惠金融的发
展不断进行数据追踪和更新。最后应将普惠金融发展指标体系纳入中国
高质量发展指标体系、全面建设社会主义现代化国家统计监测指标体系
等指标体系当中，提高对普惠金融发展指标体系的社会认可度和需求
度，并定期发布普惠金融发展指数，让公众了解普惠金融和认可普惠金
融，增加普惠金融与公众的亲和度。

二、制定普惠金融发展的区域化协调战略

（一）进一步解决普惠金融发展不协调、不均衡问题

　　虽然我国现阶段的普惠金融发展格局呈现出改善的迹象，但地区异
质性仍然突出，即地区间普惠金融发展仍存在不平衡现象。从普惠金融
发展水平的分布格局可知，落后地区普惠金融发展水平较低是造成我国
普惠金融发展水平整体偏低的重要原因，而地区间普惠金融发展差异的
存在是造成我国普惠金融发展不平衡的主要原因。因此，在发展普惠金

融的过程中，应加强区域间的协调配合和政策互补，通过政策引导和倾斜、资金引流、信息共享以及人才互助等方式弱化区域间差异对普惠金融发展的影响，以实现普惠金融的均衡发展。一是加强区域间的交流合作和信息共享，以实现地区间的互惠互利。例如，加强与东部沿海地区的交流，以引导沿海地区资金向内陆地区转移；建立发达地区与欠发达地区区域联动机制，以实现区域政策与财政、货币等政策有效协调配合等。二是实施"抓两头"的金融发展战略。一方面，一头抓大客户的辐射带动作用，重点突出以大客户为依托，针对产业链下游普惠金融客户的产业链金融业务；另一头抓小微企业融资成本的降低和渠道的拓宽，重点突出普惠金融业务模式、种类和服务的创新。另一方面，一头抓经济较为发达地区的引领示范，重点突出该地区金融机构在普惠金融发展中的创新和成效；另一头抓经济较为落后地区的引导和扶持，重点突出普惠金融发展对"三农"服务推进的有效支持。三是推动城乡金融一体化发展。在城乡一体化战略的基础上，继续推动城乡金融一体化发展，统筹城乡金融基础设施建设，提升城乡客户金融机会的平等性，形成优势互补的协调发展格局。

（二）因地制宜发展普惠金融

我国普惠金融发展水平存在明显的地区异质性。一般来讲，经济较为发达的东部地区以及东部沿海综合经济区和北部沿海综合经济区具有较高的普惠金融发展水平，而经济较为落后的其他地区的普惠金融发展水平也相对较低。因此，在发展普惠金融的过程中，盲目采用"大一统"的普惠金融发展策略是不可取的，应在充分考虑地区差异和特色的基础上，因地制宜制定各地区的普惠金融发展战略和政策。对于经济较为发达的地区，其普惠金融发展应更加注重可持续性、创新性和多元性，以满足普惠金融客户日益增长的多样化金融服务需求；对于经济较为落后的地区，其普惠金融发展应更加关注农户等弱势群体的金融诉求，并通过降低普惠金融门槛、放松信贷条件以及延长偿还期限等方法增加弱势群体获得金融服务的可能。此外，值得注意的是，经济较为落后地区的普惠金融发展具有较大的潜力，这说明该地区的普惠金融发展更具有增长空间，也体现了该地区金融服务覆盖率的不足。因此，应紧抓落后地区的金融机构覆盖率、金融服务有效性以及金融知识普及率，从机构、服务以及知识三个方面整合城乡金融资源，促进普惠金融发展。一是适度扩大落后地区尤其是农村的金融机构网点的配置，增加金融服务对弱势群体的渗透度。二是为弱势群体量身打造普惠金融服务业务，并针对农民等弱势群体的金融诉求创新金融产品及提供金融服务。三是面向县乡一线银行业金融机构网点创建"送金融知识下乡"宣传服务站，定期开展送金融知识下乡活动，并根据农村、农户最集中的金融知识诉求制作金融知识宣传片，为农户普及相关的金融知识，增强其金融素养。

（三）发挥金融中心城市的辐射带动作用

增长极理论认为，经济增长并不是一蹴而就的，而是由一个或数个"增长中心"逐渐向其他部门或地区传导的。而金融领域作为经济增长的重要组成部分，也理应满足增长极理论，即在金融发展中，金融中心城市的作用必不可少，并不断带动周边地区的金融发展。因此，在普惠金融发展的过程中，金融中心城市的辐射带动作用不可小觑。这与前面的实证分析中得出的省际普惠金融发展之间存在正向空间溢出效应观点遥相呼应，即本地区普惠金融发展对周边地区普惠金融发展存在显著的正向空间溢出效应。因此，在普惠金融发展的过程中，也应充分重视城市间尤其是金融中心城市的辐射带动作用。一是以金融中心城市为依托发展供应链金融，并加快推进和调整中心城市与周边地区的产业分工和合作布局，强化中心城市与周边地区产业链的紧密程度，并形成上游大客户与下游普惠金融客户的供应链金融，助力普惠金融发展。二是以金融中心城市为核心，向周边其他地区的弱势群体提供有效的金融服务，并引导资金向其他资金匮乏的地区和企业流动，进而带动其他地区和企业发展，助推普惠金融业务覆盖面不断扩大。三是以金融中心城市为龙头，建立并发展普惠金融业务部或普惠金融机构，以此发挥对周边地区的示范作用。

三、拓宽普惠金融服务的覆盖广度和深度

（一）加强机构存量改革和增量创新

普惠金融发展能够有效地提升金融服务的覆盖率，而其中最关键的环节则是普惠金融服务供给体系的构建，因此，我们既要做好"存量式"金融机构改革，又要做好"增量式"新生金融机构创新。一是继续发挥"存量式"金融机构作用，加快对传统商业金融机构的改革，促使其成为普惠金融发展的主要服务供体或普惠金融机构。对于传统的商业金融机构来说，其在风险管理、资本实力、信用品牌等方面均具有明显优势，因此也更加受到各个阶层客户的青睐。从存款业务来看，传统的商业金融机构提供的存款业务更加具有保障性，但其服务质量还有待继续加强。因此，应进一步改善营业网点的服务环境，并通过增开营业窗口、推广 ATM 机使用、特事特办等方式来提升金融机构服务效率。从贷款业务来看，传统的商业金融机构资金雄厚，但其信贷门槛也相对较高，这就使一些普惠金融客户对传统商业银行等金融机构望而却步。因此，应适当降低金融信贷服务的准入门槛，降低普惠金融客户的融资成本。例如，以房屋、土地经营权或宅基地作为抵押的"三农"信贷服务；以应收账款、知识产权等为质押的小微企业融资服务等。此外，也应充分发挥村镇银行、民营银行在"机制"方面的优势，通过目标引导、政策激励等方式克服其在经营中出现的"客户偏移"，从而使资金更多地流入"三农"等弱势领域。而对于落后地区商业银行等金融机构网点的撤并以及服务人员的精简，应通过一定的政策干预予以"维护"，以保证落后地区金融机构网点的覆盖率。二是降低民间资本进入金融业的准入门槛，鼓励民间资本进入金融业尤其是银行业金融机构，明确并规范民间融资的合法性，以"增量式"金融机构创新实现中国普惠金融供体的多元化发展。一方面，应对民间资本融资的合法性进行明确，并制定科学的法律标准

和规范化条例，以确保债权人和债务人的合法权益。另一方面，也应给予民间融资一定的合法发展空间，并积极推动具备条件的民间资本进入银行业，通过调整投资人资格和持股比例等方法鼓励民间资本进入银行业金融机构。此外，民营银行作为我国金融体制的重要补充，还存在着审批速度慢、准入限制高和道德风险等问题，因此，应进一步加快民营银行的审批速度、降低准入标准以及健全监管机制，让更多民营银行成为普惠金融发展的"助力器"。

（二）创新多样化的普惠金融产品和服务

针对传统金融机构来讲，其设计的金融产品更多适用于大中型客户群体，而相对普惠金融客户适用的产品着实不多。因此，在普惠金融发展的过程中，各金融机构应积极探索适宜普惠金融客户的产品和服务，鼓励创新多样化普惠金融产品，以满足普惠金融客户的诉求。一方面，在风险可控的条件下，积极创新普惠金融客户的抵（质）押品，降低普惠金融客户获得金融服务的成本。对于"三农"客户来说，可以将农村住房、宅基地使用权以及土地承包经营权作为抵押品；对于小微企业客户来说，可以将应收账款、知识产权作为质押品。同时，还应积极探索各种有效的信贷担保模式，尝试再保险担保、互助联保等担保方式。另一方面，普惠金融产品不应仅局限于信贷、储蓄和理财产品，还应包括保险、汇兑、养老、助学、医疗等多功能金融产品，通过对普惠金融客户量身打造金融产品，使广大弱势群体能够真正获得"负担得起""有效"的金融产品和服务。此外，还应大力发展中间业务，以小额信贷为依托带动管理咨询、委托、财务顾问、电子商务和现金管理等中间业务类产品的发展，以更好地满足普惠金融客户的多样化金融服务需求。

（三）增强普惠金融与数字信息化的融合度

由前面结论可知，虽然我国现阶段的普惠金融发展格局呈现改善的迹象，但地区间普惠金融发展仍存在异质性现象。而造成这一现象的主要原因正是我国地区间资源禀赋差异所导致的区域经济发展不均衡，要想打破资源禀赋禁锢，首要条件就是做到资源、信息等要素的跨区域流动。而互联网的"开放、平等、协作、分享"的特点，能够有效解决普惠金融发展中的地域和时空限制。因此，应以互联网为依托，借助计算机、云计算、大数据等数字信息化技术在普惠金融领域的应用，大力发展数字普惠金融，提高金融信息的共享性，降低交易成本和金融服务的门槛，以实现普惠金融覆盖面的不断扩大。一是进一步扩大数字普惠金融的范围，促使普惠金融服务向金融服务薄弱领域不断延伸。对于像农村等金融机构网点覆盖率较低的地区，应大力推进自助终端等电子化金融产品，提升农民客户的服务便捷性。同时，对于那些审批流程较慢的信贷服务业务，可以建立网上预约、审批流程，以加快信贷业务的办理速度。此外，移动金融也应作为普惠金融发展的重要载体，通过大力推动移动支付、移动信贷、移动理财、移动银行等移动金融业务在普惠金融领域的应用，拓展普惠金融服务的深度和广度。二是建立与数字普惠相匹配的普惠金融信用体系，通过互联网、大数据和云计算等信息技术手段的应用，推动金融机构与民生部门、法律部门、税务部门以及司法部门等政府部门实现信息互通和共享，精准识别目标客户，坚决抵制"老赖"，以优化普惠金融发展环境。三是建立并完善数字普惠客户的权益保护机制。金融机构在开展普惠金融业务时要深刻贯彻"负责任"理念，不提供虚假信息或故意隐瞒业务风险，同时也要做好数字普惠客户的信息安全和隐私保护，注重保护客户的合法权益。

四、优化普惠金融需求主体的生态环境

(一) 强化企业信用建设

企业信用是银企信息不对称的"调和剂"，通过降低由信息不对称产生的交易成本和潜在风险来增加普惠金融服务实体经济的能力。如果企业出现信用缺失的情况，则会导致银企合作难以为继，相应地也会阻

碍普惠金融发展。因此，提高企业信息水平是势在必行的。一是转变企业"利润最大化"的发展理念，鼓励企业将"诚信"纳入发展第一要务，并定期对企业人员进行"诚信"宣传和培训，使信誉至上理念植根于每个员工内心。同时，在人员招聘和人才吸纳时，也应将"诚信"纳入考核体系，对那些有失诚信行为的人员一经发现不予录用。二是建立和完善企业信用评级体系。对于不同类型和规模的企业，应设置不同级别的信用评级标准，并对最终的信用评价等级进行动态跟踪，以全面掌握企业的信用等级走向，确保企业信用评价的真实有效性。对于信用评价体系涵盖的范围，不仅应包括企业的偿债能力、盈利能力以及履约能力，还应包括企业的经营成长能力、管理能力和发展理念等，以此来全面反映企业的真实情况。对于信用等级评价指标体系的构建，应动态地反映企业每年的发展情况，并对企业信用指标体系进行定期的动态跟踪和优化完善，并随着企业发展不断增设新的指标。三是加快推进企业与金融机构信息共享机制的建立，降低因信息不对称带来的机会成本和道德风险。企业应向金融机构公开其财务情况、经营情况等信息，以降低金融机构的信息获得和甄别成本以及企业的隐形价格负担。同时，金融机构也应在不涉及商业机密的情况下向企业提供准确、全面和详细的金融产品信息，以确保企业获得金融服务合法权益。

（二）提升金融消费素养

金融素养的高低直接影响着家庭与金融服务之间的亲和度，而消费者的受教育程度是影响金融素养的重要因素。《消费者金融素养调查分析报告（2017）》指出，金融消费者的受教育年限每提高10%，金融素养指数得分可以提高1.67%，金融消费者的受教育程度越高，其金融素养水平就越高。因此，应进一步加大金融教育，提升消费者的金融素养。一是大力推进普惠金融教育。针对"三农"普惠金融客户金融知识匮乏、金融素养较低的问题，应全面开展"送金融知识下乡"活动。具体包括：通过金融广播站、金融宣传片、金融电视汇等载体，将"三农"客户最关心、最集中的金融知识需求以简明生动的形式进行展现；

通过金融阅览室、金融宣传服务角、金融法律大讲堂等方式，为"三农"客户提供有效的金融知识支持；通过金融知识帮扶、金融服务回访、金融知识有奖问答等形式，让金融知识教育不断渗透到"三农"客户的日常生活中。同时，针对小微企业客户，应有重点地开展普惠金融知识讲座或培训，使其在金融权益、金融保护以及金融服务等方面更加深入地了解普惠金融。二是设计易于接受的普惠金融教育和宣传材料。针对不同客户群体的金融关注点、金融诉求以及客户群体的金融知识阶层有针对性地设计普惠金融教育和宣传材料，尽可能地采用生动简洁的形式传授普惠金融知识。例如，针对农村客户，可将普惠金融知识融入小品、相声或歌曲等农户喜闻乐见的节目中，通过生动有趣的金融知识展示激发农户的金融学习热情，以降低农户的金融排斥性；针对城市低收入、贫困等弱势群体客户，可通过现场模拟、案例讲解和宣传片等形式进行金融热点知识宣传，以强化其对普惠金融的认知和理解；针对小微企业等客户，可通过金融知识有奖竞赛、金融案例再现、金融风险预演等方式提升金融知识在企业的渗透度，为普惠金融发展提供良好的企业环境。

五、推进普惠金融运作模式的市场化

普惠金融发展的可持续性必须要依托市场作用来完成，要坚持"政府引导、市场主导"的原则，不断发挥市场在普惠金融发展中的主导作用。一是正确定位和认识政府在普惠金融发展中的作用。政府在普惠金融发展中的作用是政策支持和引导，而不是一味地进行财政补贴和行政干预，这就意味着政府不应该也不能过多地介入普惠金融发展，要秉持适度原则。在普惠金融发展的初期，是需要政府通过政策倾斜和财政补贴来支持的，但随着普惠金融发展的逐渐成熟，这种长期的政策倾斜和财政补贴反而会降低金融机构的积极性，造成金融资源配置扭曲，引发恶性竞争和资本投机，损害市场竞争机制，甚至还会出现"劣币驱逐良币"现象。因此，应逐渐减少政府对普惠金融机构以及普惠金融业务的补贴，这也是符合其市场发展规律的。二是尊重市场机制。在政府支持下的市场化运作，有利于增强金融服务的渗透性、满足普惠金融服务供给方保本微利和可持续发展需求。一方面，充分发挥市场机制在普惠金融资源配置和定价中的决定性作用，并通过运用信息技术、创新普惠金融产品以及降低信贷门槛等渠道引导普惠金融信贷成本下行，推动市场化金融服务模式的建立，增强普惠金融服务的定价能力。另一方面，按照市场化原则引入竞争机制，积极推动银行、第三方支付和电信运营商三类机构共同参与移动金融业务，使金融服务的便捷性、包容性以及普惠性得到进一步的增强，尤其是在支付服务供需矛盾较为突出的农村地区。此外，还需要建立与金融市场机制相匹配的监管机制，规范监管标准，填补监管空白，推进监管体制协同，以维护金融市场的健康和可持续发展。

第三节　研究展望

本书虽然采用了一系列相关研究方法对我国普惠金融发展区域差异的综合状况、收敛性及影响因素进行了详细的探讨，但是普惠金融发展是一个多层次及动态化的概念，涉及的指标层级和数量较多，目前金融业并未对其建立专项统计。也就是说，本书对于普惠金融发展指标体系的构建，尽管借鉴了以往专家学者以及权威机构的相关研究，但仍然存在一定的局限性和不足，加之笔者学识积淀浅薄，很难将普惠金融发展区域差异的综合评价、收敛性和影响因素的分析做到全面和透彻。因此，在以后的研究中，笔者希望对以下问题进行补充和完善：

第一，在普惠金融发展指标体系的构建中，指标选择除了现有指标体系中的银行业和保险业相关业务指标外，还应更多地纳入包括证券以及网络支付等相关金融业务指标，以期更为准确地体现普惠金融业务的全面性和产品的丰富性，为科学构建普惠金融指标体系奠定良好的基础。同时，在指标体系构建过程中，应动态地反映普惠金融每年的发展情况，并对普惠金融发展指标体系进行定期的动态跟踪和优化完善，使普惠金融发展指标构建能够体现每一时期的普惠金融发展特征，并随着金融改革的推进来不断增设新的指标。此外，以变异系数法为各指标及维度确定权重，可能存在因经济意义不明确而导致的误差。因此，在各指标及维度的权重设计中应采用多种方法进行确定，并通过最终加权平均得到的综合权重进行指标体系构建。

第二，在普惠金融发展区域差异收敛性检验中，虽然本书利用 β 收敛、核密度以及马尔可夫链方法从静态和动态两个视角来检验我国普惠金融发展地区差异的演进特征，但是在方法选择上仍然有待于进一步考究，使其对我国普惠金融发展区域差异的收敛性研判更为科学。此外，鉴于数据的可得性，本书将收敛性研究的样本区间定位于 2005～2017 年，显然这样的时间跨度是相对较短暂的，相比经济增长理论中收敛性的几十年数据检验略显单薄，这也为未来普惠金融发展提供了一个重要的关注方向。因此，在今后的普惠金融发展研究中，要进一步跟进对其收敛性的研究，应将普惠金融的收敛性样本选择跨度进一步扩大，以期更为准确地判断我国普惠金融发展的收敛性特征，实现对解决普惠金融发展不平衡不充分问题的精准定位。

第三，在普惠金融发展区域差异影响因素分析中，本书从外部影响因素中选取了经济发展水平、政府干预、市场化、教育水平、信息化以及企业信用六个重要指标。诚然，影响普惠金融发展的因素是多方面的，现有的影响因素探讨也并不足以代表影响普惠金融发展的所有重要外部因素。因此，在今后的研究中，应进一步扩大各影响因素的范围，除了增加非金融机构融资能力、外商直接投资等外部影响因素外，还应该增加金融机构从业人员素质、营业网点数距离、金融机构文化以及盈利能力等内部影响因素，以期获得更加全面的各因素对普惠金融发展的影响机理，来为普惠金融实现均衡和可持续发展目标提供理论支撑。此外，在影响因素的模型选择中，受限于区域研究方法使用的一致性考虑，本书这里仅采用了面板数据的固定效应模型和空间杜宾模型，模型选择相对较为单一。因此，在今后的研究中，应进一步扩展对面板数据计量模型的使用，包括采用广义矩估计模型、空间自回归模型、空间滞后模型等对普惠金融发展的影响因素进行深入探讨。

参 考 文 献

[1] 白鹤祥:《完善我国普惠金融体系》,载《中国金融》2016 年第 17 期。

[2] 白剑眉:《金融功能的层次结构:一个全景分析》,载《金融经济学研究》2005 年第 4 期。

[3] 白俊红、吕晓红:《FDI 质量与中国经济发展方式转变》,载《金融研究》2017 年第 5 期。

[4] 白钦先:《金融可持续发展研究导论》,中国金融出版社 2001 年版。

[5] 白钦先:《再论金融可持续发展》,载《中国金融》1998 年第 7 期。

[6] 白钦先、丁志杰:《论金融可持续发展》,载《国际金融研究》1998 年第 5 期。

[7] 白钦先、谭庆华:《论金融功能演进与金融发展》,载《金融研究》2006 年第 7 期。

[8] 白钦先、谭庆华:《政策性金融功能再界定:功能演进视角》,载《生产力研究》2006 年第 11 期。

[9] 白钦先、张坤:《再论普惠金融及其本质特征》,载《广东财经大学学报》2017 年第 3 期。

[10] 包钧、谢霏、许霞红:《中国普惠金融发展与企业融资约束》,载《上海金融》2018 年第 7 期。

[11] 蔡四平、李莉:《农村普惠金融发展空间差异与集聚效应》,载《财经理论与实践》2018 年第 3 期。

［12］蔡洋萍：《中国农村普惠金融发展的差异分析以中部六省为例》，载《财经理论与实践》2015 年第 6 期。

［13］蔡跃洲、张钧南：《信息通信技术对中国经济增长的替代效应与渗透效应》，载《经济研究》2015 年第 12 期。

［14］陈斌开、林毅夫：《金融抑制、产业结构与收入分配》，载《世界经济》2012 年第 1 期。

［15］陈宗义：《土地流转改革对我国农村普惠金融发展的影响——基于演化博弈视角》，载《华东经济管理》2015 年第 8 期。

［16］戴宏伟、随志宽：《中国普惠金融体系的构建与最新进展》，载《理论学刊》2014 年第 5 期。

［17］邓晓娜、杨敬峰、王伟：《普惠金融的创业效应：理论机制与实证检验》，载《金融监管研究》2019 年第 1 期。

［18］董晓林、徐虹：《我国农村金融排斥影响因素的实证分析——基于县域金融机构网点分布的视角》，载《金融研究》2012 年第 9 期。

［19］杜莉、潘晓健：《普惠金融、金融服务均衡化与区域经济发展——基于中国省际面板数据模型的研究》，载《吉林大学社会科学学报》2017 年第 5 期。

［20］杜强、潘怡：《普惠金融对我国地区经济发展的影响研究——基于省际面板数据的实证分析》，载《经济问题探索》2016 年第 3 期。

［21］杜晓山：《普惠金融服务可持续发展之路如何走——中国普惠金融现状和创新发展的思考》，载《国际融资》2017 年第 11 期。

［22］杜晓山：《小额信贷的发展与普惠性金融体系框架》，载《中国农村经济》2006 年第 8 期。

［23］杜兴洋、杨起城、易敏：《信息通信技术对普惠金融发展的影响——基于 2007—2016 年省级面板数据的实证分析》，载《江汉论坛》2018 年第 12 期。

［24］范兆斌、张柳青：《中国普惠金融发展对贸易边际及结构的影响》，载《数量经济技术经济研究》2017 年第 9 期。

［25］付莎、王军：《中国普惠金融发展对经济增长的影响——基

于省际面板数据的实证研究》，载《云南财经大学学报》2018 年第 3 期。

［26］付一书：《金融资源的流动与行政壁垒的约束》，载《金融理论与实践》2005 年第 7 期。

［27］高建平：《进一步优化普惠金融政策环境》，载《人民论坛》2018 年第 9 期。

［28］龚沁宜、成学真：《数字普惠金融、农村贫困与经济增长》，载《甘肃社会科学》2018 年第 6 期。

［29］顾宁、刘扬：《我国农村普惠金融发展的微观特征分析》，载《农业技术经济》2018 年第 1 期。

［30］郭田勇、丁潇：《普惠金融的国际比较研究——基于银行服务的视角》，载《国际金融研究》2015 年第 2 期。

［31］郭新明：《政府在普惠金融中的作用》，载《中国金融》2015 年第 16 期。

［32］国家统计局统计科研所"信息化统计评价"研究组：《2012 年中国信息化发展指数（Ⅱ）国际比较研究》，载《调研世界》2013 年第 1 期。

［33］何德旭、苗文龙：《金融排斥、金融包容与中国普惠金融制度的构建》，载《财贸经济》2015 年第 3 期。

［34］何宁：《普惠金融发展对我国中小企业融资价格的影响》，载《重庆社会科学》2018 年第 10 期。

［35］胡文涛：《推进普惠金融应重视的问题：加强金融隐私权的保护》，载《兰州学刊》2018 年第 8 期。

［36］黄达：《货币银行学（第五版)》，中国人民大学出版社 2006 年版。

［37］黄倩、李政：《县域普惠金融发展与经济包容性增长——基于云南省 120 个县域数据的实证分析》，载《云南财经大学学报》2019 年第 1 期。

［38］黄燕辉：《普惠金融与城乡收入差距：基于广东省的实证分析》，载《广东财经大学学报》2018 年第 2 期。

[39] 焦瑾璞：《构建普惠金融体系的重要性》，载《中国金融》2010 年第 10 期。

[40] 焦瑾璞：《普惠金融导论》，中国金融出版社 2019 年版。

[41] 焦瑾璞：《普惠金融的国际经验》，载《中国金融》2014 年第 10 期。

[42] 焦瑾璞、陈瑾：《建设中国普惠金融体系：提供全民享受现代金融服务的机会和途径》，中国金融出版社 2009 年版。

[43] 焦瑾璞、黄亭亭、汪天都等：《中国普惠金融发展进程及实证研究》，载《上海金融》2015 年第 4 期。

[44] 李苍舒：《普惠金融在中国的实践及前景》，载《金融评论》2015 年第 6 期。

[45] 李海峰、彭家生、何微：《数字金融服务对普惠金融发展的影响研究：理论基础与经验证据》，载《西南民族大学学报（人文社科版）》2019 年第 6 期。

[46] 李建军、韩珣：《普惠金融、收入分配和贫困减缓——推进效率和公平的政策框架选择》，载《金融研究》2019 年第 3 期。

[47] 李建军、卢盼盼：《中国居民金融服务包容性测度与空间差异》，载《经济地理》2016 年第 3 期。

[48] 李建军、王德：《搜寻成本、网络效应与普惠金融的渠道价值——互联网借贷平台与商业银行的小微融资选择比较》，载《国际金融研究》2015 年第 12 期。

[49] 李建伟：《普惠金融发展与城乡收入分配失衡调整——基于空间计量模型的实证研究》，载《国际金融研究》2017 年第 10 期。

[50] 李建伟、李树生、胡斌：《具有普惠金融内涵的金融发展与城乡收入分配的失衡调整——基于 VEC 模型的实证研究》，载《云南财经大学学报》2015 年第 1 期。

[51] 李涛、徐翔、孙硕：《普惠金融与经济增长》，载《金融研究》2016 年第 4 期。

[52] 李扬：《"金融服务实体经济"辨》，载《经济研究》2017 年

第 6 期。

［53］李扬：《普惠金融的精髓是民众公平地获得金融服务》，MBA 中国网，http：//www. mbachina. com/html/mbachina/201806/97447. html。

［54］李扬：《依托互联网，让普惠金融更加平民化》，新浪财经网，http：//finance. sina. com. cn/roll/2017 – 03 – 26/doc – ifycspxn9911319. shtml。

［55］林春、康宽、孙英杰：《中国普惠金融的区域差异与极化趋势：2005 – 2016》，载《国际金融研究》2019 年第 8 期。

［56］林春、康宽、孙英杰：《普惠金融与就业增加：直接影响与空间溢出效应》，载《贵州财经大学学报》2019 年第 3 期。

［57］林春、孙英杰：《中国城市普惠金融发展的空间特征及影响因素分析——基于 272 个地级及以上城市面板数据》，载《西南民族大学学报（人文社科版）》2019 年第 6 期。

［58］林建华：《普惠金融的商业可持续性》，载《中国金融》2017 年第 14 期。

［59］刘行：《政府干预的新度量——基于最终控制人投资组合的视角》，载《金融研究》2016 年第 9 期。

［60］刘亦文、丁李平、李毅等：《中国普惠金融发展水平测度与经济增长效应》，载《中国软科学》2018 年第 3 期。

［61］卢亚娟、张菁晶：《农村家庭金融资产选择行为的影响因素研究——基于 CHFS 微观数据的分析》，载《管理世界》2018 年第 5 期。

［62］陆凤芝、黄永兴、徐鹏：《中国普惠金融的省域差异及影响因素》，载《金融经济学研究》2017 年第 1 期。

［63］陆铭、欧海军：《高增长与低就业：政府干预与就业弹性的经验研究》，载《世界经济》2011 年第 12 期。

［64］吕冰洋、毛捷：《金融抑制和政府投资依赖的形成》，载《世界经济》2013 年第 7 期。

［65］吕家进：《建立普惠金融政策体系需坚持四个原则》，人民网，http：//finance. people. com. cn/money/n/2014/0511/c384869 – 25001984. html。

［66］吕家进：《普惠金融体系的原则与重点》，载《中国金融》

2014 年第 10 期。

[67] 罗能生、吴枭宇：《社会信用的区域差异及影响因素的空间计量分析》，载《财经科学》2016 年第 4 期。

[68] 罗斯丹、陈晓、姚悦欣：《我国普惠金融发展的减贫效应研究》，载《当代经济研究》2016 年第 12 期。

[69] 马九杰、沈杰：《中国农村金融排斥态势与金融普惠策略分析》，载《农村金融研究》2010 年第 5 期。

[70] 马彧菲、杜朝运：《普惠金融指数测度及减贫效应研究》，载《经济与管理研究》2017 年第 5 期。

[71] 马彧菲、杜朝运：《普惠金融指数的构建及国际考察》，载《国际经贸探索》2016 年第 1 期。

[72] 满向昱、张天毅、汪川等：《我国中小微企业信用风险因素识别及测度研究》，载《中央财经大学学报》2018 年第 9 期。

[73] 孟飞：《普惠金融生态及其优化》，载《上海经济研究》2009 年第 6 期。

[74] 潘功胜：《推动中国普惠金融发展》，中国网，http：//www.china.com.cn/cppcc/2015 - 03/17/content_35075350.htm。

[75] 潘晓健、杜莉：《以供给侧结构性改革推动我国农村普惠金融纵深发展》，载《经济纵横》2017 年第 2 期。

[76] 尚蔚、李肖林：《金融抑制对我国中小企业融资的影响及对策》，载《上海经济研究》2015 年第 10 期。

[77] 邵汉华、王凯月：《普惠金融的减贫效应及作用机制——基于跨国面板数据的实证分析》，载《金融经济学研究》2017 年第 6 期。

[78] 邵宇开、王浣尘、曾赛星：《区域信息化与劳动生产率相关关系的实证分析》，载《科学学研究》2006 年第 2 期。

[79] 师俊国、沈中华、张利平：《普惠金融对投资效率的非线性效应分析》，载《南方经济》2016 年第 2 期。

[80] 宋晓玲、侯金辰：《互联网使用状况能否提升普惠金融发展水平？——来自 25 个发达国家和 40 个发展中国家的经验证据》，载《管理世

界》2017 年第 1 期。

[81] 粟芳、方蕾：《"有为政府"与农村普惠金融发展——基于上海财经大学 2015"千村调查"》，载《财经研究》2016 年第 12 期。

[82] 粟勤、孟娜娜：《县域普惠金融发展的实际操作：由豫省兰考生发》，载《改革》2018 年第 1 期。

[83] 粟勤、张娜：《金融包容与银行业机构：文献述评与展望》，载《北京工商大学学报（社会科学版）》2017 年第 2 期。

[84] 孙英杰、林春：《"互联网＋"对金融资源配置效率的影响——基于省级面板数据的经验分析》，载《大连理工大学学报（社会科学版）》2019 年第 6 期。

[85] 孙英杰、林春：《普惠金融发展的地区差异、收敛性及影响因素研究——基于中国省级面板数据的检验》，载《经济理论与经济管理》2018 年第 11 期。

[86] 谭燕芝、彭千芮：《普惠金融发展与贫困减缓：直接影响与空间溢出效应》，载《当代财经》2018 年第 3 期。

[87] 谭燕芝、张运东：《信用风险水平与宏观经济变量的实证研究——基于中国、美国、日本部分银行的比较分析》，载《国际金融研究》2009 年第 4 期。

[88] 唐雪松、周晓苏、马如静：《政府干预、GDP 增长与地方国企过度投资》，载《金融研究》2010 年第 8 期。

[89] 田旭、于晓华、张晓恒：《中国粮食生产潜能分析：一个基于"俱乐部收敛"的视点》，载《浙江大学学报（人文社会科学版）》2016 年第 5 期。

[90] 汪晓文、叶楠、李紫薇：《普惠金融的政策导向与引领——以税收为例》，载《宏观经济研究》2018 年第 2 期。

[91] 王春超、赖艳：《金融抑制与企业融资渠道选择行为研究》，载《经济评论》2017 年第 5 期。

[92] 王达：《论全球金融科技创新的竞争格局与中国创新战略》，载《国际金融研究》2018 年第 12 期。

[93] 王广林:《信息技术与中国第三产业新发展》,载《社会科学辑刊》2001 年第 1 期。

[94] 王建康、谷国锋、姚丽等:《中国新型城镇化的空间格局演变及影响因素分析——基于 285 个地级市的面板数据》,载《地理科学》2016 年第 1 期。

[95] 王婧、胡国晖:《中国普惠金融的发展评价及影响因素分析》,载《金融论坛》2013 年第 6 期。

[96] 王珏、骆力前、郭琦:《地方政府干预是否损害信贷配置效率?》,载《金融研究》2015 年第 4 期。

[97] 王茜:《我国普惠金融发展面临的问题及对策》,载《经济纵横》2016 年第 8 期。

[98] 王曙光:《金融发展理论》,中国发展出版社 2010 年版。

[99] 王曙光、王丹莉、王东宾等:《普惠金融——中国农村金融重建中的制度创新与法律框架》,北京大学出版社 2013 年版。

[100] 王曙光、王东宾:《双重二元金融结构、农户信贷需求与农村金融改革——基于 11 省 14 县市的田野调查》,载《财贸经济》2011 年第 5 期。

[101] 王小华、温涛、王定祥:《县域农村金融抑制与农民收入内部不平等》,载《经济科学》2015 年第 2 期。

[102] 王小鲁、樊纲、余静文:《中国分省份市场化指数报告》,社会科学文献出版社 2017 年版。

[103] 王勋:《金融抑制与发展中国家对外直接投资》,载《国际经济评论》2013 年第 1 期。

[104] 王勋、Anders Johansson:《金融抑制与经济结构转型》,载《经济研究》2013 年第 1 期。

[105] 温茜茜:《普惠金融对城乡收入差距的影响研究》,载《宏观经济研究》2017 年第 7 期。

[106] 吴国华:《进一步完善中国农村普惠金融体系》,载《经济社会体制比较》2013 年第 4 期。

[107] 吴金旺、郭福春、顾洲一：《数字普惠金融发展影响因素的实证分析——基于空间面板模型的检验》，载《浙江学刊》2018 年第 3 期。

[108] 吴涛、杨继瑞：《我国实现普惠金融的主要障碍与对策》，载《云南社会科学》2015 年第 5 期。

[109] 吴晓灵：《发展小额信贷促进普惠金融》，载《中国流通经济》2013 年第 5 期。

[110] 吴晓灵：《普惠金融就是让金融回归服务业的本质》，凤凰网，2018 年 11 月 6 日，http：//wemedia. ifeng. com/85830843/wemedia. shtml。

[111] 武丽娟、徐璋勇：《我国农村普惠金融的减贫增收效应研究——基于 4023 户农户微观数据的断点回归》，载《南方经济》2018 年第 5 期。

[112] 武志：《金融发展与经济增长：来自中国的经验分析》，载《金融研究》2010 年第 5 期。

[113] 夏勇：《经济发展与环境污染脱钩理论及 EKC 假说的关系》，载《中国人口·资源与环境》2016 年第 10 期。

[114] 谢升峰、卢娟红：《普惠金融发展影响城乡居民福利差异的效应测度》，载《统计与决策》2014 年第 21 期。

[115] 星焱：《普惠金融：一个基本理论框架》，载《国际金融研究》2016 年第 9 期。

[116] 邢乐成：《中国普惠金融：概念界定与路径选择》，载《山东社会科学》2018 年第 12 期。

[117] 徐敏、张小林：《普惠制金融发展与产业结构调整》，载《商业研究》2015 年第 4 期。

[118] 徐少君、金雪军：《农户金融排除的影响因素分析——以浙江省为例》，载《中国农村经济》2009 年第 6 期。

[119] 徐颖真、田野、胡迁等：《混业经营体制的风险与效率——以金融功能观点为主线的文献评述》，载《湖北大学学报（哲学社会科学版）》2006 年第 2 期。

[120] 杨军、张龙耀、马倩倩等：《县域普惠金融发展评价体系研究——基于江苏省52个县域数据》，载《农业经济问题》2016年第11期。

[121] 杨小松：《普惠金融应具普及性包容性便捷性三特征》，新浪财经网，http：//finance. sina. com. cn/money/fund/20140327/123318632464. shtml。

[122] 杨越：《经济健康发展的一个重要前提—著名经济学家厉以宁教授谈信用体系建设》，载《中国市场》2003年第1期。

[123] 易纲：《普惠金融就是加强金融服务的包容性》，中国财经网，2016年9月1日，http：//finance. china. com. cn/news/20160901/3888150. shtml。

[124] 易纲：《普惠金融具有包容性，有助于实现社会公平》，人民网，2016年9月1日，http：//world. people. com. cn/n1/2016/0901/c1002 - 28684569. html。

[125] 尹志超、仇化：《金融知识对互联网金融参与重要吗》，载《财贸经济》2019年第6期。

[126] 尹志超、彭嫦燕、里昂安吉拉：《中国家庭普惠金融的发展及影响》，载《管理世界》2019年第2期。

[127] 余源培：《重视社会信用体系建设——对金融危机的必要反思》，载《上海财经大学学报》2010年第1期。

[128] 曾康霖：《试论我国金融资源的配置》，载《金融研究》2005年第4期。

[129] 曾康霖、罗晶：《论普惠制金融》，载《西南金融》2014年第2期。

[130] 张号栋、尹志超：《金融知识和中国家庭的金融排斥——基于CHFS数据的实证研究》，载《金融研究》2016年第7期。

[131] 张贺、白钦先：《数字普惠金融减小了城乡收入差距吗？——基于中国省级数据的面板门槛回归分析》，载《经济问题探索》2018年第10期。

[132] 张建波：《关于普惠金融对城乡收入差距影响的门槛效应研究》，载《甘肃社会科学》2018年第1期。

[133] 张建武、王茜、林志帆等：《金融抑制与劳动收入份额关系

研究》，载《中国人口科学》2014 年第 5 期。

[134] 张立洲：《论金融信息化对金融业的影响》，载《财经问题研究》2002 年第 3 期。

[135] 张文婷：《信息化对中国产业结构调整作用分析》，载《技术经济与管理研究》2016 年第 10 期。

[136] 张新民、王珏、祝继高：《市场地位、商业信用与企业经营性融资》，载《会计研究》2012 年第 8 期。

[137] 张宇、赵敏：《农村普惠金融发展水平与影响因素研究——基于西部六省的实证分析》，载《华东经济管理》2017 年第 3 期。

[138] 张正平、石红玲：《家庭普惠金融水平对家庭创业决策的影响：基于 CHFS 数据的实证研究》，载《北京工商大学学报（社会科学版）》2019 年第 1 期。

[139] 张正平、杨丹丹：《市场竞争、新型农村金融机构扩张与普惠金融发展——基于省级面板数据的检验与比较》，载《中国农村经济》2017 年第 1 期。

[140] 赵秋运、林志帆：《"欲速则不达"：金融抑制、产业结构扭曲与"中等收入陷阱"》，载《经济评论》2015 年第 3 期。

[141] 赵彦云、刘思明：《中国专利对经济增长方式影响的实证研究：1988—2008 年》，载《数量经济技术经济研究》2011 年第 4 期。

[142] 支大林、于尚艳：《区域金融理论与实证研究》，商务印书馆 2008 版。

[143] 中国人民银行金融消费权益保护局：《2017 年中国普惠金融指标分析报告》，中国金融出版社 2018 年版。

[144] 中国银行保险监督管理委员会：《中国普惠金融发展报告》，中国金融出版社 2018 年版。

[145] 周斌、毛德勇、朱桂宾：《"互联网＋"、普惠金融与经济增长——基于面板数据的 PVAR 模型实证检验》，载《财经理论与实践》2017 年第 2 期。

[146] 周健男：《论金融功能及其内生性》，载《江汉论坛》2006

年第 4 期。

［147］周孟亮：《普惠金融与精准扶贫协调的路径创新研究》，载《南京农业大学学报（社会科学版）》2018 年第 2 期。

［148］周孟亮、李明贤：《民营银行金融创新研究——基于普惠金融发展的视角》，载《社会科学》2016 年第 5 期。

［149］周小川：《践行党的群众路线 推进包容性金融发展》，载《求是》2013 年第 18 期。

［150］周洋、王维昊、刘雪瑾：《认知能力和中国家庭的金融排斥——基于 CFPS 数据的实证研究》，载《经济科学》2018 年第 1 期。

［151］朱超、宁恩祺：《金融发达地区是否存在金融排斥? ——来自北京市老年人口的证据》，载《国际金融研究》2017 年第 4 期。

［152］朱民武、曾力、何淑兰：《普惠金融发展的路径思考——基于金融伦理与互联网金融视角》，载《现代经济探讨》2015 年第 1 期。

［153］朱一鸣、王伟：《普惠金融如何实现精准扶贫?》，载《财经研究》2017 年第 10 期。

［154］邹伟、凌江怀：《普惠金融与中小微企业融资约束——来自中国中小微企业的经验证据》，载《财经论丛》2018 年第 6 期。

［155］AFI. Measuring Financial Inclusion Core Set of Financial Inclusion Indicators. Policy Research Working Paper, No. 6025, 2011.

［156］Aga G, Martinez Peria M S. International Remittances and Financial Inclusion in Sub – Saharan Africa. World Bank Policy Research Working Paper, No. 6991, 2014.

［157］Agnello L, Mallick S K, Sousa R M. Financial Reforms and Income Inequality. *Economics Letters*, Vol. 116, No. 3, 2012, 583 – 587.

［158］Ahamed M M, Mallick S. Does Regulatory Forbearance Matter for Bank Stability? Evidence from Creditors' Perspective. *Journal of Financial Stability*, Vol. 28, 2017, 163 – 180.

［159］Allen F, Demirguc – Kunt A, Klapper L, et al. The Foundations of Financial Inclusion：Understanding Ownership and Use of Formal Accounts. *Journal of Financial Intermediation*, Vol. 27, 2016, 1 – 30.

[160] Allen F, Gale D. Comparative Financial? Systems: A Survey. http: //finance. wharton. upenn. edu/allenf/download/Vita/PublishedPapers. htm, 2001.

[161] Anand S, Chhikara K S. A Theoretical and Quantitative Analysis of Financial Inclusion and Economic Growth. *Management & Labour Studies*, Vol. 38, No. 1 – 2, 2013, 103 – 133.

[162] Anzoategui D, Demirgüç – Kunt A, Pería M S M. Remittances and Financial Inclusion: Evidence from El Salvador. *World Development*, Vol. 54, 2014, 338 – 349.

[163] Arora R U. Measuring Financial Access. Discussion Paper in Economics, No. 7, 2010, 1 – 21.

[164] Banerjee A, Duflo E, Glennerster R, et al. The Miracle of Microfinance? Evidence from a Randomized Evaluation. *American Economic Journal Applied Economics*, Vol. 7, No. 1, 2015, 22 – 53.

[165] Bansal S. Perspective of Technology in Achieving Financial Inclusion in Rural India. *Procedia Economics and Finance*, Vol. 11, 2014, 472 – 480.

[166] Barro R J, Sala – i – Martin X. Convergence. *Journal of Political Economy*, Vol. 100, No. 2, 1992, 223 – 251.

[167] Baumol W J. Productivity Growth, Convergence, and Welfare: What the Long – run Data Show. *The American Economic Review*, 1986, 1072 – 1085.

[168] Bayero M A. Effects of Cashless Economy Policy on Financial Inclusion in Nigeria: An Exploratory Study. *Procedia – Social and Behavioral Sciences*, Vol. 172, No. 27, 2015, 49 – 56.

[169] Bebczuk R N. Financial Inclusion in Latin America and the Caribbean: Review and Lessons. CEDLAS Working Paper, No. 68, 2008.

[170] Beck T, Demirguc – Kunt A, Peria M S M. Reaching Out: Ac-

cess to and Use of Banking Services Across Countries. *Journal of financial economics*, Vol. 85, No. 1, 2007, 234 – 266.

[171] Bernheim B D, Garrett D M, Maki D M. Education and Saving: The Long – term Effects of High School Sinancial Curriculum Mandates. *Journal of Public Economics*, Vol. 80, No. 3, 2001, 435 – 465.

[172] Bernheim B D, Garrett D M. Garrett, The Effects of Financial Education in the Workplace: Evidence from a Survey of Households. *Economic Inquiry*, Vol. 87, No. 7 – 8, 2003, 1487 – 1519.

[173] Bihari S C. Financial Inclusion for Indian Scense. SCMS Journal of Indian Management, No. 8 – 3, 2011.

[174] Bisht S S, Mishra V. ICT – driven Financial Inclusion Initiatives for Urban Poor in A Developing Economy: Implications for Public Policy. *Behaviour & Information Technology*, Vol. 35, No. 10, 2016, 1 – 16.

[175] Bodie Z, Merton R C. Finance (Preliminary Edition). New Jersey: Prentice Hall Inc, 1998, 115 – 134.

[176] Bruhn M, Love I. The Real Impact of Improved Access to Finance: Evidence from Mexico. *Journal of Finance*, Vol. 69, No. 3, 2014, 1347 – 1376.

[177] Carbó S, Gardner E, Molyneux P. Financial Exclusion. Berlin: Springer, 2005, 55 – 61.

[178] CGAP. From Microfinance to Financial Inclusion: Reflections on 20 Years. https://www.cgap.org/blog/microfinance – financial – inclusion – reflections – 20 – years, 2015.

[179] Chakraborty K C. Financial Inclusion – issues in Measurement and Analysis. *International Journal of Current Research and Academic Review*, Vol. 2, No. 2, 2014, 116 – 124.

[180] Chakravarty S R, Pal R. Financial Inclusion in India: An Axiomatic Approach. *Journal of Policy Modeling*, Vol. 35, No. 5, 2013, 813 – 837.

[181] Chiapa C, Prina S, Parker A. The Effects of Financial Inclusion

on Children's Schooling, and Parental Aspirations and Expectations. *Journal of International Development*, Vol. 28, No. 5, 2015, 683 – 696.

[182] Clarke G R G, Xu L C, Zou H F. Finance and Income Inequality: What do the Data Tell Us? . *Southern Economic Journal*, Vol. 72, No. 3, 2006, 578 – 593.

[183] Cnaan R A, Moodithaya M S, Femida H. Financial Inclusion: Lessons from Rural South India. *Journal of Social Policy*, Vol. 41, No. 1, 2012, 183 – 205.

[184] Cohen M, Nelson C. Nelson, Financial Literacy: A Step for Clients towards Financial Inclusion. Global Microcredit Summit Commissioned Workshop Paper, No. 14 – 17, 2011.

[185] Cole S, Zia T S. Prices or Knowledge? What Drives Demand for Financial Services in Emerging Markets? . *The Journal of Finance*, Vol. 66, No. 6, 2011, 1933 – 1967.

[186] De Koker L, Jentzsch N. Financial Inclusion and Financial Integrity: Aligned Incentives? . *World Development*, Vol. 44, No. 4, 2013, 267 – 280.

[187] Demirguckunt A, Klapper L, Singer D. Financial Inclusion and Legal Discrimination Against Women: Evidence from Developing Countries. Policy Research Working Paper, No. 6416, 2013.

[188] Dev S M. Financial Inclusion: Issues and Challenges. *Economic & Political Weekly*, Vol. 41, No. 41, 2006, 4310 – 4313.

[189] Diniz E, Birochi R, Pozzebon M. Triggers and Barriers to Financial Inclusion: The Use of ICT – based Branchless Banking in an Amazon County. *Electronic Commerce Research and Applications*, Vol. 11, No. 5, 2012, 484 – 494.

[190] Dosi G, Grazzi M. Technologies as Problem – solving Procedures and Technologies as Input – output Relations: Some Perspectives on the Theory of Production. *Industrial & Corporate Change*, Vol. 15, No. 1, 2006,

173 - 202.

[191] Ehrbeck T, Pickens M, Tarazi M. Financially Inclusive Ecosystems: The Roles of Government Today. CGAP Working Paper, No. 76, 2013.

[192] European Commission. Financial Services Provision and Prevention of Financial Exclusion. Personal Finance Research Centre, No. 17 - 24, 2008.

[193] Friedline T, Rauktis M. Young People are the Front Lines of Financial Inclusion: A Review of 45 Years of Research. *Journal of Consumer Affairs*, Vol. 48, No. 3, 2014, 535 - 602.

[194] Fungáčová Z, Weill L. Understanding Financial Inclusion in China. *China Economic Review*, Vol. 34, No. 3, 2015, 196 - 206.

[195] Gabor D, Brooks S. Brooks, The Digital Revolution in Financial Inclusion: International Development in the Fintech Era. *New Political Economy*, Vol. 22, No. 4, 2016, 1 - 14.

[196] George O C B, Ntayi J M, Munene J C, et al. Social Capital: Mediator of Financial Literacy and Financial Inclusion in Rural Uganda. *Review of International Business and Strategy*, Vol. 26, No. 2, 2016, 291 - 312.

[197] Ghosh S, Vinod D. What Constrains Financial Inclusion for Women? Evidence from Indian Micro Data. *World Development*, Vol. 92, No. 4, 2017, 60 - 81.

[198] Ghosh S. Does Mobile Telephony Spur Growth? Evidence from Indian States. *Telecommunications Policy*, Vol. 40, No. 10 - 11, 2016, 1020 - 1031.

[199] Goldsmith R W. *Financial Structure and Development*. New Haven and London: Yale University Press, 1969, 77 - 79.

[200] Gopalan S, Rajan R S. Rajan, Foreign Banks and Financial Inclusion in Emerging and Developing Economies: An Empirical Investiga-

tion. Journal of International Development, Vol. 30, No. 1, 2018, 559 – 583.

[201] GPFI. G20 High – level principles for digital financial inclusion [DB/OL]. https: //www. gpfi. org/publications/g20 – high – level – principles – digital – financial – inclusion, 2016.

[202] GPFI. Toward Universal Access: Addressing the Global Challenge of Financial Inclusion. Postcrisis Growth and Development: A Development Agenda for the G – 20, 2011.

[203] Greenwood J, Jovanovic B. Financial Development, Growth and the Distribution of Income. *Journal of Political Economy*, Vol. 98, No. 5, 1990, 1076 – 1107.

[204] Gupte R, Venkataramani B, Gupta D. Computation of Financial Inclusion Index for India. *Procedia – Social and Behavioral Sciences*, Vol. 3, No. 1, 2012, 133 – 149.

[205] Hannig A, Jansen S. Financial Inclusion and Financial Stability: Current Policy Issues. ADBI Working Paper, No. 259, 2010.

[206] Han R, Melecky M. Financial Inclusion for Financial Stability: Access to Bank Deposits and the Growth of Deposits in the Global Financial Crisis. World Bank Policy Research Working Paper Series, No. 6577, 2013.

[207] Helms B. Access for All: Building Inclusive Financial Systems. Washingtion: World Bank Publications, 2006, 31.

[208] IFC. Digital Financial Services: Challenges and Opportunities for Emerging Market Banks. https: //www. ifc. org/wps/wcm/connect, 2017.

[209] Johnson S, Arnold S. Arnold, Inclusive Financial Markets: Is Transformation under Way in Kenya? *Development Policy Review*, Vol. 30, No. 6, 2012, 719 – 748.

[210] Kabakova O, Plaksenkov E. Analysis of Factors Affecting Financial Inclusion: Ecosystem View. *Journal of Business Research*, Vol. 89, No. 8, 2018, 198 – 205.

[211] Kama U, Adigun M. Financial Inclusion in Nigeria: The Jour-

ney So Far. Social Science Electronic Publishing, 2013: 1 – 31.

[212] Kelkar V. Financial Inclusion for Inclusive Growth. *ASCI Journal of Management*, Vol. 39, No. 1, 2010, 55 – 68.

[213] Kempson E, Whyley C. *Kept Out or Opted Out? Understanding and Combating Financial Exclusion*. Bristol: The Policy Press, 1999, 4 – 12.

[214] Kempson E, Whyley C. Understanding and Combating Financial Exclusion. *Insurance Trends*, Vol. 21, 1999, 18 – 22.

[215] Khan H. Financial Inclusion and Financial Stability: Are They Two Sides of the Same Coin? . Bancon, 2011.

[216] Kim D W, Yu J S, Hassan M K. The Influence of Religion and Social Inequality on Financial Inclusion. *The Singapore Economic Review*, Vol. 65, No. 1, 2020, 193 – 216.

[217] King R G, Levine R. Finance and Growth: Schumpeter Might Be Right. *Policy Research Working Paper Series*, Vol. 108, No. 3, 1993, 717 – 737.

[218] Klapper L, Lusardi A, Panos G A. Financial Literacy and Its Consequences: Evidence from Russia During the Financial Crisis. *Journal of Banking & Finance*, Vol. 37, No. 10, 2013, 3904 – 3923.

[219] Kodongo O. Financial Regulations, Financial Literacy, and Financial Inclusion: Insights from Kenya. *Emerging Markets Finance and Trade*, Vol. 54, No. 12, 2018, 2851 – 2873.

[220] Kpodar K, Andrianaivo M. ICT, Financial Inclusion, and Growth Evidence from African Countries. IMF Working Paper, No. 11/73, 2011.

[221] Kundu A. An Evaluation of Financial Inclusion through Mahatma Gandhi National Rural Employment Guarantee Programme. *Mpra Paper*, Vol. 42, No. 4, 2013, 319 – 330.

[222] Lanzillotti R F, Saving T R. State Branching Restrictions and the Availability of Branching Services: Comment. *Journal of Money Credit &*

Banking, Vol. 1, No. 4, 1969, 778 – 788.

[223] Leeladhar V. Taking Banking Services to the Common Man Financial Inclusion. *Reserve Bank of India Bulletin*, Vol. 60, No. 1, 2006, 73 – 77.

[224] Lesage J P, Pace R K. Pace, Spatial Econometric Models. Berlin: Springer, 2010, 355 – 376.

[225] Levine R. Financial Development and Economic Growth: Views and Agenda. *Social Science Electronic Publishing*, Vol. 35, No. 2, 1997, 688 – 726.

[226] Leyshon A, Thrift N. The Restructuring of the U. k. Financial Services Industry in the 1990s: a Reversal of Fortune? . *Journal of Rural Studies*, Vol. 9, No. 3, 1993, 223 – 241.

[227] Lichtenberg F R. Testing the Convergence Hypothesis. *Review of Economics & Statistics*, Vol. 76, No. 3, 1994, 576 – 579.

[228] Lyman T, Lauer K. What is Digital Financial Inclusion and Why does It Matter? . CGAP Blog, No. 10, 2015.

[229] Mbutor M O, Uba I A. The Impact of Financial Inclusion on Monetary Policy in Nigeria. *Journal of Economics and International Finance*, Vol. 5, No. 8, 2013, 318 – 326.

[230] Mckinnon R I. Money and Capital in Economic Development. *American Political Science Review*, Vol. 68, No. 4, 1973, 1822 – 1824.

[231] McKinnon R I. *Money and Capital in Economic Development*. Washington: Brookings Institution Press, 1973, 51 – 60.

[232] Merton R C, Bodie Z. Deposit Insurance Reform: a Functional Approach. *Carnegie – Rochester Conference Series on Public Policy*, Vol. 38, 1993, 1 – 34.

[233] Merton R C. Functional Perspective of Financial Intermediation. *The Journal of the Financial Management Association*, Vol. 24, No. 2, 1995, 23 – 41.

[234] Miller S M, Upadhyay M P. Total Factor Productivity and the Convergence Hypothesis. *Journal of Macroeconomics*, Vol. 24, No. 2, 2002, 267 – 286.

[235] Mohieldin M, Iqbal Z, Fu X, et al. The Role of Islamic Finance in Enhancing Financial Inclusion in Organization of Islamic Cooperation (oic) Countries. Policy Research Working Paper, No. 5920, 2011.

[236] Molden A B. *Microfinance and Inclusive Financial Systems in Latin America*. Washington: Georgetown University Press, 2010, 10 – 30.

[237] Mookerjee R, Kalipioni P. Availability of Financial Srvices and Income Inequality: the Evidence from Many Countries. *Emerging Markets Review*, Vol. 11, No. 4, 2010, 404 – 408.

[238] Morgan P, Pontines V. Pontines, Financial Stability and Financial Inclusion. ADBI Working Paper, No. 488, 2014.

[239] Neaime S, Gaysset I. Financial Inclusion and Stability in Mena: Evidence from Poverty and Inequality. *Finance Research Letters*, Vol. 24, 2018, 230 – 237.

[240] Ogechi A, Olaniyi E. Financial Inclusion, Financial Development, and Economic Diversification in Nigeria. *The Journal of Developing Areas*, Vol. 51, NO. 3, 2017, 1 – 15.

[241] Ozili P K. Impact of Digital Finance on Financial Inclusion and Stability. *MPRA Paper*, Vol. 18, No. 4, 2018, 329 – 340.

[242] Parzen E. On Estimation of a Probability Density Function and Mode. *The Annals of Mathematical Statistics*, Vol. 33, No. 3, 1962, 1065 – 1076.

[243] Pham T T T, Nguyen T V H, Nguyen K S. Does Bank Competition Promote Financial Inclusion? A Cross – country Evidence. *Applied Economics Letters*, Vol. 26, No. 13, 2019, 1133 – 1137.

[244] Prasad E S. Financial Sector Regulation and Reforms in Emerging Markets: An Overview. NBER Working Paper, No. 16428, 2010.

[245] Radcliffe D, Voorhies R. A Digital Pathway to Financial Inclusion. *SSRN Electronic Journal*, 2012, 1 – 17.

[246] Ramakrishnan R. BFSI: Best Practices in Financial Inclusion. 5th Thinkers & Writers Forum 22nd SKOCH Summit, 2010.

[247] Ramakrishnan R. Financial Literacy and Financial Inclusion. 13th Thinkers and Writers Forum 29th SKOCH Summit, 2012.

[248] Ramji M. Financial Inclusion in Gulbarga: Finding Usage in Access. IFMR Working Paper, No. 26, 2009.

[249] Regan S, Paxton W. Beyond Bank Accounts: Full Financial Inclusion. Buckingham: Institute for Public Policy Research, 2003, 1 – 20.

[250] Rooij M V, Lusardi A, Alessie R. Financial Literacy and Stock Market Participation. *Journal of Financial Economics*, Vol. 101, No. 2, 2011, 449 – 472.

[251] Rosenblatt M. On the Estimation of Regression Coefficients of a Vector – valued Time Series with a Stationary Residual. *The Annals of Mathematical Statistics*, Vol. 21, No. 1, 1956, 99 – 121.

[252] Sahay R, Cihak M, N'Diaye P M B P, et al. Financial Inclusion: Can It Meet Multiple Macroeconomic Goals? Washington: IMF Staff Discussion Notes, 2015, 8.

[253] Sanjay K. Financial Inclusion: Reasons for Financial Exclusion and Re – engineering of Strategies to Address Such Issues in North East India. *Pratidhwani the Echo*, Vol. 7, No. 4, 2019, 307 – 315.

[254] Sarma M, Pais J. Financial Inclusion and Development. *Journal of International Development*, Vol. 23, No. 5, 2011, 613 – 628.

[255] Sarma M. Index of Financial Inclusion. India: Jawaharlal Nehru University, 2010, 1 – 28.

[256] Sarma M. Index of Financial Inclusion. Indian Council for Research on International Economic Relations New Delhi Working Paper, No. 215, 2008.

［257］ Sarma M. Measuring Financial Inclusion. *Economics Bulletin*, Vol. 35, No. 1, 2015, 604 – 611.

［258］ Sarma M. Measuring Financial Inclusion for Asian Economies. London: Financial Inclusion in Asia, 2016, 3 – 34.

［259］ Schmied J, Marr A. Financial Inclusion and Poverty: the Case of Peru. *Regional and Sectoral Economic Studies*, Vol. 16, No. 2, 2016, 1 – 26.

［260］ Schumpeter J A. The Theory of Economic Development. Cainebridge: Harvard University Press, 1911, 62 – 81.

［261］ Schwittay A F. Making Poverty into a Financial Problem: from Global Poverty Lines to Kiva. org. *Journal of International Development*, Vol. 26, No. 4, 2014, 508 – 519.

［262］ Sharma R K, Jain V, Gupta S. Financial Inclusion in Rural Oman: a Demand and Supply Analysis. *International Journal of Management and International Business Studies*, Vol. 4, No. 3, 2014, 339 – 348.

［263］ Shaw E S. Financial Deepening in Economic Development. *Economic Journal*, Vol. 84, No. 333, 1973, 227.

［264］ Shiller R J. Finance and the Good Society. Oxford: Princeton University Press, 2012, 168 – 187.

［265］ Sinclair S P. Financial Exclusion: An Introductory Survey. Edinburgh: Heriot – Watt University press, 2001, 25 – 42.

［266］ Singh C, Mittal A, Garg R, et al. Financial Inclusion in India: Select Issues. IIM Bangalore Research Paper, No. 474, 2014.

［267］ Tambunlertchai K, Review T S E, Quah E. Determinants and Barriers to Financial Inclusion in Myanmar: What Determines Access to Financial Services and What Hinders It? . *The Singapore Economic Review* (*SER*), Vol. 63, No. 1, 2018, 9 – 26.

［268］ Thorat U. Financial Inclusion – the Indian Experience. HMT – DFID Financial Inclusion Conference, 2007.

[269] United Nations. *Building Inclusive Financial Sectors for Development*. New York: United Nations, 2006, 5.

[270] Wentzel J P, Diatha K S, Yadavalli V S S. An Application of the Extended Technology Acceptance Model in Understanding Technology – enabled Financial Service Adoption in South Africa. *Development Southern Africa*, Vol. 30, No. 4 – 5, 2013, 659 – 673.

[271] Wentzel J P, Diatha K S, Yadavalli V S S. An Investigation into Factors Impacting Financial Exclusion at the Bottom of the Pyramid in South Africa. *Development Southern Africa*, Vol. 33, No. 2, 2016, 1 – 12.

后 记

　　农历辛丑年之初，带着激动和忐忑的心情，在受到辽宁大学世界一流学科和2020年度辽宁大学青年科研基金项目"数字普惠金融对产业转型升级的影响研究"（LDQN2020002）以及2021年度辽宁省教育厅基本科研项目（青年项目）"数字普惠金融助力辽宁产业高质量发展研究"（LJKQR2021012）的资助下，我有幸将自己的博士论文出版成书。这本拙作围绕着中国普惠金融发展区域差异进行了深入研究，尝试为新时代下普惠金融实现高质量发展策略建言献策。它倾注了本人在博士阶段对普惠金融研究的大量心血。诚然，每个人都梦想把最好的作品展现给大家，笔者也非常期许这本拙作能够以更加完美的状态问世，故在图书出版之前对其原有基础材料进行了最大限度的修改与完善，但受限于个人的学术水平，书中某些方面仍然写得不够深入和透彻，还存在这样或那样的不足之处，希望读者予以理解和宽容。

　　本书的顺利出版，得益于很多人的帮助和支持。首先，要感谢我的导师刘俊奇教授，承蒙恩师的认可和厚爱，使我有幸踏入了学术之门，品尝了金融学科的学术盛宴，丰富了自己的学术阅历。其次，要感谢赫国胜教授、王伟教授、张虹教授、邢天才教授及张庆君教授等对拙作的权威指导，使拙作得到进一步的升华。再次，要感谢辽宁大学经济学院的相关领导对拙作出版的支持和相关同事对拙作出版校对的热情援助。最后，还要感谢我的父母、公婆、爱人以及孩子对书稿出版的支持与理解，让我有更充裕的时间来进行书稿的修改与完善。在此，向以上的"你们"表示诚挚的谢意和崇高的敬意。

　　此外，本书的出版还离不开经济科学出版社的大力支持与协助，在拙作出版之前，承蒙各位编审老师的编辑加工与反复多次校对的辛苦付出，那种高度严谨态度和敬业的精神深深感染了我，在此一一谢过。

孙英志

2022 年 2 月 19 日